2017年度江苏省社会科学基金重点资助项目
"基础教育改革与教师主体身份建构"课题成果
（项目号：17JYA004）

结 构 与 行 动

基础教育改革的历史社会学研究

齐学红 著

南京师范大学出版社
NANJING NORMAL UNIVERSITY PRESS

图书在版编目(CIP)数据

结构与行动：基础教育改革的历史社会学研究／齐学红著.—南京：南京师范大学出版社，2020.8
ISBN 978-7-5651-4541-4

Ⅰ.①结… Ⅱ.①齐… Ⅲ.①基础教育-教育改革-研究-中国 Ⅳ.①G639.21

中国版本图书馆 CIP 数据核字（2020）第054247号

书　　名	结构与行动：基础教育改革的历史社会学研究
作　　者	齐学红
策划编辑	姜爱萍
责任编辑	翟桂叶
出版发行	南京师范大学出版社
地　　址	江苏省南京市玄武区后宰门西村9号(邮编:210016)
电　　话	(025)83598919(总编办)　83598412(营销部)　83598009(邮购部)
网　　址	http://press.njnu.edu.cn
电子信箱	nspzbb@njnu.edu.cn
照　　排	南京凯建文化发展有限公司
印　　刷	扬州市文丰印刷制品有限公司
开　　本	718毫米×1 000毫米　1/16
印　　张	20
字　　数	325千
版　　次	2020年8月第1版　2020年8月第1次印刷
书　　号	ISBN 978-7-5651-4541-4
定　　价	68.00元
出版人	张志刚

南京师大版图书若有印装问题请与销售商调换
版权所有　侵权必究

目　录

绪论

当下的历史：基础教育改革的历史社会学义涵 / 001

第一章

知识与权力：基础教育课程改革中的力量博弈 / 029

第一节　历史溯源：近现代国民教育的兴起 / 029

第二节　国家意识：基础教育课程改革的历史回顾 / 033

第三节　事件史分析：第八次课程改革的诞生 / 043

第四节　基础教育课程改革的社会基础 / 052

第二章

学校变革：基础教育改革的微观场域 / 081

第一节　制度设计：政府与学校关系的历史演变 / 081

第二节　校长访谈：学校变革中的行动者 / 092

第三章

结构与行动：基础教育改革中的教师 / 112

第一节　教研制度与教师专业发展 / 113

第二节　信息技术与教师专业发展 / 134

第四章

体制化生存：教师生活史研究 / 159

第一节　浸润与跃迁：一位城市青年教师的成长历程 / 159

第二节　顺应与抗拒：两位县域青年教师的底层抗争 / 169

第五章

惯习的力量：教学改革在行动 / 181

第一节　知识与权力："好课"标准的历史演变 / 181

第二节　结构的力量：课堂里究竟发生了什么？ / 193

第三节　学生再生产：课堂教学改革的意外后果 / 209

第六章

话语实践：基础教育改革中的学生 / 221

第一节　培养目标的话语建构 / 221

第二节　"减负"在行动——多方利益群体的博弈 / 232

第七章
政府与家长：推动学校变革的外部力量 / 252

第一节　包容与排斥：外来务工人员子女入学政策的历史变迁 / 252

第二节　事件史分析：苏州市外来务工人员子女入学政策的变迁 / 265

第三节　公众诉求：学校变革中的家长力量 / 286

结语
主动寻求教育变革之路 / 308

后记 / 312

绪论　当下的历史：基础教育改革的历史社会学义涵

> 改革是社会关系运作的结果，而非真理的产生与进步的表征。
> ——托马斯·斯坦利·波克维茨《心灵追索——学校教育政治学与教师的建构》

基础教育是一个国家教育的奠基工程，基础教育的基础性、普惠性，涉及社会诸多部门、利益集团以及千家万户的现实利益，进而成为最大的民生工程。因此，基础教育改革的复杂性、艰巨性超过了教育其他领域的改革。在此意义上，基础教育改革成为不同社会群体和利益集团围绕着"培养什么样的人，如何培养人"这一核心问题展开的权力与利益之间的博弈过程。其中涉及的相关利益集团包括：教育决策者，利益相关者（学生、学生家长），教育实践者（学校、教师），投资方，教育研究者等。不同利益主体在这场改革中所处的位置和立场不同，其行为动机和行为方式也各有不同。这场看似"基于改革，为了改革，指向改革"的集体行动和社会运动，因为存在着各不相同的利益诉求以及不同的作用力，进而导致基础教育改革的进程变得尤为复杂和艰难，可谓"牵一发而动全身"。

从政治社会学的视角来看，基础教育改革也是一场围绕着"培养什么人、如何培养人"这一核心问题展开的思想改造运动，这场运动普遍发生在国家管理层、专家智囊团、学校管理层，师生的日常教育教学活动，以及每个家庭的日常生活层面，其影响广泛而深入，既是一场没有硝烟的战争，又是一场静悄悄的革命，成为整个社会治理体系的一个重要组成部分。从基础教育改革的发生机制来看，改革是由社会政治精英和知识精英基于各自不同的政治理想和社会理想，对基础教育涉及的大众群体包括中小学校长、教师、学生和家长等进行的一系列思想启蒙和文化启蒙。这些政治理想或社会理想包括科学、民主、自由、平等、人权等价值观念。当然，在国家意志的推进下，不乏来自基层教育主管部门、学校、教师和学生层面的主动作为。从这些大众群体中涌现出的少数优秀分子也跻身或加入到精英群体中来，扮演着自我觉醒、自我变革的角色，成为教育改革中最具革命性的力量。基础教育改革作为一场由国家自上而下式的行政推动，以及来自知识精英的学术力量等多方力量共同作用下的思想改造运动，进而成为各种社会矛盾冲突集中发生作用的主要场域。

基础教育改革作为"当下的历史"，是一种看待历史和现实的观念，就是将基础教育改革置于特定的时空背景下，作为已经发生、正在发生，延续至今并绵延到未来的历史事件，研究者以局内人的身份，参与式、建构式地对于这一历史进程加以认知与体悟；作为一项历史社会学研究，力图全景式地呈现新中国成立70年来基础教育改革波澜壮阔的历史画卷，发现和传达来自底层的声音，以及他们为了改变目前的教育现状所做出的努力。在此意义上，学术研究也是一种社会实践，致力于发现改革，推进改革，是基础教育改革社会学研究义不容辞的责任！

一、历史语境：全球化背景下的基础教育改革

当人们谈论基础教育改革时，因为各自的利益和立场不同，在"能指"与"所指"之间往往存在很大的差异性。在全球化背景下，每个国家由于国情不同，文化传统不同，基础教育改革所面对的问题以及解决问题的路径又是各不相同的。

这里首先需要区分教育变革与教育改革。教育变革是一个中性概念，强调教育因应社会内外部环境的变化而变化，是一个由外而内、自然而然的发展变化过程。教育改革是指由改革者主动发起的有计划有目的的系列行动，是一个主动寻求变化的复杂过程。在中国当下的语境下，教育改革往往具有政治正确的优先性，容易被作为借口，即以"真理"面目出现，将其作为达到私人目的的手段，掩盖其不正当的目的与利益诉求；从话语政治的角度，需要对改革以及各种打着改革旗号的行为保持必要的警惕。

在全球化背景下，教育改革作为全球公共话题，有着明显的政治正确性和优先性，似乎有着不证自明的正当性和确定无疑的含义，但是，对于何谓教育改革，教育改革究竟改什么，如何改，却是充满着异议的；同时也存在着不同的历史文化传统以及由此决定的语境之间的差异。中国学者所说的教育改革与西方学者所讲的教育改革可能有着完全不同的问题指向,但其共性特征是一致的,那就是解决各自社会发展与教育发展中亟待解决的复杂多变的问题,全球化增强了各国教育改革的紧迫性与必要性。在此意义上,不同国家和地区对于各自基础教育改革经验的总结与梳理,对于认识和理解基础教育改革这一全球公共议题具有不可取代的借鉴意义和价值。

为了深入理解基础教育改革的复杂性,必须回到各自国家和地区特定的历史文化脉络中加以具体考察。例如,21世纪以来,英国的基础教育改革主要围绕质量、效率和公平问题展开;美国的基础教育改革意味着如何处理国家权力与地方权力的关系问题;同为中国的教育改革,台湾地区意在解决一系列社会矛盾和社会问题,从其改革的发生机制来看,教育改革是由专业团体发动的社会运动,包括个体抗拒、举行游行、矛盾协商等。"台湾教育问题的症结,其实源之于谬误的资源分配、集权制度与不正义的社会结构,因此,教育改革运动必须提升为一个全民参与的社会改造运动,而不是以教育专业为由,排拒其他身份的意见。"(四一〇教育改革联盟)[①]以历史轴线来看,1987年之后,台湾逐渐显现出由民间所倡导的教育改革,它以一种社会运动或集体行动的形貌出现,如"自由之爱大学改革联盟""大学法改革促进会""教师人权促进会"等等,这些某种程度上反映了1987年之后,台湾社会开始对教育制度与教育权力的正当性发生质疑,进而对整个教育体制进行挑战。而相关社会运动所产生的社会效应,导致政府高层决策者开始正视教育改革的迫切性与重要性。因此,台湾教育部门把1994年定为"教育改革年",1996年"行政院教育改革审议委员会"提出将"松绑"(deregulation)作为教育改革的主要方向,这意味着打破中央集权的固有概念,教育权应该下放给基层教师与学生。[②]

由此可见,不同国家和地区需要应对的社会问题和教育问题各不相同,其应对的方法策略也存有差异。早在1981年中共十一届六中全会一致通过的《中国共产党中央委员会关于建国以来党的若干历史问题的决议》这一纲领性文件中明确提出,在社会主义改造基本完成以后,我国所要解决的主要矛盾,是人民日益增长的

[①][②] 转引自张盈堃,等.谁害怕教育改革?——结构、行动与批判教育学[M].台北:洪叶文化事业有限公司,2005:115.

物质文化需要同落后的社会生产之间的矛盾。2017年党的十九大报告中更是明确提出,中国特色社会主义进入新时代,我国社会主要矛盾已经转化为人民日益增长的美好生活需要和不平衡不充分的发展之间的矛盾。在这样一个历史文化语境下,基础教育改革意味着,面对层出不穷的社会问题,国家采取了一系列应对性的政策与策略,凸显了基础教育的国家属性,即大国办大教育的社会治理功能。其中,基础教育改革关切的教育热点问题包括:教育发展过程中存在的巨大地区差异、贫富差异和人群差异问题,社会弱势群体如外来务工人员子女和留守儿童的受教育权问题,中小学生课业负担的过重问题,家长对子女教育的高期待、高投入与相对稀缺的优质教育资源之间的供需矛盾问题等。这些问题反映的社会发展不均衡性,只有通过社会的不断发展进步才能逐步加以解决;这些问题并非教育领域自身的问题,但其紧迫性迫使教育系统必须做出回应,体现了教育问题作为最大的民生问题的社会关切。

总体而言,教育改革的中国问题,突出表现为教育的外部规律与内部规律的关系问题,是一味地强调教育为政治服务、为经济发展服务,还是遵循教育自身的发展规律,按照教育规律办事——这是两个并不矛盾的问题。但是,教育改革与发展的当下性与紧迫性,常常迫使教育在两者之间,即社会发展的当前利益与长远利益之间做出选择,这就意味着,在某些特殊时期会牺牲教育自身发展的规定性,服从并服务于国家政治和经济发展的需要。教育的外部规定性制约了教育内部规定性的作用发挥,导致在教育发展历史上类似的错误或问题不断发生。有学者提出,启蒙与救亡的社会主题必然是教育改革的主题。当启蒙与救亡相互促进、彼此融合的时候,教育改革就会取得长足的进步,教育中洋溢着个性自由、民主意识与儿童精神,个性发展、社会进步与文化繁荣即可同步实现。当救亡压倒启蒙、摒弃启蒙的时候,教育改革就会沦为政治运动的工具,教育就会成为主流意识形态的宣传器,个人发展和社会民主化就会停滞,原本追求的救亡目的也不能达到。[①] 从中可以看出,教育改革与发展并不是独立的社会存在,而是与社会进步、文化繁荣息息相关、密不可分。

---

① 张华.论杜威与中国教育改革[J].华东师范大学学报(教育科学版),2019(2):18-28.

二、话语实践:基础教育改革的多重建构

基础教育改革不仅是由行动者有目的有计划地采取的一系列行动构成的社会事实,同时也由关于这些行动的话语及其实践不断建构着。正如佐藤学在《课程与教师》一书的开篇中所说:"把教育视为这种话语实践的立场,有可能使得教育学研究成为一种以话语为媒介的意义与关系的重建的实践。"① 基础教育改革实践的丰富性建构着基础教育改革话语的丰富性,而话语作为一种人类的创造物,反过来又建构着人类自身的实践活动。话语与实践具有相互建构性。

话语实践即将话语作为一种实践类型,由此出发,基础教育改革实践是由实践者的话语和行动构成的,话语与行动之间存在着多重建构,既存在着"所言即所是",言行一致的行动者,也存在着"所言非所是",言行不一的行动者。改革实践主体的复杂性,决定了基础教育改革话语的多元性,进而使得改革话语异彩纷呈。

有学者根据话语主体、话语内容和话语风格的不同,将中国基础教育改革的既定思想与主张划分为"意识形态话语""知识精英话语""平民实践话语""大众诗性话语"四种基本类型。② 意在探讨这四种话语的基本内涵和主要特征,构建关于中国教育改革的话语认知框架。四种话语类型背后传达的是四个不同利益群体的声音。其中,"意识形态话语"体现的是政治对于教育的深度介入,传递的是国家声音,是国家政治权力深度介入教育的结果。"意识形态话语"往往以教育方针、政策、法律、文件的形式出现,有时也会以领导人语录、政府工作报告或宣传口号的形式出现。"知识精英话语"代表着学术界对于教育的深度介入,是研究者思想主张的集中体现。如果说"知识精英话语"体现的是一种"经院文化",那么"平民实践话语"则代表着一种原生态的"底层文化",是基础教育实践者的实践智慧的结晶。与上述三种话语有着明显的话语主体特征相比,"大众诗性话语"的基本特征则显示为"文化性""境域性"和"价值性",体现了不同主体对于教育的诗性表达。

与上述分类方式不同,本文将从基础教育改革的核心命题:基础教育改革的合法性论证、基础教育改革的观念系统,以及基础教育改革的中国经验三个方面,对

---

① 佐藤学.课程与教师[M].钟启泉,译.北京:教育科学出版社,2003:3.
② 张荣伟.论中国基础教育改革的四种话语类型[J].中国教育学刊,2009(10):8-11.

基础教育改革的话语实践加以梳理。

（一）公平正义：基础教育改革的合法性论证

基础教育改革的合法性有两个前提性假设：一是建立在"教育与社会相互促进关系"的理解之上，即社会总是要发展进步的，教育必须随着社会的发展而发展变化。教育促进社会的发展进步是通过对"人的理想图景"的描绘以及培养目标的实现来完成的。在此意义上，教育改革的目标与社会的发展进步具有高度一致性，进而成为一个永恒话题。二是基于某种价值理念的前提预设。21世纪基础教育改革中最为重要和最为核心的价值理念是"公平正义"。基于"公平正义"取向的基础教育改革，强调教育的均衡发展，统筹城乡、地区以及校际之间的差异化发展，保障每个人的教育起点公平。"均衡发展"是21世纪初基础教育改革的主导思路和重要内容。①

"公平正义"作为基础教育改革的价值诉求，无疑具有政治正确性和价值先导性，体现了全球政治背景下的普世价值，得到社会各界的普遍认可，同时也体现出基础教育改革代表着最大多数人的利益，极易凝聚人心，进而成为社会各界普遍认可的改革共识。但是，"公平正义"作为一种社会理想和政治的乌托邦，在现实生活中又是极难达成的，也是最容易产生歧义的。作为一种终极价值，总是受到当下社会政治、经济、文化发展水平的制约与影响，特别是中国作为一个人口大国、教育大国，城市与乡村之间，地域之间，甚至是地域内的差异性极大，公平正义实现的过程尤为艰难。同时，公平正义作为一种终极价值总是会受到追求效率的当下目标的制约，效率取代公平的现象普遍存在。

基础教育改革中的效率与公平问题具体体现为应试教育与素质教育之争：应试教育体现的"知识至上、智育至上"的价值取向，代表着教育改革中追求效率的一方，体现了通过知识改变命运的绝大多数人的利益诉求。"应试主义"成为全社会的一种集体无意识和大众文化的集中体现，折射出社会政治、经济、文化发展的不均衡性，人们对优势教育资源的渴望与学校教育无法满足这一要求的供需矛盾，同时也折射出中国传统文化中"劳心者治人，劳力者治于人"的传统等级观念仍然

---

① 李政涛，李云星. 世纪初中国基础教育改革方法论的演进[C]."聚焦学校变革：中国经验与国际对话"国际学术研讨会，2011.

发挥着重要作用。这一等级观念的普遍存在导致了中国社会开始出现阶层固化现象,突出表现为职业技术教育成为一种"另类"的教育及其近年来虽然学生数量大幅增加(与普通高中比例相同),但实际地位不高的社会现实。

当"公平正义"作为社会政治的终极目标以及为教育改革的合法化论证时,意味着社会理想目标的长期性和难以达成性,其往往会被一系列的短期目标如办学效率、升学指标等所取代。同时也意味着,"公平正义"往往成为不同利益群体追求自身利益的借口。以"公平正义"作为借口的政治社会学意味往往被话语自身的正当性所掩盖。在此意义上,当各种打着"公平正义"的旗号出现的改革纷至沓来时,需要不断追问的是:你所说的公平正义究竟是指什么?究竟代表了哪些人的利益诉求?

(二)反思批判:基础教育改革的观念系统

基础教育改革的复杂性除了表现为改革主体利益诉求的多样性外,还受到一系列实践逻辑的制约。所谓实践逻辑,即实践场域自身所具有的规定性,这种规定性可理解为知识与权力的共生关系,即知识与权力是如何生产教育实践中的行为及其合理性的。具体而言,教育改革总是建立在一系列"不证自明"的前提假设基础之上的,由此构成了支撑教育改革的观念系统。这些观念系统构成了所谓的教育改革共识。改革要想顺利进行,必须要达成某些共识,只有认识统一,才能行动一致。而这些"不证自明"的假设,往往是需要质疑和悬置的,或者是需要深入探究的。改革之所以出现问题,或者在实践中难以推进,可能是我们对于教育改革提出的前提假设本身就存在着问题。因为存在着认识上的误区,改革才会走许多弯路。从一个新兴的社会主义国家发展至今,其教育的社会主义属性,是伴随着社会主义实践的不断推进逐渐被人们认识清楚的。因此,在新中国 70 年的基础教育发展历程中,在"何谓改革?改革是如何发生的?如何推进改革?"等改革的本体论问题上,存在着如下基本假设或观念系统。

1. 成功经验可以复制

实用主义思维集中体现在如何面对改革中的成功经验。在基础教育改革实践中,不断涌现出一些被实践者创生的成功经验,这些成功经验往往被命名为某某模式。这些被抽取概括出来的模式或典型经验,经过媒体的宣传、专业人士的包装,并采取一种政治运动或动员的方式,在基础教育领域广泛传播,进而成为某种思潮或教育改革运动。例如,20世纪90年代出现的教育实验研究思潮,随后在全国各地迅速出现了一大批实验学校。实验学校究竟实验了什么,是很值得怀疑的。面对这些成功经验,人们的观念系统中普遍存在着这样的前提假设,即成功经验和做法是可以复制的,可以采取简单的"拿来主义"做法,于是人们纷纷学习与效仿这些经验和做法。

教育改革中的成功经验和做法,能否采取简单的"拿来主义"呢?深入思考我们就会发现,那些成功的经验和做法往往是因为解决了当时当地的具体问题,并取得了好的教育效果,进而赢得人们的普遍认可。如果不顾学校自身的实际情况和具体条件,一味采取"拿来主义"的做法,结果往往是"东施效颦",面目全非。其最终结果是,不仅别人的经验没有学到,甚至自己的好的东西也丢掉了。"拿来主义"式的实用主义思维在基础教育改革中比比皆是。例如,北京十一学校的经验,与"杜郎口模式""毛坦厂模式"是两种截然不同的"成功"经验,二者不可同日而语,但却在各自的土壤上行之有效。对于其他学校而言,学习什么,如何学习,一定要从自身的实际出发,不可简单复制。

基础教育改革中的实用主义思维,成为制约和影响教育改革深入发展的重要观念之一。实用主义思维是被教育实践和教育理论共同建构起来的。首先来看教育实践。教育实践是由层出不穷的教育问题构成的,问题解决成为实践者最关注的问题,其中必然存在着普遍的共性问题,在此意义上,成功的经验是值得学习借鉴的。对于成功经验的学习与借鉴,可以帮助实践者少走很多弯路,因此被实践者广泛接受。但是这些成功经验和做法是需要加以深入研究的,比如其何以成功,成功的条件是什么。然而教育实践的当下性、紧迫性,导致实践者无暇深究,而是采取简单的拿来主义的做法。另外,这种简单化的思维也普遍存在于理论工作者的思想观念中,他们认为,存在着普遍的放之四海而皆准的教育理论,教育实践工作者只要简单拿来即可。而只有打破理论与实践之间的隔膜,二者之间经过深度对话,交往共生,才能建立起有生命力的具有一定指导性的教育理论。在此意义上,教育理论也是被教育实践不断建构的。

2. 教育理论具有普遍指导作用

基础教育改革在推进过程中,除了寄希望于实践领域的不断推陈出新外,还经常诉之于放之四海而皆准的教育理论的诞生。对于基础教育改革究竟需要什么样的教育理论、教育理论在什么意义上具有普遍指导作用、这种指导作用是如何发生的等问题,往往缺少知识论、认识论层面的深入思考。无论是成功的经验,还是先进的理论,实践场域的规定性表现为面对教育理论,实践工作者不是采取客观的理性分析,而是功利化的实用主义态度,仅仅在"如何做才有利"的操作层面用力,而不是追问"是什么,为什么"等本源性问题。实践证明,教育理论中那些原理性的东西往往很难被实践者所接受,实践者需要的往往是上手快、易操作的工作流程和实施细则。正如一线教师所说:"你只要告诉我怎么做就行了,其他的不是我要考虑的问题。"正因为实践者仅仅关注操作层面的问题,很少在原理性问题上进行深入探究,才会导致"东施效颦"现象的普遍存在。无论是先进的理论,还是成功的经验,实践者仅仅学习一些皮毛,而没有学到本质性的东西,进而导致教育实践总是处于低水平的简单重复,教育改革总是换汤不换药,仅仅在形式上做文章,而内心深处的思想观念却很难发生转变。

类似的追求实效、实用的惯常思维,在教育理论的生产与传播过程中也普遍存在。理论工作者对于自己的理论观点往往存在着自我迷恋,一经提出,不是渴望引起争鸣或争论,而是自我神圣化,进而存在着改革的幻象,希望自己的理论能够成为放之四海而皆准的真理,具有普遍的指导作用,往往忽视了理论自身的条件性或有限性。

3. 教育实践是可以被改造的

投身教育改革的专家学者往往带着自己的教育理想,抱持教育实践是可以改造的教育信念投身于教育改革实践中,希望教育实践能够按照自己理想的蓝图发生预期的转变。教育实践的可改造性是建立在一系列主客观条件基础之上,而且是要假以时日的,必须抱持"十年磨一剑"的耐心和定力,方能见到成效。基础教育改革实践的长期性、复杂性,与当下学校发展评价中重分数和绩效的评价机制是矛盾的,进而导致教育改革实践无法按照研究者的理论预设开展。同时,在实践场域中,也会受到很多非人为因素的制约与影响,例如分管教育的领导、学校校长的不断变更等,都使得改革实践无法持续开展下去。这一系列主客观因素的存在,决定了基础教育改革的发展与变化,既有一定的必然性,又带有极大的偶然性,甚至是非人力所能左右的。

（三）话语系统：基础教育改革的中国经验

所谓教育改革的中国经验，即中国在面对特殊教育问题时形成的独特应对方法和策略体系。中国经验的前提是中国问题，以及对这些问题所做出的准确分析与判断。需要追问的是，是否存在着中国问题和中国经验？什么是教育改革的中国问题和中国经验？对于这些中国问题和中国经验，学术界是否形成了自己的话语体系？如果从元认知的角度来看，教育改革的基本问题可以概括为两大基本问题：如何理解与认识教育自身的规律，如何处理好教育与外部社会因素的关系问题。

在全球化背景下，教育改革作为一种世界潮流，正以不可抵挡之势席卷着世界各个国家，社会的普世价值以及学校教育的普同化现象几乎随处可见。破解基础教育改革的全球性难题，需要深入到每个国家、每个地区的细部，发现在这种表象背后，以及改革实践进程中所遭遇的具体问题的复杂性。将教育改革作为一个问题域，通过破解支撑教育改革的一系列基本命题，对中国教育改革进行全面系统的反思，不仅有助于认识和理解中国正在经历的社会变革与教育改革，而且也是对世界教育的一大贡献。

1. 被改革的教育：教育与政治的关系问题

首先让我们回到教育的本源性问题上来。何为教育的本源性问题呢？即长期以来贯穿教育始终的终极性问题——教育的内部规定性和外部规定性，决定着教育应该成为的样子。在新中国教育发展历史上，始终围绕着教育规律问题展开理论与实践的探索：什么是教育规律？怎样理解教育规律？教育需要遵循哪些内在规律？教育的外部规律即教育与政治、经济、文化、人口等社会外部因素的关系，它们是如何具体地作用于中国的教育或教育改革的？这里将对"教育要为政治服务""教育要为经济建设服务"等一系列主流话语进行深入解析。

新中国成立70年以来的教育发展历史，可以说是伴随着各种政治运动的开展不断"被改革""被改造"的历史。在教育与社会的关系上，社会对于教育发展的制约与作用力较大，教育主动引领社会发展的成分较少。教育作为社会意识形态的一个重要组成部分，在历次社会运动和变革中受到的影响，比社会其他领域更加直接，因而所受的冲击力更大。改革开放40年发展历程中，更是把改革作为国家的大政方针,改革也成为此前及未来很长一段时间内社会生活各个领域的核心话题。但是经验事实不断告诉我们,改革并不意味着发展或进步,无论是以改革的名义也好,实质性的革命也好,因改革在教育发展历史上引发的倒退现象并不少见,"文化大革命"十年尤为突出。但是,对于教育改革的全面反思尚未成为一种自觉行为,教育总是被当下社会发展亟须解决问题的紧迫性所驱使,尤其是在教育全球化背景下,更是无法放慢追赶的步伐。2019年正值新中国成立70年,值此机会,对新中国基础教育改革与发展的历史进行回顾与反思显得尤为重要。本文试图从认识论的角度对教育改革的基本问题进行深入思考:什么是教育改革的中国经验,有没有独立意义上的中国经验?作为一种社会事件的教育改革的认识论基础是什么?

新中国70年的教育经历了一个大致相同的发展轨迹,即教育承载着强国之梦,国家振兴之梦,作为一个不容置疑的社会事实被社会各界普遍接受。国家的前途命运与教育发展息息相关,国家发展的需要,尤其是政治改革的需要,要求教育不断做出调整与改变,在此意义上,教育与国家政治的关系,用一句政治话语来表达,那就是"时刻准备着"!正如个人命运总是与社会发展、国家命运息息相关,教育也莫不如此。同其他领域的改革相比,教育的依附性命运并没有改变,具体表现为教育总是被各种社会力量推到改革的风口浪尖,不断顺应时代和社会发展的需要,面临着"被改革的命运"。在另外一种意义上,教育又被视为最保守、最落后的领域,扮演着维护社会稳定的角色,进而成为各种社会矛盾聚焦的场所。例如,国家最近出台了"放开二孩"的人口政策,首先面临的问题就是幼儿园、小学数量不足,无法满足孩子入园、入学的需要,不断变化的国家政策与学校教育的滞后性之间的矛盾,导致"办人民满意的教育"的社会期待与学校教育现实之间的巨大落差,不断冲击着学校教育的健康发展。教育服从并服务于国家宏观的需要,成为教育不可言明的外部规律,以及影响教育发展的铁律;教育自身的规定性往往被悬置起来。"文化大革命"期间教育更是成为重灾区,知识权威、教师权威扫地,"知识越多越反动",知识分子的地位一落千丈,给中国教育的健康有序发展造成的影响至今尚未完全消除,"文化大革命"一代人的集体记忆并不会随着时间的流逝而消失。例如,用运动式思维推进各级各类教育改革,依然是今日教育改革的政治推进策略,而不是从教育自身的规律出发、循序渐进地发展教育事业。

2. 学习与借鉴：教育改革中的别国经验

一个国家的发展离不开两方面资源，或者说要面对两方面问题：一是如何对待自己的过去与历史，二是如何对待他人的经验与积累（别国经验）。在任何国家的改革进程中，都离不开对其他国家经验的学习与借鉴，所谓"他山之石可以攻玉"。因此，学习与借鉴他国经验成为教育改革的基本命题之一。如何将国外先进经验与本国历史文化传统有机结合，不同国家有着不同的学习借鉴过程。

（1）学习借鉴中的政治因素

学习借鉴他国经验成为教育改革中不可或缺的因素。追溯新中国教育发展历史上学习借鉴国外经验的过程，对今天改革开放背景下教育的发展不无借鉴意义。在改革开放的历史语境下，改革作为一种意识形态，意味着不断学习借鉴别国的先进经验，即普遍意义上的向国外学习，只要是国外先进的东西都可以采取"拿来主义"的做法。尤其是在全球化的时代背景下，向国外学习成为中国社会发展过程中必须面对的时代话题。"亚洲四小龙"经济的腾飞，尤其是日本的飞速发展更是提供了一个极好的佐证。例如，在教育的发展历史上，日本也经历了漫长的学习借鉴他国经验的历程，在教育改革的国际化与本土化问题上，为我们提供了有益的经验。学习借鉴的过程无不受到政治因素的影响。向哪些国家开放，学习哪些经验，主要受制于国家政治风向标的影响。政治风向标又会伴随着世界局势、国家政局的变化而发生变化，进而导致学习借鉴过程的中断，以及教育自身发展过程的断裂。这在新中国成立之初对欧美经验、苏联经验的学习借鉴过程中都得到过充分体现。

20世纪二三十年代，中国教育界从借助日本学习西方教育经验，转为直接学习欧美教育改革经验，掀起了教育理论、教育实验的高潮。尤其是美国的进步主义和实用主义教育理论在中国产生了深远影响。教育界出现了平民教育、科学教育、乡村教育、职业教育等思潮；涌现出了胡适、晏阳初、梁漱溟、陈鹤琴等对中国教育做出巨大贡献的一批教育家，体现了开放民主的社会舆论氛围。

20世纪50年代的教育改革全盘照搬苏联经验和模式，学习借鉴过程全面系统，从翻译引进苏联的教学计划、教学大纲和教材，到聘请苏联专家，互派教育代表团、留学生，进行教育交流活动等。其中，1951—1960年10年间派往苏联的留学生占全部派出国留学生人数的90%。1954年3月，高等教育部委托26所高等学校在苏联专家指导下,制定各类高等学校的统一教学计划,共修订教学计划241种,选用苏联教材620门课程。除此之外,还学习苏联建立了各类规章制度,如建立教师工作日和工作量制度,制定考试规程、生产实习规程等。1956年4月28日教育部颁布了《师范学校教育实习办法》。此外,还在苏联专家协助下制定了校长负责制,教师聘任制和进修、休假制度,学生实行学分制、学位制度和奖励制度,其中很多制度仍然沿用至今。50年代末60年代初,随着中苏关系的不断恶化,中国教育从对苏联的"全盘照搬"走向"全盘否定",历史的瞬息万变给中国教育造成了重大影响。正如有的学者所说,共和国基础教育改革从"仿美"到"学苏"的方向转移,固然是由于当时复杂而严峻的国内外政治局势使然,例如,社会主义的先驱——苏联的亲善与老牌帝国主义——美国的封锁构成了强烈的政治对比,致使我们教育改革的方向转移过多地关注了政治因素,忽视了教育学术发展的内在逻辑……①

从当时的全面学习苏联到今天的学习借鉴欧美经验,当国家面临重大的历史转折时其抉择过程总是表现出惊人的相似之处。其实,任何理论自有其诞生的文化土壤和社会背景,没有哪一种国外教育理论是为中国量身打造,或是为解决中国问题而生的。所谓的学习借鉴势必要根据自己的需要而加以人为裁剪。在此意义上,无论是当时的苏联经验,还是时下的欧美经验,一定是中国人眼里的"苏联经验""欧美经验",所谓"拿来主义"式的解决中国问题,势必是基于中国经验的"拿来主义",即必须从我国当下的国情和实际出发;儿童中心主义也好,实用主义也罢,先要培育与之相应的社会文化土壤,然后才能播下教育的种子。所谓的他国经验,一定是有限度的他国经验。

(2)二元论思维:非此即彼的政治选择

在学习借鉴国外经验尤其是西方经验过程中,国家意志或意识形态发挥着决定性的作用,具体表现为:"政治正确"的优先性往往胜过对于教育规律的考量,进而采取"一边倒"的策略。在对于资本主义国家教育思想的学习借鉴过程中往往采取简单的一分为二的做法,惯用的思维模式是"取其精华去其糟粕",认为资本主义的思想、意识形态是需要批判的,但是他们的某些制度是好的,是可以借鉴的。

---

① 黄书光.从"仿美"到"学苏":共和国基础教育改革的方向转移[J].杭州师范大学学报(社会科学版),2010(6):41-46.

殊不知,"皮之不存毛将焉附",一个国家的教育制度如果不是依附其国家政体、社会制度,也是难以生存发展的。至今仍清晰地记得,大学里学习外国教育史时,但凡介绍国外的教育著作时一概注明"资产阶级教育思想或流派",当时甚为不解,既然是资产阶级教育思想,为什么还要学习呢?政治立场以及阶级立场作为首要问题,曾经直接决定和影响着一个人的前途和命运。二元论思维仍然在人们的意识深处或潜意识里发生着影响作用。二元论思维的认识论误区,导致中国教育改革中的学习别国经验往往流于形式或表面,即仅仅在器物层面、操作层面做一些改变,缺少对于教育体制以及背后的文化因素的考量。

具体而言,中国对待国外教育经验的态度,往往过于强调经世致用以及教育的功用价值,以实现教育救国、教育强国为最高价值,忽略了教育自身的规定性。无论是学习苏联还是学习欧美,往往表现为将某一理论具体加以实践或运用,缺少在不同文化、不同国情、不同思维方式之间的深层次对话与交流。在学习借鉴他国经验时,中国文化的独立性、与其他文化的平等对话意识的缺失,导致对别国经验的学习借鉴主要是简单移植,没有产生文化上的共生;某种程度上也是我们国家开放程度不够以及缺少文化自信的表现。究其原因,在学习借鉴过程中更多地考虑国情和政治体制问题,容易陷入二元论思维的误区,政治立场的优先性往往代替了不同思想观点之间的争鸣与文化对话,如无产阶级与资产阶级的思想之争、路线之争,很少考虑教育自身的规定性和文化异质性。如以苏联为榜样,全盘学习与借鉴苏联经验,走社会主义的发展道路;对于欧美经验,则采取辩证唯物主义的立场与态度;采取"拿来主义"的做法,并非关注理论本身,而是其实用价值。教育实践自身的滞后性,导致对国外经验的学习更多停留在理论上的引进层面,缺少深入教育实践的具体探索;理论学习则存在着食而不化、形式主义的倾向。在对教育理论的学习借鉴过程中,尤为注重制度层面的学习,关注易于操作的器物层面,对于思想观念的学习借鉴则相对滞后。

(3) 杜威思想的中国化表达:一个成功案例

美国学者波克维茨曾用"流动的图书馆"一词,隐喻一种思想在其他国家或地区的传播以及意义流变过程。由此观之,杜威的实用主义思想离开美国的历史文化土壤来到中国之后,与当时中国的国情"启蒙与救亡"两大主题相适应,进而发生了中国式的流变,即主动寻求与中国国情和中国文化之间的对话,并经由中国学者的传播与引荐,达成被国人的普遍接受,实现了西方思想与中国文化的融通。正如杜威本人所说,"像中国人那样思考"①。无论是其演讲还是著述,杜威一以贯之的思想是:在迈向启蒙的过程中,中国要走自己的路。基于反思性思维对中西文化进行批判性审查,根据中国当下的问题与需要,将两种文化中的最好因素融合起来,进而创造出新文化。尤为可贵的是,杜威是在对中国的传统文化,尤其是儒家的道德理性与和平文化,以及道家智慧进行深入研究的基础上进行他的思想传播的。他认为道家思想对于中华民族的民族心性的影响比儒家思想更为普遍而深远。正是这样一种建立在广泛的文化对话基础上的思想传播,才能发挥其思想的影响力。在此意义上,杜威是最早的世界主义者。一个非常有趣的现象是,杜威的来华演讲及其思想在中国的广泛传播,正是借助了一大批中国学者如胡适、陶行知等人的翻译与传播,或者说杜威的思想已经进行了中国式的转换。杜威思想的中国化表达,无疑是他的思想在中国广为传播的物质条件,因此,不能忽视这些中国学者的力量。杜威本人是一个不会说汉语的美国人,但其在中国期间,很多思想与作品首次发表时所用的语言是汉语,并在中国受到前所未有的欢迎和应用,若干年后再由汉语译成英语在其祖国出版,这既是杜威的创举,也是世界主义的创举,体现了学术国际化的实质:跨文化合作创造。②杜威思想的中国化表达及其传播过程,是教育国际化与本土化的一个成功案例,对于今日中国学习借鉴国外思想具有深远的启发意义。

三、基础教育改革的历史社会学视角

(一) 研究取向

教育改革已成为教育研究的重要议题,国外学者提出了教育改革研究的不同模式。贝尔提出分析教育改革的三种取向:批判的政策分析,后结构主义,以及批判的俗民志。③ 批判的政策分析主要考察存在于社会不平等类型中改革的道德秩序与改革的关系问题;后结构主义强调论述与文本,特别是论述权力与知识关系的

---

①② 张华.论杜威与中国教育改革[J].华东师范大学学报(教育科学版),2019(2):18-28.
③ 转引自张盈堃,等.谁害怕教育改革?——结构、行动与批判教育学[M].台北:洪叶文化事业有限公司,2005:3-5.

某种属性。贝尔描绘了俗民志的方法、资料与分析程序,目的在于分析在地政策的影响与效应,进而产生批判的观点。

除此之外,还存在着自上而下与自下而上两种不同的改革取向,也是一种被普遍应用的改革分析架构。弗雷古与莱尔对这两种取向进行了对比分析:认为自上而下式的改革是被外力或权力的拥有者所设计、发展与执行的;自下而上式的改革又称草根式改革,意指改革涉及的行动主体主动参与到改革方案的设计中,即改革的目标是内在的不是外在的目标。此外,豪斯主要关心经济的议题,从技术、政治与文化这三个基本面向探讨教育改革研究中执行支出的经济。其中,有许多研究指出在教育实行过程中,存在着执行上的失败与脆弱的效应,柯恩与希尔把焦点放在政策与改革所需要的基础实行上。波克维茨则把改革定义为关切公共动员与定义公共领域之权力关系的世界,他对于改革的基本理念是:改革最好被理解为社会规训过程的一部分,关切改革如何关联至社会事务的多重层面,从制度的组织到自我规训,以及认知的组成与个体行动的经验。换句话说,他是和福柯站在同一立场上,强调权力的主动元素在于社会性的生产与规训个体的能力。

法国社会学家布迪厄提出了"方法论的关联主义"(methodological relationalism),试图摆脱本体论层面结构与行动、系统与行动者、集体与个体之间在观念上的优先性,肯定二者关系在教育改革中的重要性。由此出发,将改革视为一场打破旧的秩序、建立新的秩序,打破旧的权力格局、建立新的权力格局,从一种宰制走向另一种宰制的革命。不论何种秩序与格局,都是知识与权力关系的不同表现形态。在此意义上,改革没有高下之分,只有知识与权力格局以及表现形态的不同。

(二)学科视野

20世纪70年代以来,历史社会学作为一门新兴学科或方法论(研究立场)在西方兴起,并对社会学、历史学领域产生深远影响,得到广泛应用。就历史社会学本身而言,它作为社会学和历史学的交叉学科,强调从社会现象的历时性角度来探求社会的发展规律,雷蒙·阿隆指出"历史社会学是对过去进行研究,但是起始点和落脚点都落在现代社会,强调'以今论古',为社会的进步与发展服务"[①]。

---

① 雷蒙·阿隆. 社会学主要思潮[M]. 葛智强,胡秉诚,王沪宁,译. 北京:华夏出版社,2000.

1. 历史社会学的产生与发展

历史社会学是历史学与社会学这两门学科不断跨越彼此之间学科鸿沟的结果。它包括两个方面的努力：一是历史学在演变过程中，采借社会学的概念、思考方式，不断走向历史学的"社会科学化"；二是社会学在不断成熟过程中，面对自身的诸多理论和方法论难题，转而向历史学寻求解决的智慧和灵感，可以称作社会学的"历史转向"。① 作为学科的历史社会学形成于20世纪中期，但历史社会学的起源却可以追溯到古典社会学的诸多经典学者。② 从发展历程上看，历史社会学先后经历了三个时期，即初步形成期、消沉时期及复苏兴盛期，每个阶段各有其发展特征，最终形成了当下的历史社会学形态。

（1）初步形成期（19世纪40年代至20世纪20年代）

这一时期，马克思、托克维尔、涂尔干、韦伯等学者围绕欧洲工业化以及民主革命的社会起源等问题，提出了一系列在历史社会学中成为核心内容的议题。正是在这一时期，历史社会学独特的研究方法具备了它的雏形。③ 马克思在唯物史观的基础上分析人类社会发展的路径与逻辑，其《资本论》无论是在经济史还是经济理论领域都有巨大的贡献。托克维尔的《旧制度与大革命》和《论美国的民主》则运用了大量的历史文献。马克斯·韦伯在他的《新教伦理与资本主义精神》一书中分析了宗教因素对资本主义社会的形成和发展产生的影响，他也十分重视历史因素在社会学研究中的作用。韦伯提出，因果研究可以有两个方向，简单地说就是历史学的因果关系和社会学的因果关系。第一种因果关系决定导致某一事件产生的独特环境；第二种因果关系则意味着要在两种现象之间确立一种固定的关系。④ 韦伯认为这两种关系是密切联系的。涂尔干的《自杀论》中，有很多结论都是对历史资料进行二次分析而得出的；在他的另一本著作《宗教生活的基本形式》中，涂尔干使用大量的人类学材料，从图腾制度的起源出发考察宗教的发展演变。

（2）消沉时期（20世纪20年代至60年代）

这一时期（尤其是20世纪30年代以后），随着社会学领域实证主义的过度膨

---

① 张一兵,周晓虹,周宪.社会理论论丛(第一辑)[M].南京:南京大学出版社,2001:67.
② 董建波.历史社会学研究方法[M].上海:华东师范大学出版社,2017:1.
③ 董建波.历史社会学研究方法[M].上海:华东师范大学出版社,2017:2.
④ 雷蒙·阿隆.社会学主要思潮[M].葛智强,胡秉诚,王沪宁,译.北京:华夏出版社,2000:342.

胀,社会学(尤其是北美社会学)的主流发展到完全脱离历史的地步,但仍有少数社会学者从事历史社会学的研究,如索罗金、霍曼斯等。那时的美国社会学倾向于脱离特定的社会和历史时期,抽象地处理各种社会现实,以期获得具有普遍意义的社会理论。这种反历史主义的"宏大理论"和"抽象的经验主义"最为集中的代表就是1951年帕森斯发表的《社会系统》,以他为代表的结构主义社会学在英语世界风靡一时,整个40年代和50年代,重视理论演绎而轻视经验研究的结构主义占据社会学研究的主导地位。随着地区、国家乃至全世界冲突和变迁的不断发生,以帕森斯为代表的静止而抽象的宏大理论的解释力显得非常有限,经典社会学中以历史为取向的分析显示出特别魅力,涌现出一批杰出的历史社会学研究成果,如斯梅尔瑟的《工业革命中的社会变化》进行了结构功能主义的历史研究;本迪克斯的研究成果提出不同社会有其自己的历史特殊性,索罗金的人类文明史研究、霍斯曼的历史背景和事件的社会学分析、默顿对17世纪英国实验科学历史的研究,都是这一时期历史社会学的典范性成果。① 1959年米尔斯在他的《社会学的想象力》中对20世纪50年代以来美国社会学界"反历史"的"宏观理论"发起了猛烈抨击,呼吁"每一门社会科学,都需要具备观念的历史视野以及充分利用历史资料"。② 而此时历史学的社会化也促进了历史学与社会学的融合,主要表现在两个方面:第一,历史学开始强调历史研究的整体性,不再将王朝与政治作为历史学研究的唯一对象,转而将全社会纳入其研究范围;第二,历史学开始越来越多地采用人类学、民俗学和社会学的研究方法。③

(3)复苏、重建及兴盛期(20世纪60年代至今)

这一时期,社会学极端实证主义热情的冷却,以及历史学研究的推动促使历史社会学研究进入全新的发展阶段,研究主题及方法都有了较大突破,代表人物包括查尔斯·蒂利、巴林顿·摩尔、艾森斯塔德、佩里·安德森、伊曼努尔·沃勒斯坦等。20世纪60年代,随着布洛赫等年鉴学派代表人物的研究成果翻译成英文,年

---

① 荣颂安.美国历史社会学的现状与趋势[J].国外社会科学,1993(1):60.
② C.赖特·米尔斯.社会学的想象力[M].陈强,张永强,译.北京:生活·读书·新知三联书店,2012:156.
③ 汪靖云."特殊教师"的主体身份建构——中小学班主任制度的历史社会学分析[D].南京:南京师范大学,2016.

鉴学派倡行的史学研究方法产生了巨大影响。这一影响与社会学研究中重视经验研究的潮流汇合，使历史社会学在英语世界进入繁荣时期。此时，20世纪40—50年代风靡美国社会学的研究范式发生变化，原来重视普遍性理论的结构主义社会学式微，重视特殊性的社会学地位上升，对社会现象的分析也由注重社会要素的功能分析转向社会现象的发生学阐释。随着方法论的转向，历史社会学的研究视野也由区域拓展至国家甚至更大的范围，从地域史转向全球史。其中，一些历史社会学家致力于国际范围的社会变迁研究，取得重要成果。查尔斯·蒂利对集体行为的历史变迁做出解释，巴林顿·摩尔探讨政治冲突与社会变迁，艾森斯塔德对社会和历史进程做出结构分析，佩里·安德森阐释欧洲文明跨越世纪的演变过程，爱德华·帕尔默·汤普森从文化、意识和物质生活等要素分析英国工人阶级的形成过程，卡尔·波兰尼对社会—经济关系、社会阶级等做了整体性分析，伊曼努尔·沃勒斯坦探讨资本主义的世界体系。历史社会学在20世纪60—70年代以后的发展，还表现在研究主题日益增加，研究方法更趋丰富，历史社会学的学科地位获得普遍认可。1970年9月，在华盛顿召开"社会学中的历史分析"讨论会，主办者提倡社会学家应该运用历史资料，运用历史学和比较社会学方法和视野探讨社会变迁的一般理论。① 20世纪70—80年代，社会学家继续历史学与社会学方法相互结合的尝试。亚瑟·斯廷斯科姆的研究将典型的历史文献研究方法与社会学常用的演绎分析方法相结合。菲力普·艾布拉姆斯甚至提出，要结合之前相互之间联系的知识系统，以重新定义整个社会学的研究领域。②

20世纪90年代以后，历史社会学在社会学学科中的地位进一步巩固，研究范围也逐步扩大，由文明比较研究向文化（亚文化）比较研究拓展，由之前专注于宏观长时段的比较历史研究，向微观社区研究领域拓展，提出通过微观历史过程的分析来解释社会变迁宏观后果的分析路径，由微观过程相互关系的研究，考察它们如何导致不同的宏观过程与宏观结果。换言之，将宏观历史过程与宏观结构"还原"为微观因素与微观过程，分析在时间序列（历史过程）中，微观现象达致宏观结果的机制。这种可以称为"分析历史社会学"的方法，试图将历史社会学的宏观研究

---

① Robert D. Rossel. Historical analysis in sociology[J]. Historical Methods Newsletter, 1970, 4(1):27.
② 董建波. 历史社会学研究方法[M]. 上海：华东师范大学出版社，2017:5.

与微观研究融合贯通,代表了历史社会学学科发展的新趋势。①

在中国,历史社会学还处于一个方兴未艾的时期。我国社会学发展道路曲折,自 1979 年以后我国才重启"文化大革命"期间中断多年的社会学科建设。虽然此后学科发展迅猛,但整体落后于西方。社会学的这一发展缺陷在一定程度上阻碍了社会学和历史学的交叉融合。1987 年学者吴忠民在《历史社会学初论》一文中系统地介绍了历史社会学,结合我国的社会文化、制度背景对学科内涵、研究方法与学科的应用价值进行了深入阐释和探讨,并呼吁建立国内的历史社会学科。然而,历史社会学由于进入我国学界相对较晚,在很长一段时间内并未获得国内相关领域的重视,历史社会学的理论与方法依然缺乏深入研究。②

2. 历史社会学的内涵

历史社会学是历史学与社会学相互交叉、相互结合的产物,作为一种实践的历史社会学已经积累了丰富的研究成果,但学者对其内涵却做出了不同的界定。

一些学者从历史社会学与历史学关系的角度界定历史社会学,认为历史社会学是一门运用社会学理论和方法研究历史现象的学科。根据这个定义,完全或部分接受一种社会理论,并运用理论对历史现象进行分析的研究属于历史社会学;那些对社会理论深感兴趣,但并不受制于理论,而只是运用理论发现问题和提出问题的研究,也属于历史社会学。实际上,上述两类研究中的优秀成果,均被视为历史社会学的典范。前者如自称为"马克思主义的实证主义者"的汤普森运用马克思主义理论对英国工人的研究③,尼尔·斯梅尔瑟运用结构功能主义理论对工业革命时期社会变迁的研究④,都被视为历史社会学的经典研究。后者如费尔南·布罗代尔,虽然借用了"结构""模式"等概念,但他并未接受结构功能理论给予"结构"等术语的定义以及相应的理论体系,相反,他的研究焦点在于经验研究,在于"真实的事物",而不是建构理论,他甚至怀疑复杂的理论的可靠性,认为理论容易

---

① 董建波.历史社会学研究方法[M].上海:华东师范大学出版社,2017:6.
② 李明超.历史社会学兴起的学科基础探析[J].学术探索,2008(4):92-96.
③ 丹尼斯·史密斯.历史社会学的兴起[M].周辉荣,等译.上海:上海人民出版社,2000:82.
④ 丹尼斯·史密斯.历史社会学的兴起[M].周辉荣,等译.上海:上海人民出版社,2000:19.

脱离社会现实。因而,布罗代尔对运用社会理论抱着谨慎态度,只是借助相对简单的理论模型。这类研究也被视为历史社会学的典范成果。这种强调(程度不同地)运用社会学概念和理论研究历史,并从这个视角加以界定的历史社会学可称之为历史学取向的历史社会学。

与这种立足于历史学的历史社会学研究不同,另一些历史社会学研究成果关注的重点是社会理论,只不过他们在构建理论时,较其他社会理论家更多强调时间和空间因素。一些社会学家在研究宏观社会理论时,特别关注社会以及社会理论的历史维度,运用经验例证阐释社会理论。更有一些历史社会学研究,不是运用历史经验"阐释"社会理论,而是依赖历史现象(资料)提供的个案,发展乃至建立新的社会理论。其中,迈克尔·曼的《社会权力的来源》是从史前直至18世纪人类社会权力关系历史的经验研究入手,归纳人类社会权力的理论。蒂利的历史社会学研究主要包括两个主题:其一是近代欧洲国家的强化,其二是商业化和劳动者的无产阶级化的增长。他认为,这两个过程创造了现代世界,先是欧洲,而后是欧洲之外的其他地方。其相关著作包括《欧洲的抗争与民主》《社会运动》《强制资本和欧洲国家》等。不管蒂利研究的具体课题是什么,每一个课题都与上述两个主题有关。从蒂利的研究成果可以看出,社会学与历史学可以相互促进。蒂利的研究说明,通过考察历史如何在过去五百年间创造了这两个主要趋势,历史学能够帮助社会学理解现代世界。例如,法国国家如何在17世纪扩展它征税的权力?法国的地主和农民保持他们固有生活方式的努力何以失败?国家的胜利怎样促进资本主义的成长?这些并非抽象的理论问题,而是实际问题。寻找这些问题的答案能够使社会学家以不同于理论抽象的方式理解"现代化"。由于社会学研究仍然需要面对蒂利曾经关注的问题,即国家权力的增长和不断扩展的无产阶级化,熟悉一系列实际的历史案例或许有助于社会学家洞悉当代社会变迁和社会问题。反过来,蒂利认为,社会学对历史学的帮助较小,社会学能够提供给历史学的不过是一些有用的类比和理论导向。蒂利的研究似乎证明了这种关系。不管他研究的是法国17世纪的减税运动,还是19世纪发生在英国的反抗,在理解社会变迁时,没有什么方法能够替代细致的历史研究。不愿或不能实施此类研究的社会学家将无法充分地理解社会以形成相关概念(理论)。① 可见,成功的历史社会学研究同时也是社会理论研究。这样的历史社会学可以看作从个别现象归纳社会学的一般理论的学科,"是一个新的国家理论、新的社会变迁理论以及新的微观和宏观现象关系理论得以产生的研究领域"②。这种立足于社会学,尝试通过史学的经验研究阐释、修正、建构社会理论的历史社会学,可称之为社会学取向的历史社会学。

历史社会学的历史学取向和社会学取向只是研究视角的差异,并不意味着研究方法在这一学科内部的对立。相反,这两种取向在历史社会学中构成互补关系。历史社会学既是运用社会理论研究历史的学科领域,也是运用历史经验建立社会理论的研究领域。③ 虽然学者们对历史社会学的界定存在一定的差异,目前来看,多数学者通常将其视作社会学的一门分支学科,其出现和形成是二战以后社会学和历史学交叉的结果。如夏学花、薛雅丽认为"历史社会学强调以时间序列来探索某些社会问题"④,英国彼得·伯克认为历史社会学"只是借用历史的写作方法和历史主义的哲学观点和强调以时间序列来探索某些社会问题,对过去的研究和重视的目的在于描述社会的运作、变迁和社会基本制度的演变,借以说明当前社会状况,归结点还是对单个人类社会(human society)的研究,侧重于对其结构和发展的归纳"⑤。斯考切波曾对历史社会学研究的特征进行总结,指出:"真正的历史社会学研究具有如下特征:首先,也是最基本的,他们明确地基于时空来思考社会结构和过程的问题;其次,他们强调过程并在瞬时的场景下解释结果;第三,大多数历史分析着重意义的行动与结构背景的交互作用,以清晰地呈现个人生活与社会转型中意图和非意图的结果;最后,历史社会学突出了特殊类型的社会结构与变迁模式的独特性和多样性。"⑥

从20世纪七八十年代起,我国不少学者也开始关注历史社会学的相关问题,

---

① Daniel Chirot. Sociology and history: A review essay[J]. Historical Methods,1983(3):123-121.
② Jack A. Coldstone. How to study history: the view from sociology[J]. Historical Methods,1986(2):82-84.
③ 董建波.历史社会学研究方法[M].上海:华东师范大学出版社,2017:8.
④ 夏学花,薛雅丽.历史社会学和社会历史学的比较研究——历史学与社会学交叉关系初探[J].中州学刊,2002(2):121-124.
⑤ 彼得·伯克.历史学与社会理论[M].姚朋,等译.上海:上海人民出版社,2001:2.
⑥ 西达·斯考切波.历史社会学的视野与方法[M].封积文,等译.上海:上海人民出版社,2007:2.

吴忠民较早对其进行了探讨,他认为,历史社会学是一门研究现存历史因素(以往人类社会的遗留物)与当代社会各种现象之间相互关系及其规律的学科。探讨历史因素积淀的规律和形式,注重研究现存历史因素对于社会结构和社会过程是如何发生作用的,这是历史社会学的两项重要内容,它具有跨学科性、侧重宏观研究、重视历史比较研究等特征。

李明超在对历史社会学学科起源和兴起研究时,将其概括为"一门以历史经验和历史教训等历史知识为基础、面向当代社会服务的学科,这既是社会学向过去渗透的结果,也是历史学向现实社会拓展而产生的一门新学问,是运用社会学的理论、视角和方法来研究历史行为、历史事件、历史制度、历史结构乃至历史体系的一门学科;它立足于人类文明的历史积累,主张用历史的眼光观察社会,用社会的视角回顾历史,关注现代社会的历史来源和历史变迁;它是由历史学对现实社会的关注而形成的一门应用性学科。用社会学方法充实历史学和用历史学方法充实社会学,是其基本的学术研究思路和学科发展路径"。①

吴帆、吴毅以历史学与社会学的历史关系为线索,对历史社会学的兴起与发展脉络进行梳理,力图展现在社会史、结构功能主义和后现代理论等相关理论的影响下,历史学与社会学由分裂走向融合的过程。历史社会学具有三个显著特征:第一,通过揭示某一可能性如何变为现实来帮助人们反思现实;第二,强调连续的时间序列,所研究的历史跟现实之间必须能够接续而非断裂;第三,具有强烈的批判性。②

应星围绕近年来历史社会学在中国的初兴,分析了它的四个定位:历史社会学并不是一门新生学科,而是对社会学创生形态的重返;历史社会学并不是一门边缘性的、交叉性的分支学科,而是一种具有总体性、本源性的研究趋向;社会学的历史维度与现实关怀之间并不是割裂和对立的关系,而是融贯和拓展的关系;历史对社会学来说,并不仅仅是一堆用以建构理论框架的材料,而是具有内在的生命力。他在剖析我国历史社会学研究进展的基础上,提出了历史社会学研究面临的"空疏

---

① 李明超. 历史社会学兴起的学科基础探析[J]. 学术探索,2008(4):92-96.
② 吴帆,吴毅. 历史社会学的发展与特征[J]. 华中科技大学学报(社会科学版),2009(4):92-98.

化"与"碎片化"的双重困境及其努力的方向。①

历史社会学作为历史学和社会学合作的产物,更是对两者的超越。一方面,历史社会学具有历史学的连续性特征,但又不局限于线性的、历史遗留物及其规律的呈现,而是立足当下,极具批判性特征;另一方面,历史社会学具有社会学的现实敏感性和理论诉求,但又不囿于现实世界中的种种事物,而是超越现实,实现历史与当下、微观事实与宏观结构的结合。

综上所述,无论历史社会学偏属哪一学科,其本身所具备的方法论属性却是客观存在的。本研究的目的不在于探讨其学科属性问题,而是将其视为一种特殊的方法论,针对我国基础教育改革这一与历史有着渊源的当代问题,以一种兼具历史学和社会学属性的方法论作为研究工具,可以透过现象看本质,为一些现实问题的解决提供出路。

3. 历史社会学的学科之眼

从历史社会学视角审视基础教育改革,强调当下的历史的观念,用历史的发展的眼光看待基础教育改革。即将基础教育改革作为一个社会事实或社会事件,将改革置于一定的历史文化语境中,呈现作为一种社会事实的教育改革是如何历史地具体地发生的,特定的历史文化因素是如何影响改革的发展与变化的,影响教育改革发生、发展、变化的内在机制是什么?进而将某一项改革放在历史的时空背景下加以具体呈现。通过深入考察基础教育改革发生、发展、变化的内在机制,以及与相关社会因素之间的相互作用关系,揭示教育改革的真相,发现教育改革实践的内在逻辑和规定性。这种真相既包括客观存在的制约改革深入发展的因素,也包括发现促使改革向前推进的革命性力量。这些力量在面对强大的社会结构因素和传统文化惯习时往往显得非常微弱,因此需要用发现的眼睛不断赋予其生命活力,在此意义上,社会学研究本身就是一种赋权或解放,强调研究本身应成为富有建设性的解放力量,而不是建立在"知识—权力"关系基础上的压迫手段。通过研究发现改革,推动改革向着积极健康的方向发展。为此,需要秉持对于教育实践的理解与尊重的态度,将改革中的人物、事件、行动放在具体的历史时空背景下思考,而不

---

① 应星.略述历史社会学在中国的初兴[J].学海,2018(3):13-24.

是以一种学究式的谬误,用一些西方概念简单图解中国丰富的教育实践。历史社会学的学科视野和研究立场具体体现为:

用历史的眼光关照当下教育问题的整体性与连续性特征,将基础教育改革放在新中国成立70年的发展变化历程中加以动态考察,而不是孤立地看待某一项改革,例如减负问题、素质教育问题等。具体而言,将某一教育问题置于特定的历史时空下,深入考察特定历史时期的政治、经济、文化背景对教育问题的制约性,以及教育改革的发生、发展机制,体现教育改革的复杂性、多元开放性。

历史社会学区别于传统史学之处在于,不需要呈现完整的历史事实或史料,而是从某一理论视角出发,对相关史料加以选取并予以具体呈现。具体而言,即以"改革"作为关键词,针对基础教育改革的关键问题,运用历史社会学历时性与共识性相结合的方法,既有对长时段历史资料进行分析的宏大叙事,又有基于生活史研究的微观历史的具体考察,将长时段的历史梳理与特定历史时期的关键事件相结合,体现点与面、虚与实的结合。

(三)写作思路与分析框架

1. 写作思路

按照基础教育改革的构成要素,以及"过程—事件"分析两条线索构建了本书的写作框架。其中,基础教育改革的构成要素包括基础教育课程改革、学校组织变革、课堂教学改革、教师文化与学生文化变革等。各章节的前后顺序是按照历史的实践逻辑展开的:宏观层面,基础教育课程改革集中体现了国家意志,在整个基础教育改革中具有统领性作用;中观层面,所有改革都是具体而现实地发生在学校场域以及学校与政府及家长力量的相互作用之中,具体体现在行政力量、家长力量以及校长、教师和学生的行为层面;微观层面,通过对城乡两地教师个人生活史的深入研究,细致入微地考察了学校组织文化与教师的生活样态之间的互动关系。除了构成要素的维度之外,在每章内容中突出了关键人物、主要事件的分析与把握,力图体现历史社会学研究的历时性与共时性、宏观研究与微观研究的结合。

历史社会学研究的写作风格与学科特点主要体现在如下四个方面:

第一,在构成要素维度上,每章内容都围绕一两个关键词加以概括,体现该主题的关键问题所在。例如公平与质量,知识与权力等,作为统领各章的思想线索。第二,每章内容都包括"历史与当下"两个部分:历时性研究体现为对新中国成立70年来某项改革的相关政策文本的梳理,学术界的分析与评价等,共时性体现为该问题的现实表现以及可能的对策建议,例如减负问题。现实部分主要围绕一个典型事件展开。第三,研究资料主要包括三部分:相关政策文本资料,相关研究文献评述,以及当下的事实资料,例如问卷、访谈、生活史研究等。生活史或事件史研究主要采用教育叙事的写作手法,尽可能用平实的语言,深描式地呈现某一历史事件发生发展的过程以及人物内心的情感体验。第四,呈现方式:每一部分内容都尽可能包括理念层面、事实层面和评述层面,体现历史社会学史论结合的特点。

2. 分析框架

全书共由 9 个部分组成:

"绪论　当下的历史:基础教育改革的历史社会学义涵",将基础教育改革置于全球化的背景之下,揭示不同的历史文化语境下基础教育改革具有不同的历史文化内涵;强调不同国家、地域、区域之间教育发展的不平衡性和差异性,具体地历史地呈现基础教育改革的复杂性和多样性。同时,分别从基础教育改革的合法性论证、基础教育改革背后的观念系统,以及基础教育改革的中国经验等总体性特征予以归纳概括。

"第一章　知识与权力:基础教育课程改革中的力量博弈",将基础教育课程改革追溯到近现代国民教育的兴起,沿着历史的脉络,将新中国成立以来的历次课程改革进行梳理,运用事件史分析的方法,深入探讨第八次课程改革的诞生;在此基础上对于基础教育课程改革的社会基础进行了总体性概括。

"第二章　学校变革:基础教育改革的微观场域",将学校变革置于政府与学校关系的制度框架之下,梳理了政府与学校关系的历史演变,通过对中小学校长的深入访谈,真实地再现了校长作为学校变革的推动者所面临的制度困境以及突破重围的现实与可能。

"第三章　结构与行动:基础教育改革中的教师",通过对教师专业发展中面对的两种重要的结构性因素——教研制度和信息技术发展演变历史的梳理,揭示了结构的两重性,既为教师的专业发展提供了智力支持与技术支持,同时又制约和限制了教师的专业发展。

"第四章 体制化生存：教师生活史研究"，通过对农村与城市两所不同学校的三位教师生活史的叙事探究，细致入微地呈现了学校制度文化如何对教师的生活境遇和专业发展带来潜移默化的影响，以及不同的学校组织文化，甚至是校长不同的领导风格下教师不同的生存状态。

"第五章 惯习的力量：教学改革在行动"，通过对"好课"标准以及课堂教学评价标准发展演变历史的梳理，以及对于一所学校八年课堂教学改革的回顾与反思，揭示知识权力关系如何作用于教师的日常教育教学行为，以及惯习的力量如何根深蒂固地影响着教师，并且导致课堂教学改革"意外后果"的产生。

"第六章 话语实践：基础教育改革中的学生"，关注基础教育改革中的学生立场及其表达，通过对培养目标的话语建构以及"减负"政策的历史演变的梳理，揭示"减负政策失真"背后复杂的社会因素及其作用机制，如何导致教育目标的旁落，以及学生生存境况的下降。

"第七章 政府与家长：推动学校变革的外部力量"，通过对外来务工人员子女入学政策变迁的历史梳理，揭示了地方政府和教育主管部门在推进教育公平中的积极作为以及政策的有限性，在体现教育的公平性和包容性的同时如何实现着隐性排斥的内部矛盾。通过对家校合作关系的历史考察，探讨家校关系从对抗走向共生的现实与可能。

"结语 主动寻求教育变革之路"，作为全书的概括与总结，重申了历史社会学研究的学科立场和研究视野，提炼和概括出本书在"结构与行动"理论视角下的研究发现，以回应"结构与行动"这一经典的社会学理论命题，以及对于基础教育改革的现实关照。

☞ **参考文献**

1. 彼得·伯克.历史学与社会理论[M].姚朋,等译.上海：上海人民出版社,2001.

2. 西达·斯考切波.历史社会学的视野与方法[M].封积文,等译.上海：上海人民出版社,2007.

3. 雷蒙·阿隆.社会学主要思潮[M].葛智强,胡秉诚,王沪宁,译.北京：华夏出版社,2000.

4. 张一兵,周晓虹,周宪.社会理论论丛(第一辑)[M].南京:南京大学出版社,2001.

5. 董建波.历史社会学研究方法[M].上海:华东师范大学出版社,2017.

6. C.赖特·米尔斯.社会学的想象力[M].陈强,张永强,译.北京:生活·读书·新知三联书店,2012.

7. 张盈堃,等.谁害怕教育改革?——结构、行动与批判教育学[M].台北:洪叶文化事业有限公司,2005.

8. 张荣伟.论中国基础教育改革的四种话语类型[J].中国教育学刊,2009(10):8-11.

9. 佐藤学.课程与教师[M].钟启泉,译.北京:教育科学出版社,2003.

第一章 知识与权力：基础教育课程改革中的力量博弈

在基础教育改革中，课程改革既关涉宏观层面的变革，更关涉教师的教育理念，学生的生活经验、学习方式等微观层面的问题，进而影响和决定基础教育改革的发展方向以及人才培养的质量，在很大程度上决定了"培养什么样的人""怎样培养人"等根本性问题。21世纪伊始，我国义务教育阶段新的国家课程标准出台，依据新标准编制的新教材也在部分地区和学校展开实验，统编版三科教材也已启用，这是中国教育迈入21世纪的一次力度很大的改革。为此，有必要对新中国成立以来的课程改革历史加以梳理，进而发现课程改革的发展轨迹和内在机制。

第一节 历史溯源：近现代国民教育的兴起

"基础教育"又称"国民基础教育"，指对国民进行基本的普通文化教育，主要包括小学及初中阶段的义务教育，亦可泛指学前至高中阶段的教育。与传统的"儒学教化"，特别是其中的"蒙学教育"不同的是，近现代中国基础教育源自西方国民教育思潮和义务教育实践，但却深刻地反映了社会转型期中国文化变革的内在需求，并与之相融共进。① 从传统蒙学教育伦理本位的办学思想，强调儒家伦理思想与生活日用的紧密结合，到近现代培养合格公民的现代教育理念的确立，这一教育现代性的过程是怎样发生的？其间经历了怎样的文化嬗变？课程作为近现代学校教育的主要载体，又发生了怎样的变化？这是本章重点要探讨的内容。

---

① 黄书光,王伦信,袁文辉.中国基础教育改革的文化使命[M].北京:教育科学出版社,2001:1.

一、近代国民教育思潮兴起与新学制建立

与传统教育不同,中国近代教育是在中西文化的碰撞交融中向前推进的。在这个急剧转型的社会里,西学实际充当了中国教育从传统走向现代的催化剂。19世纪上半叶鸦片战争之后,中华民族面临着"数千年未有之大变局",在如何求新图变问题上,形成了洋务派与维新派的不同观点。以魏源、龚自珍为代表的洋务派认识到,传统的"礼义""人心"教育不可能"制敌之命",能够与强敌抗衡的绝非传统意义上的圣贤君子,而是既恪守封建道德精神又精通西方器艺文明的洋务人士,即"中体西用"型。"中体西用"的观念客观上导致了中国早期教育现代化的启蒙。以康有为、梁启超为代表的维新派则反对"中体西用"说,要求对封建专制制度进行资产阶级性质的改良。一方面创办"万木草堂""时务学堂"等新式学校,另一方面,普遍重视国民素质教育,极力介绍和引进西方近代国民教育制度,强调基础教育的目的在于造就有现代意识的新型国民。严复更进一步把梁启超的"新民"说,具体化为"鼓民力""开民智""新民德",以追求德智体和谐发展的新国民人格,作为对传统儒家所崇尚的理想人格的修正与改造。与维新派一样,资产阶级革命派也十分注重国民教育问题。所不同的是,革命派主张的国民教育乃革命教育,认为新国民的出现离不开革命先行。在革命派看来,国民教育就是要培养具有独立自由意识和坚强革命斗志的新国民。

在国民教育思潮的推动下,清政府颁布了有关教育章程,例如,1902年颁布了《钦定学堂章程》,1904年又颁布《奏定学堂章程》,原《钦定学堂章程》废止。总之,清末民初的国民教育思潮是中国传统教育走向现代教育的重要环节,体现了鲜明的时代特征:提倡国家意识和近代国民的主体精神;强调身心和谐与德智体协调发展的教育方针;关注教育平等和民族素质的普遍提高。[①]

"五四"新文化运动开启了中国教育新的篇章,将目标指向国民性改造与人的现代化。一批先进的中国知识分子认识到,没有观念、心理变革的根本自觉,任何形式的制度变革都只能流于虚妄,不可能有真正意义上的文化和教育变革。在此

---

① 黄书光,王伦信,袁文辉.中国基础教育改革的文化使命[M].北京:教育科学出版社,2001:11.

基础上,教育界的有识之士将这一新文化理想落实到教育宗旨、学校系统、课程结构以及教学法等一系列改革上,突出基础教育改革在整个教育改革中占有的重要地位。以科学、民主、个性独立为旨趣的西方"新文化"精神在1922年"新学制"中得到了较充分体现。

1922年11月1日,北洋政府颁布了《学校系统改革令》。这是一份在我国课程改革历史上具有里程碑意义的文件,标志着我国教育现代化和教育民主化获得了官方确认并得以系统推进。该文件的主要内容有:一是确立了"六三三"现代学制,该学制一直沿用至今;二是规划了与现代学制相适应的现代课程体系,该体系依然是今日课程改革可资借鉴的范本。

该文件的研制者是民国时期最重要的民间专业组织"全国教育会联合会"(以下简称"联合会"),杜威直接参与了该文件的研制。1919年10月,杜威参加了在山西太原举办的联合会第五届年会,做了题为"教育上的实验态度"的演讲,为文件的制订指明了方向。杜威回国后的第二年即1922年,联合会在济南第八届年会上决定组织新学制课程标准起草委员会,选举胡适、黄炎培、经亨颐、袁希涛、金曾澄为课程标准起草委员会委员。委员会邀请全国各领域最杰出的学者担纲各科课程标准研制,并由研制者署名发表。1923年,《新学制课程标准纲要》研制完成,随后据此标准编制教科书等课程资源,并在全国范围内实验新学制与新课程。①

《学校系统改革令》依据杜威"教育即生长"的思想,即"教育之外无目的"的思想,确立了"请废教育宗旨、宣布教育本义"的研制决议,最终形成新学制与新课程的"七大标准":① 适应社会进化之需要;② 发挥平民教育精神;③ 谋个性之发展;④ 注意国民经济力;⑤ 注意生活教育;⑥ 使教育易于普及;⑦ 多留各地方伸缩余地。② 这些"标准"实际上是课程理念、课程目的与课程实施原则的统一。

二、新中国成立与社会主义教育性质的确立

1949年10月1日,中华人民共和国成立标志着新民主主义革命的胜利,中国

---

① 转引自张华.论杜威与中国教育改革[J].华东师范大学学报(教育科学版),2019(2):18-28.
② 全国教育联合会新学制课程标准起草委员会.新学制课程标准纲要[M].上海:商务印书馆,1925:127.

历史进入了崭新的社会主义社会,新中国的教育性质也发生了根本变化。毛泽东主席曾指出:"中国国民文化和国民教育的宗旨,应当是新民主主义的;就是说,中国应当建立自己的民族的、科学的、人民大众的新文化和新教育。"①由此确定了新中国教育的社会主义性质,具体体现在两个方面:教育必须为工农服务;教育必须为生产建设服务。为生产建设服务除了要树立尊重劳动和热爱劳动的正确态度外,还要"着重发展科学与技术的教育,并将这种教育与经济建设的需要密切地联系起来"②。当时的中央领导人已经注意到理论联系实际、外国教育经验与中国建设需要相结合等重大问题,同时还提到要学习资本主义国家的自然科学和技术成就。但受到当时社会政治环境的影响,即新中国正处于以美国为首的资本主义国家的封锁和包围之中,意识形态的斗争非常激烈,新中国进而形成了向社会主义苏联学习的"一边倒"局面。

"以俄为师"的文化战略由来已久,它是"十月革命"胜利以后中国共产党的理性选择。在战争年代,"以俄为师"表现为要师法俄国的暴力革命,推翻压在中国人民头上的"三座大山";在和平时期,"以俄为师"则是要学习苏联的建国经验,去建设社会主义新中国。"苏联所走的道路,就是我们现在和将来所要走的道路。"③反映到教育领域,就是要全面学习和移植苏联社会主义模式。其中凯洛夫的《教育学》被认为是苏联社会主义教育实践的理论总结,要求予以系统全面地学习。在此基础上,中小学开始全面参照苏联10年制教材,调整教学计划与教学大纲,重新编写教科书,广开俄语课,实行苏联式的5分制管理等。20世纪50年代中后期,有些学者开始思考"教育学中国化"问题,并对凯洛夫的《教育学》提出了大胆质疑和批评,指出其过分"强调统一","忽视学生个性发展",从而引发了关于全面发展与因材施教问题的学术大讨论。

---

① 毛泽东.毛泽东选集(第2卷)[M].北京:人民出版社,1991:697.
② 瞿葆奎.中国教育改革[M].北京:人民教育出版社,1991:20.
③ 《光明日报》社论,1953-02-14.

第二节 国家意识：基础教育课程改革的历史回顾

基础教育改革涉及教育活动的方方面面，课程改革是不可或缺的重要组成部分。课程作为人类教育活动的核心构成要素，自产生以来一直处于不断的发展变化之中。新中国成立半个多世纪以来，随着社会主义政治、经济、文化的日益进步，我国基础教育课程改革也经历了 70 年的发展历程，其间主要经历了 8 次课程改革，可划分为以下 4 个发展时期[①]：

① 1949—1965 年：是我国基本完成社会主义改造，开始社会主义全面建设的时期，基础教育课程改革逐步实现了教育的集中统一规划和领导。② 1966—1976 年：主要是基础教育课程体系的自我否定和"革命化"课程体系的建立时期。③ 1977—1985 年：是拨乱反正时期，其中 1978 年开始了基础教育课程改革的现代化探索，并逐步构建起具有中国特色的社会主义现代化课程体系。④ 1986 年至今，是我国全面开创社会主义现代化建设新局面时期，基础教育课程稳步发展，课程教材建设取得了实质性进展。下面将各时期及 8 次课程改革的内容分述如下。

一、确立课程的社会主义属性（1949—1965 年）

新中国成立初期，基础教育课程领域面临的主要问题是，如何在对旧中国的意识形态和课程体系加以批判与改造的基础之上，把不同的课程经验结合起来，形成新的适应新中国发展需要的课程体系。面对苏联教育文化取得的巨大成就，在举国上下开展的涵盖社会政治、经济、文化等各领域"以俄为师"的历史背景下，结合新中国教育文化事业的性质和教育方针，我国开始了向苏联社会主义国家全面学习的社会运动。在此基础上，结合新中国的国情，1949 年通过的《中国人民政治协商会议共同纲领》第五章第四十六条规定，"人民政府应有计划有步骤地改革旧的

---

① 靳玉乐，王牧华.新中国中小学课程教材建设五十年[J].西南师范大学学报（人文社会科学版），2000(6):123-128.

教育制度、教育内容和教学法"①,明确提出对待旧教育、旧学校的基本态度。收回教育主权、改变旧课程的半封建半殖民地性质,建立和发展社会主义课程体系,成为这一时期课程与教学改革的主要内容。

1. 第一次课程改革(1949—1952年):初步建立课程体系

"第一次课程改革"于1949年启动,1952年结束。1949年12月23日召开的第一次全国教育工作会议强调,要对旧教育实行"坚决改造,逐步实现"的方针,提出要"以老解放区新教育经验为基础,吸收旧教育有用经验,借助苏联经验,建设新民主主义教育"。这次课程改革,初步建立起新中国中小学课程体系、制度和传统,内容包括:① 规定中小学的课程门类,统一课程安排和课时安排,优化中小学课程的比例结构和衔接;② 颁布不少学科的新教学大纲;③ 教材改革。

新中国成立之初主要采用旧教材,后来才过渡到修改旧教材、编写新教材。1951年7月,中央教育部决定从秋季起全国选用第一套算术通用教材(即刘松涛等编写的老解放区小学算术课本和俞子夷编写的另一套小学算术课本)。从1951年秋季起,中小学开始增用人民教育出版社出版的、以《小学各科课程标准(草案)》和《中学暂行教学计划(草案)》为具体依据新编和修订的12年制中小学教科书。1952年秋,人民教育出版社出版了自1951年开始编写的11本中学新教材。同年,中学数学大部分采用东北区编译的苏联数学课本。为实行5年一贯制,人民教育出版社又编写出版了小学语文和算术课本。

1952年最为重要的教育大事是教育部颁布了《小学暂行规程(草案)》和《中学暂行规程(草案)》,这是第一个全面规范中小学课程的政府文件,明确了中小学学校教育宗旨,初步奠定了新中国中小学学校教育体系。两份文件分别对普通中小学教育的宗旨、目标做了详细规定,其中,规定小学教育宗旨是:"根据新民主主义的教育方针和理论与实际一致的教育方法,给儿童以全面的基础教育,使他们成为新民主主义社会热爱祖国和人民的、自觉的、积极的成员。"其主要培养目标包括智、德、体、美四个方面:在智育方面,要"使儿童具有读、写、算的基本能力和社会、自然的基本知识";在德育方面,"使儿童具有爱国思想、国民公德和诚实、勇敢、团

---

① 何东昌.中华人民共和国重要教育文献(1949—1975)[M].海口:海南出版社,1998:1.

结、互助、遵守纪律等优良品质";在体育方面,"使儿童具有强健的身体,活泼、愉快的心情以及卫生的基本知识和习惯";在美育方面,"使儿童具有爱美的观念和欣赏艺术的初步能力"。① 上述两个政策的颁布初步奠定了新中国中小学学校教育体系。

2. 第二次课程改革(1954—1956年):改革课程性质

1953年12月,政务院发布《关于整顿和改进小学教育的指示》;1954年6月,政务院发布《关于改进和发展中学教育的指示》,标志着"第二次课程改革"的启动。这次课程改革的主要任务是师法苏联,服务于党在过渡时期的总路线和总任务。1953—1957年,中小学基础教育的教学计划每年都有调整,课程设置变动频繁。1956年,教育部颁布新中国成立以来的第一套中小学各科教学大纲(修订草案),人民教育出版社组织各学科专家编辑出版了第二套全国通用的中小学各科教材,使1952年提出的课程理念与目标以课程文本形式呈现出来。但是第二套教材只使用了一年,因为以苏联教材为蓝本,内容偏深过难,被教育部要求精简。

这一时期课程与教学改革的特点是:第一,注重加强思想政治教育。第二,接管和改造旧教育、旧学校。第三,确定教育为工农服务的方向。国家举办工农速成中学和工农干部文化补习学校,加强工农干部和部队教育,充分保障了全国人民,首先是工农劳动人民和工农干部教育的机会。② 第四,以俄为师,课程与教学改革注重学科课程,强调基本知识和基本技能的教学,教材编写强调科学性、思想性和系统性。第五,强调对中小学生进行劳动教育,在中小学课程中,增设生产技术课和劳动实习,开展多样性的课外劳动活动。③ 总之,这一时期的课程改革,彻底改变了旧中国半殖民地半封建的课程性质,建立起对新中国课程影响深远的课程体系。

3. 第三次课程改革(1958—1965年):完善课程体系

1958—1965年的"第三次课程改革"前后经历了两个发展阶段,第一阶段是1958—1960年的"大跃进"时期。这一时期我国社会主义改造基本完成,开始探索

---

① 刘英杰. 中国教育大事典(1949—1990)(上册)[M]. 杭州:浙江教育出版社,1993:348.
② 毛礼锐,沈灌群. 中国教育通史(第六卷)[M]. 济南:山东教育出版社,1989:51.
③ 《中国教育年鉴》编辑部. 中国教育年鉴(1949—1981)[M]. 北京:中国大百科全书出版社,1984:466.

建设社会主义道路。1958年9月,中共中央、国务院发布了《关于教育工作的指示》。据此,全国开展了轰轰烈烈的"教育革命",在基础课程领域主要进行了如下改革:① 课程管理上,下放课程管理权力;② 课程实施上,缩短学制,自编教材,自请教师;③ 课程内容上,组织参加生产劳动,建设生产劳动课程;④ 价值取向上,强化思想政治教育和对教师的思想改造。但在"教育革命"期间课程的变化只是局部的改变,并未影响全局。

第二阶段是1961—1965年的课程调整时期。随着"大跃进"运动的结束,国家领导人意识到教育中存在着浮夸风、瞎指挥、不切实际的错误。1961年在中共八届九中全会上,党中央确立"调整、巩固、充实、提高"的方针,对基础教育课程做出如下调整:

① 统一管理基础教育课程。1963年3月,教育部颁布《全日制小学暂行工作条例(草案)》和《全日制中学暂行工作条例(草案)》,对中小学课程实施统一管理,首次提出"国定制"与"审定制"相结合的教科书制度。

② 制订新教学计划。1963年7月,教育部颁布《全日制中小学新教学计划(草案)》,确立了"语、数"为小学核心课程,"语、数、外"为中学核心课程。

③ 制订新教学大纲,编写新教材。1963年5月,教育部颁布中小学各科教学大纲,重新确立了各学科的性质、任务和基本教学内容,强调"双基"的掌握和训练。

1961年秋季,新编10年制中小学教材开始在全国10年制学校试用,这是人教版第三套全国通用的中小学教材。从1962年夏季开始,人民教育出版社又着手编写12年制的中小学教材,即全国通用的第四套教材,到1963年秋季,这套教材的第一册开始在全日制中小学校正式使用。

1963年的基础教育课程改革强化生产劳动类课程,强调对中小学课程实施统一管理,重新编写中小学各学科教学大纲,确立了各学科的性质、任务与教学内容,强调"双基"的地位,定位了中小学核心课程,人民教育出版社编写了一套系统的以知识体系为标志的教材并在全国推广使用。这一系列做法,对整个基础教育改革特别是课程与教学改革产生了重要影响。

二、"革命化"课程的建立(1966—1976年)

我国基础教育改革历史上"第四次课程改革"发生在1966—1976年期间,在

"文化大革命"的影响下,新中国成立以来建立起来的课程体系和制度被当作修正主义加以批判和废除,至此,我国基础教育课程改革开始自我否定,并加以革命化的改造,代之以完全新型的"革命化"课程,导致课程思想发展史上的一次断裂。

1966年6月,中共中央、国务院批转教育部党组《关于1966—1967年度中学政治、语文、历史教材处理意见的请示报告》,将中小学的政治、语文、历史教科书停用,改学毛主席著作。1966年8月8日,中共中央八届十一中全会通过《中共中央关于无产阶级文化大革命的决定》,第十条规定教学改革的任务是:"改革旧的教育制度,改革旧的教学方针和方法","学制要缩短。课程设置要精简。教材要彻底改革,有的首先删繁就简。学生以学为主,兼学别样。也就是不但要学文,也要学工、学农、学军,也要随时参加批判资产阶级的文化革命的斗争。"[1]原有的全国统编教材受到严厉批判,旧教材被视为资产阶级修正主义教育路线的产物而加以全盘否定,认为教材内容理论脱离实际,不合需要,要求建立"革命化"课程。根据"学制要缩短,课程要精简"的主张,这一时期的课程降低了学生的学业压力和课业负担,主要设置政治、数学、语文、工农业生产知识和军事体育(以下简称"军体")5门课,并对这5门课程的教材内容进行删繁就简;课程设置强调课程的实用性,增加了为三大革命运动服务的新内容。多数地区取消了物理、化学、生物、地理等学科,改设"工业基础知识"和"农业基础知识",强调"典型产品带教学",以生产为主线安排内容。物理课讲"三机一泵"(拖拉机、柴油机、电动机、水泵),化学课讲土壤、农药、化肥,生物课讲农作物的栽培和生猪养殖等。这样的课程内容忽视了各学科的知识体系,使教材理论知识和内容远低于过去的水平。

这一时期的课程改革表现出如下特点:① 大搞"斗、批、改",即一斗教师,二批旧教材,三改旧课程。② 缩短学制。"文化大革命"开始后,原来的中小学学制受到激烈的批判,认为中小学学制过长,小学6年,中学6年,加上大学5年,共17年,占去人生最宝贵的17年时间,使学生脱离三大革命运动,"读书害人",因此"学制要缩短"。"文化大革命"期间,各地普遍缩短了学制。③ 课程管理权下放到学校,下放给师生。各地编写的教材虽五花八门,但内容大同小异,开篇便是毛主

---

[1] 吕达.课程史论[M].北京:人民教育出版社,1999:492.

席语录,中心是突出政治、突出劳动、突出实用性。④ 逐步建立了一套"革命化"课程。学校课程体系完全从国家政治需要出发,将"教育为政治服务"的宗旨推到了极致,政治化取代了学科化,导致学科课程体系的断裂,以及人才培养质量的下降。

三、探索中国特色社会主义现代化的课程体系(1977—1985年)

1. 第五次课程改革(1977—1980年):恢复与重建课程体系

"第五次课程改革"发生在 1977—1980 年这段时间。"文化大革命"结束后,教育荒废的现实使人们痛心疾首,同时,面对世界教育改革的发展潮流,我国开始新一轮课程改革。1978年2月,教育部发布《全日制十年制中小学教学计划试行(草案)》,开始课程领域内的拨乱反正。这一时期基础教育课程改革的主要内容是:① 统一学制,规定全日制中小学学制十年,其中,小学五年,中学五年;② 恢复"文化大革命"前实施的分科课程模式和开设的主要课程,颁布全国统一的教学大纲;③ 1977年开始恢复人民教育出版社的全面工作,集中编写第五套全国通用的十年制中小学教材,于1978年秋在全国使用。这些举措为后期课程改革奠定了基础。

2. 第六次课程改革(1981—1985年):课程的现代化与国际化

截至1981年,经过了两年多课程领域的拨乱反正,课程发展已逐步趋向正常化。1982年9月召开的党的十二大明确将教育列为经济发展的战略重点之一,新的形势要求推进新一轮课程改革。本次课程改革的内容包括以下三方面:① 在课程设置上,颁布《全日制五年制重点中学教学计划(修订草案)》,修订颁布五年制中小学教学计划;颁布《全日制五年制小学教学计划(修订草案)》,调整课程和课时;小学设置弹性学制。② 制定一些课程的教学大纲,如思想品德课、音乐课等。③ 根据新教学计划的要求,人民教育出版社组织编写了第六套全国通用教材。这一时期,课程领域开始系统介绍国外课程理论以及国外课程改革经验,并对新中国成立以来我国的课程改革经验进行了认真总结。

1980—1985 年的课程改革是对 1978 年教学计划和教学大纲的修订与完善。这一时期提出将教育列为经济发展的第一个战略重点,课程改革开始围绕现代化、国际化展开:注重德、智、体、美、劳全面发展,开始注重美育课程、教育内容的去政治化,以及向道德教育的回归。这次课程改革不仅重视了"双基",而且对课程结构进行调整,加强课程理论的研究。这一时期的基础教育课程改革为以后课程改革的发展奠定了良好基础。

四、全面开创社会主义现代化建设新局面时期(1985年至今)

1. 第七次课程改革(1985—1995年):改革教育体制,提倡素质教育

进入20世纪80年代以后,科学技术迅猛发展,国内外形势的发展变化给基础教育提出了新的要求。1985年5月,颁布的《中共中央关于教育体制改革的决定》宣告"第六次课程改革"的结束,"第七次课程改革"的启动。《中共中央关于教育体制改革的决定》确立"三个面向"的教育目标,以"提高民族素质,多出人才,出好人才"为根本出发点,从体制入手改革与社会主义现代化建设不相适应的教育思想、教育内容和教育方法,提出"教育优先发展"战略。1986年4月颁布的《中华人民共和国义务教育法》(以下简称《义务教育法》)是基础教育改革的纲领性文件,标志着我国普及义务教育制度的确立,我国教育发展进入依法治教的新阶段。具体说来,这一时期的改革包括如下内容:

(1) 改革课程计划

1992年8月,国家教委正式颁布《九年制义务教育全日制小学、初级中学课程计划(试行)》(以下简称《课程计划》)和24个学科的教学大纲(试用)。《课程计划》一改往日"教学计划"的称谓,突出以德育为主,德、智、体、美、劳五育并举的全面发展教育方针;将学制分为"六三制"和"五四制"两种,把全部课程分为学科类和活动类两大类,基础教育课程设置改变"小学—中学"的传统分段设计,代之以"义务教育—高中"两阶段的统一设计。

(2) 优化课程结构

各地可以根据本地实际情况和需要设置地方课程,改变了国家课程一统天下的课程结构。在小学开设综合课,初中开设选修课,活动也正式纳入初中的教学计划。

(3) 更新课程内容,降低学习难度

由人民教育出版社负责编写和修订的第七套全国通用中小学教材于1988年

秋开始使用。1993年2月,中共中央印发《中国教育改革和发展纲要》,促使中小学教育由"应试教育"向素质教育转轨。由于课程价值观念仍然存在着社会政治本位的取向,导致课程体系缺乏统整,课程门类过多,课程内容存在一定程度的"繁、难、偏、旧",课程评价改革滞后,课程目标不够完善等诸方面问题。于是,国家教委于1996年颁布了同义务教育课程计划相衔接的《全日制普通高中课程计划(试验)》。

毋庸置疑,这次课程改革是课程发展史上的一次转型,它诞生于我国改革开放的社会大背景之下,充分吸收和总结了新中国成立以来历次课程改革的经验及教训,在课程理念和实践层面体现了前所未有的科学与理性,立足于国家《义务教育法》的实施,不但在文本层面制定新的课程计划,而且在课程实践层面要求改变以往"应试教育"的做法,提倡素质教育,注重对学生能力的培养。

2. 第八次课程改革(1996年至今):全面推进素质教育

世纪之交,全球范围内的课程改革逐步兴起,在全球化背景下人们开始总结和反思我国基础教育改革所取得的成就和面临的挑战。针对基础教育课程在课程理念、课程体系、课程内容、课程评价、课程目标上存在的诸多问题,特别是关于人的主体地位以及创造精神和创新能力方面的缺陷和不足,已有课程体系无法兼顾学习者的不同需要,不能适应国家对全面发展人才的需求。因此,从1996年开始,国家教委基础教育司开始组织课程专家在全国各地中小学进行调研,从而引发了新一轮基础教育课程改革,即"第八次课程改革"。

2001年5月,国务院做出《关于基础教育改革与发展的决定》。6月,教育部正式印发《基础教育课程改革纲要(试行)》,这一文件成为本次课程改革的纲领性文件。此次新课改遵循"先实践,后推广"的原则,于2001年9月在全国38个国家级实验区进行实验,2002年秋季起逐渐在全国范围内展开。课程改革的目标是以人为本,把马克思关于人的全面发展的观念贯穿于人的培养之中,以科学发展观为统领,培养德、智、体、美全面发展的社会主义事业的建设者和接班人。此次课程改革的主要内容可以概括为如下4个方面:

(1)变课程知识本位为学生发展本位

新课程的基本理念是"为了每位学生的发展",从"知识与技能""过程与方法"

"情感、态度、价值观"三个维度,促进学生的全面发展,即将教学的重心从教科书、教学计划和教学大纲,转向师生对课程进展的真切体验,使其感受、领悟这一心灵过程;强调教师在平等对话中与学生共享知识、分享理解,在学生的成长过程中体验自我价值的实现;学生则在合作、对话和探究的求知过程中,展示其独特个性和智慧,特别是感受心灵震撼、情感净化的内在人格成长。课程评价也相应发生转变,不偏重结果而重视过程,不偏重知识和技能而重视心智、情感体验和价值态度。

(2) 变课程的预定性和封闭性为生成性和开放性

新课程强调教师要"创造性地进行教学",学生要"主动探索知识的发生和发展",在新课程中,教师摆脱了课程计划和目标的束缚,充分挖掘学生潜能,学生则以主动体验激活课程内容和知识结构,并对课程知识进行有意义的构建。教学过程中的不确定性和非预见性使课程的创造性得以充分发挥。

(3) 变课程的统一性和求同性为尊重多元和个体差异性

新课程改革鼓励课程生成的多元化和个性化等一系列教学策略;注重培养学生的独立性和自主性,尊重学生人格,关注个体差异,满足不同学生的学习需要,反对对学生做出简单化、统一化的横向评比,而是以"促进学生在原有水平上的发展"为基本目标。[1]

(4) 课程结构从单一走向多元

在保留学科课程的同时,新课程结构中设计了与分科课程相对应的综合课程,以适应不同地区和学生发展的需求,促进学生认识的整体性发展,并形成把握和解决问题的全面视野与方法;设计了与学科课程相对应的经验课程,以使学生获取关于现实世界的直接经验和真切体验;设计了与必修课相对应的选修课程,以发挥学生的不同兴趣、特长和个性;开发了与国家课程相对应的地方课程和校本课程,以满足地方社会发展的现实需要和展示学校的办学宗旨和特色。

总之,新课程改革方案在课程功能上实现了从学科本位、知识本位向关注每个学生发展的历史性转变;改变了单一的学科课程结构,建构起具有均衡性、综合性、选择性特征的课程结构;建构了"立足过程,促进发展"的新的教学评价体系。在

---

[1] 刘育红. 从几种不同的课程观看基础教育课程改革[J]. 教育理论与实践,2003(16):49-50.

优化课程结构、调整课程门类、更新课程内容、改革课程管理体制和考试评价制度等方面,都提出了突破性的改革目标。这对我国基础教育改革与发展带来了深远影响,对推动我国基础教育领域素质教育的实施,培养新一代创新型人才发挥着价值引领作用。

3. 第八次课程改革后(2011年至今):素质教育的推进与深化

(1) 以"核心素养"为目标

核心素养的理念发端于1997年由世界经济合作与发展组织(OECD)发起的"国际学生评估项目"(PISA),该项目认为要应对21世纪知识经济的挑战,必须教给学生参与社会生活所需要的最核心的知识和能力。在此背景下,2003年,OECD进一步开展了"素养界定与遴选"(DeSeCo)项目,并发表了《为了成功人生和健全社会的核心素养》报告。至此,核心素养研究在国际上正式启动。

受"核心素养"研究热潮影响,2014年3月,"核心素养"首次出现在《教育部关于全面深化课程改革落实立德树人根本任务的意见》文件中,并被置于深化课程改革、落实立德树人根本任务的首要位置,成为修订课程标准、研制学业质量标准的重要依据。至此,核心素养的概念开始进入人们的视野。2016年9月,中国学生发展核心素养总体框架正式发布,以培养"全面发展的人"为核心,从文化基础、自主发展、社会参与三个方面,凝练出人文底蕴、科学精神、学会学习、健康生活、责任担当、实践创新六大素养,具体细化为国家认同等十八个基本要点。核心素养总体框架的发布,引发了全社会的高度关注,核心素养成为中小学课程教学改革研讨的主题词。2018年1月,基于学科核心素养的高中各学科课程标准陆续颁布,核心素养的概念开始进入课程,走进中小学。课程教学改革进入了核心素养的新时代。

(2) 以"立德树人"为导向

为进一步加强中小学教材建设,完善中小学教材编写审定的管理,提高教材编审质量,根据《国务院办公厅转发体改办等部门关于降低中小学教材价格深化教材管理体制改革意见的通知》(国办发〔2001〕34号)精神,2001年6月7日教育部发布《中小学教材编写审定管理暂行办法》,对教材编写的资格和条件、教材编写的立项和核准、教材的初审与试验、表彰与惩处等做了详细规定。2017年6月26日,教育部办公厅颁布《关于2017年义务教育道德与法治、语文、历史和小学科学教学用书有关事项的通知》,其中规定了义务教育阶段各年级《道德与法治》《语文》和《历史》教学用书版本。2017年,教育部发布新修订的《义务教育小学科学课程标准》,明确将小学科学课程起始年级调整为一年级。各编写出版单位根据新的课程标准对现行小学科学教材进行修订,并增编一、二年级教材。①

2017年9月1日,经国家教材委员会审查通过的义务教育道德与法治、语文和历史三科教材在全国中小学起始年级投入使用。由教育部统一组织编写的义务教育道德与法治、语文、历史教材,从2012年起历时5年,于2017年秋季学期投入使用,2018年覆盖小学和初中一、二年级,2019年所有年级全部使用统编教材。

从以"核心素养"为目标的基础教育课程改革,到以"立德树人"为导向的三科新教材启用,都是第八次课程改革的深化与发展,课程改革正从人才培养的宏观目标逐步深化落实到统一教材的微观实践,每一次基础教育课程改革的发展过程都是多方利益群体博弈的结果,下面我们将以第八次课程改革为例,分析作为事件史的课程改革是如何诞生的。

第三节 事件史分析:第八次课程改革的诞生

进入21世纪,随着全球化及信息社会的到来,知识经济时代对各国人才培养提出了新的要求和挑战,日趋激烈的国际竞争已经演变为人才的竞争。为了应对全球激烈的社会、经济、技术的变革和发展潮流,各国政府从国家的长远利益和发展需要出发,纷纷推进课程改革。例如,美国前总统乔治·布什于1991年提出的《美国2000年:教育战略》,英国政府于1993年发布的题为《学会成功》的报告(又称《沃尔沃报告》),日本文部省于1998年颁布的第5次修订的标志着新一轮课程改革开始的《学习指导要领》等,都是从国家政策层面推进基础教育课程改革。随

---

① 教育部办公厅.关于2017年义务教育道德与法治、语文、历史和小学科学教学用书有关事项的通知[EB/OL]. http://www.moe.gov.cn/srcsite/A26/moe_714/201707/t20170703_308452.html, 2017 - 06 - 26/2020 - 01 - 26.

着这些政策文件的颁布,世界各国的基础教育课程改革陆续开展起来。20世纪90年代后的基础教育课程改革可谓异彩纷呈,各具特色,但有着许多共同的课程设计理念,主要包括:关注课程设置的统一性和灵活性;课程结构的多样化;课程评价的多元化;尊重学生的个体经验和感觉;注重学生的全面发展和个体培养;重视基础学力的提高和信息素养的养成;注重创造性和开放性思维的培养;强调道德教育和价值观教育等。① 在这种时代背景下,我国也开始了史无前例的第八次基础教育课程改革,引起了全社会的高度关注。

一、政治动员与实验推进:第八次基础教育课程改革的发生机制

如上所述,第八次课程改革是在全球化和知识经济的时代背景下,在世界各国基础教育改革的大潮中发生的,给整个基础教育领域带来深刻变革的一场思想解放运动。其深刻性、全面性只有借助强大的国家政治动员的力量,以及科学合理的实验推进的策略才能展开。

1. 政治动员

我国第八次课程改革政策的实施特别强调政治动员的重要性,通过对政策宣传和学习扩大政策认识的辐射范围,帮助人们形成有关改革的基本认识和态度,在全社会形成有利于改革政策推行的社会空间和舆论氛围。在《关于开展基础教育新课程实验推广工作的意见》中提出两项要求,一方面"要有计划地、持续不断地利用各种形式和媒体向全社会宣传《决定》和《纲要》的精神、改革的内容,引导全社会参与并支持新课程实验推广工作,形成有利于推进新课程实验推广工作的舆论氛围";另一方面"各省级教育行政部门要广泛组织教育行政管理人员、教研员、中小学校长级教师认真学习《决定》和《纲要》,并结合实际进行深入的研究和讨论,树立新的教育观念"。②

为此,中央、地方各级教育行政、教研机构和学校还开展了多种形式的政策宣

---

① 钟启泉,崔允漷,张华.为了中华民族的复兴 为了每位学生的发展:《基础教育课程改革纲要(试行)》解读[M].上海:华东师范大学出版社,2001:50-52.
② 中华人民共和国教育部.教育部关于印发《开展基础教育新课程实验推广工作的意见》的通知[EB/OL]. http://old.moe.gov.cn//publicfiles/business/htmlfiles/moe/s8001/201404/167350.html,2001-07-09/2020-04-09.

传和动员活动。例如:教育部基础教育司组织课程改革专家工作组、课程标准研制组以及相关课题项目组成员出版了用以解读课程改革的相关书籍。包括:《走进新课程——与课程实施者对话》《为了中华民族的复兴　为了每位学生的发展:〈基础教育课程改革纲要(试行)〉解读》、各科课程标准的解读以及综合实践活动课程开发指南解读等综合类课题项目的解读,这些书籍的出版为进一步解释课程改革内容和策略提供了具体化的分析,并为课程改革的实施提供了实践取向的建议。此外,从中央到地方、学校的各级教育主管机构面向教育行政人员、教研人员及教师开展各种形式的课程改革的培训和动员活动。教育部专门发布了《关于开展基础教育新课程师资培训工作的通知》,要求各省(自治区、直辖市)"基础教育课程改革实验工作领导小组"领导本地区的师资培训和改革动员工作,各省、市、区和学校也都确立了分级培训的方案,分别面向教育行政部门、师资培训机构和教研部门的领导和干部、中小学校校长等课程改革的管理者、课程改革的培训人员以及教师进行培训。①

2. 实验推进

2001 年 6 月,国务院在北京召开了全国基础教育工作会议,发布了《国务院关于基础教育改革与发展的决定》,肯定了基础教育的战略地位及基础教育改革所取得的成绩,指出"确立基础教育在社会主义现代化建设中的战略地位,坚持基础教育优先发展","'十五'期间,基础教育改革进一步深化,素质教育取得明显成效",明确提出要"深化教育教学改革,扎实推进素质教育",基础教育改革和发展进入了新的历史时期。为了贯彻《中共中央国务院关于深化教育改革,全面推进素质教育的决定》以及《国务院关于基础教育改革与发展的决定》,教育部决定大力推进基础教育课程改革,调整和改革基础教育的课程理念、结构、内容、目标等,构建符合素质教育要求的基础教育课程体系。同年 6 月,教育部正式印发《基础教育课程改革纲要(试行)》(以下简称《纲要》),《纲要》成为指导我国基础教育课程改革的纲领性文件。

依据《纲要》精神,新一轮基础教育课程改革实验于 2001 年秋季启动,教育部

---

① 中华人民共和国教育部.关于开展基础教育新课程师资培训工作的通知[EB/OL]. http://old.moe.gov.cn//publicfiles/business/htmlfiles/moe/s3319/201001/81794.html,2001-10-17/2020-04-09.

确定了 27 个省(自治区、直辖市)的 38 个国家级课程改革实验区;从 2002 年秋季起,国家级实验区增加到 29 个省(自治区、直辖市)的 42 个,另外设置以县为单位的省级实验区,总计约 470 个。这样,从 2002 年秋季起,实验区扩大到全国 500 多个县(区、市),进行实验的中小学生人数由 30 万扩大到 1 000 万。2003 年秋季起,全国又有 1 072 个学校进入新课程,参加新课程的学生总数约占同年级学生数的 40%~50%,新课程进入由点及面的推进阶段。2004 年秋季,全国范围内有 2 576 个县(市、区)实施义务教育新课程,约占全国总县(区、市)数的 90%。2005 年义务教育阶段起始年级全面进入新课程。①

二、以变革促发展:基础教育课程改革的内涵变化

此次课程改革以提高国民素质为宗旨,以全面推进素质教育、培养学生创新精神和实践能力为根本指导思想。新课程的培养目标体现了时代的要求,使广大中小学生具有爱国主义、集体主义精神,热爱社会主义,继承和发扬中华民族的优秀传统;具有社会主义民主法制意识,遵守国家法律和社会公德;逐步形成正确的世界观、人生观、价值观;具有社会责任感,努力为人民服务;具有初步的创新精神、实践能力、科学和人文素养及环境意识;具有适应终身学习的基础知识、基本技能和方法;具有健壮的体魄和良好的心理素质,养成健康的审美情趣和生活方式,成为有理想、有道德、有文化、有纪律的一代新人。②

《纲要》明确提出此次课程改革的具体目标:改变课程过于注重知识传授的倾向,强调形成积极主动的学习态度,使获得基础知识与基本技能的过程同时成为学会学习和形成正确价值观的过程;改变课程结构过于强调学科本位、科目过多和缺乏整合的现状,整体设置九年一贯的课程门类和课时比例,并设置综合课程,以适应不同地区和学生发展的需求,体现课程结构的均衡性、综合性和选择性;改变课程内容"难、繁、偏、旧"和过于注重书本知识的现状,加强课程内容与学生生活以及现代社会和科技发展的联系,关注学生的学习兴趣和经验,精选终身学习必备的基础知识和技能;改变课程实施过于强调接受学习、死记硬背、机械训练的现状,倡

---

① 钟启泉,汪霞,王文静.课程与教学论[M].上海:华东师范大学出版社,2008:226.
② 钟启泉,汪霞,王文静.课程与教学论[M].上海:华东师范大学出版社,2008:227.

导学生主动参与、乐于探究、勤于动手,培养学生搜集和处理信息的能力、获取新知识的能力、分析和解决问题的能力以及交流与合作的能力;改变课程评价过分强调甄别与选拔的功能,发挥评价在促进学生发展、教师提高和改进教学实践中的功能;改变课程管理过于集中的状况,实行国家、地方、学校三级课程管理,增强课程对地方、学校及学生的适应性。

《纲要》提出了关于课程结构、课程标准、教学过程、教材开发等方面的具体要求,为我国基础教育课程改革指明了方向。"变革"成为此次课程改革的关键词,也是其深刻性的具体体现:此次改革广泛涉及课程目标、课程结构、课程内容、课程实施、课程评价、课程管理等诸多构成要素,以课程为载体的改革势必关涉人的因素,首先是课程政策的具体落实者——学校管理层,以及课程教学的具体实施者——教师的思想观念及具体的教育教学行为。课程改革的实质是对于人的思想观念及行为方式的全方位改造。其中,传统观念及教育教学行为被视为落后的、有待革新的旧事物,例如一块黑板一支粉笔的课堂教学行为,成为陈腐落后的符号表征;而以信息化多媒体为符号表征的新课程理念则代表着先进的、充满希望的新事物,新事物代替旧事物是"理所应当"的,课程改革无疑代表着社会发展的方向,进而成为自我合法化的过程。从这个角度看,基础教育课程改革本身即是知识—权力的运作过程。课程改革的诞生是多方因素共同作用的结果,接下来将从知识—权力的维度加以阐述。

三、知识与权力:课程改革中的力量博弈

1. 素质教育的本土化实践

1993年2月13日,中共中央、国务院下发《中国教育改革和发展纲要》,提出"全面提高学生素质"的要求。1998年,教育部在充分调查研究和征求意见的基础上,制定了《面向21世纪教育振兴行动计划》(以下简称《行动计划》),经国务院1999年正式批转实施。《行动计划》提出要实施"跨世纪素质教育工程",其中课程是学校教育的核心,是落实素质教育必须抓好的实质性、关键性环节。《行动计划》明确提出改革课程体系、课程结构和课程内容的要求;教学是课程的落实与实施,是学校的中心工作,也是实施素质教育的主渠道、主阵地。因此,在素质教育实

施过程中,面向素质教育的课程与教学改革显得尤为重要,是我国素质教育实施的必然要求。①

在基础教育改革进程中,"素质教育"不仅是基础教育改革与发展的目标和努力方向,同时也成为判断改革是否必要、是否合法的"风向标",进而成为一种话语霸权。它包括有权界定社会需要的"合法性",有权界定社会形式的权威性,还包括有权界定什么被视作认可和不认可的"合法化"知识。② 在当下教育改革的语境中,"素质教育"成为顺应时代潮流、代表教育改革与发展方向的不证自明的唯一话语,教育改革必称"素质教育","素质教育"作为一种话语霸权,不仅使基础教育课程改革获得了合理性与合法性,同时也意味着改造、规训的过程,成为"合法"与"不合法"、"正确"与"不正确"的分界线与评判标准。

总之,在基础教育课程改革中,素质教育不仅是一种事实的存在——当下教育实践所欠缺、改革所期待达成之目标,更是一种具有标定作用、自带合法性和合理性的政治性(或带有潜在政治意味)话语,至于"何谓素质教育、如何实现素质教育"等问题已不再是关注的重点。

2. 西方话语的全面植入

20 世纪 90 年代以来,传统的课程与教学论受到挑战,世界各国的课程与教学论理论流派呈现出多元化的发展趋势。其中具有代表性的理论流派主要有建构主义学派、后现代主义学派等。它们在不同程度上影响了我国课程与教学论的理论与实践。除此之外,其他相关学科领域,如现代信息技术、大脑与认知神经科学等领域的巨大成就也深刻影响着我国课程与教学论领域。就本次基础教育课程改革而言,指导思想和理论资源多是以学习借鉴西方理论为主,如建构主义理论、多元智能理论、脑科学理论以及杜威的生活教育理论等。

就建立一门学科理论体系而言,理论基础是首要的,而拥有某种方法论只是一门独立学科的必要条件却不是充分条件,没有理论基础,再复杂的方法论也不可能支撑起一门独立学科理论体系的大厦。③ 在建立新课程的理论体系过程中,理论

---

① 钟启泉,汪霞,王文静.课程与教学论[M].上海:华东师范大学出版社,2008:294.
② W. 阿普尔,等.国家与知识政治[M].黄忠敬,等译.上海:华东师范大学出版社,2007:5.
③ 项贤明.比较教育学的文化逻辑[M].哈尔滨:黑龙江教育出版社,2000:6-7.

基础发挥着至关重要的作用,为课程改革提供指导思想及方向上的指引,也为实践问题的解决及课程改革思想的落实提供理论依据。

在此次课程改革中,西方理论作为课程改革的主要指导思想,扮演着非常重要的作用。具体表现为,在《基础教育课程改革纲要(试行)》这一纲领性文件中,不乏以西方话语或西方理论为依据的概念表述,如在课程结构改革中提倡的综合课程和综合实践课程,在教学过程中提倡学生与教师的互动、探究、体验、小组讨论、自主学习、有效学习等"西方化"的概念。① 此外,一位参与本次基础教育课程改革的专家也提到:

> 第八次课程改革时,"三维目标"在国际上已经产生了很大影响,布鲁姆半个世纪以前就提出来了,国外很多国家也在不断探索,所以我们也是直接借鉴布鲁姆的三维目标,就是知识与技能、过程与方法、情感态度价值观,所以我们的课程改革是先有理论,理论与实践在国际上影响越来越大,在国内就慢慢得到大家的认可。课程改革从政策制定开始,从制度层面、国家层面开始,是自上而下展开的。

对于西方理论的借鉴成为第八次课程改革之初的重要理论基础,应该看到,这些理论是建立在西方独特的历史文化传统及其丰富的教育实践基础之上的,对于我国的基础教育改革实践而言,缺少本土的民族文化底蕴和根基,因此,在具体实施过程中,往往存在着"水土不服"的现象。

就理论和课程改革的关系而言,从应然层面上看,西方理论为课程改革实践提供理论支撑和指导思想,是此次改革自身合理性与合法性的重要依据;在课程改革推进过程中,西方理论逐渐从指导思想演变为不容置疑的知识权威,中国特有的文化基因和历史传统则处于缄默状态,课程改革实践为西方理论所操控,成为其附庸。建立在西方理论基础上的诸多理念(或概念)成为一种理所当然的存在,"理论指导实践"由此转变为"实践为理论而存在"。这种情形下,西方理论不仅具有

---

① 于舒曼.从"移植"到"融通":基础教育课程改革中思想理论基础再构建[D].锦州:渤海大学,2013.

不可动摇的权威性,同时也发挥着潜在的生产作用——生产着符合西方理论和话语体系的中国课程改革实践及教师。在此意义上,我国基础教育课程改革已成为西方理论的"试验田"。

3. 研究群体的助推实践

1989年,我国正式出版了两本课程论专著——陈侠所著的《课程论》及钟启泉编著的《现代课程论》,课程论开始成为教育科学的一门独立的分支学科,形成了自身独立的研究领域。1990年10月,"课程发展与社会进步国际研讨会"在上海举行,这是我国第一次在课程领域举办的国际学术研讨会,课程改革问题在我国受到了空前的重视。这一时期,我国中小学课程改革在国家、地方和学校三个层面上受到了不同程度的关注:在国家层面上,义务教育和普通高中课程改革引起教育学界的普遍关注,原国家教委制定了新的义务教育课程计划,部署了义务教育课程教材多样化的改革;在地方层面上,上海市中小学教材整体改革和浙江省义务教育课程教材的改革,引发了人们对课程理论及实践问题的新思考。① 自此,诸多研究者开始走上课程改革研究的历史舞台。

这个群体中最具影响力的是来自高校与教育科研机构的课程与教学论领域的专家学者,他们围绕着相关问题开展研究,如关于课程论的学科地位、其与教学论的关系问题、课程本质研究、制约课程的主要因素研究、不同的课程形态及其相互关系研究等。这些领域恰恰也是基础教育课程改革所面临和需要解决的重要问题。研究者一方面围绕着教育教学实践有目的地开展相关研究,借此推动理论研究的深化;另一方面,以这些研究成果为依托进行课程改革必要性与合理性的论证,充分发挥作为教育行政部门"智囊团"的作用,借助自身的专业性——知识的力量,自上而下地推动着基础教育课程改革的开展与推进。与此同时,专家学者的研究成果也发挥着潜在的规训作用,给外界提供"何为正确""何为科学""何为先进"的真理性知识,确定了不同差异之间的界限,制造着相应的二元对立,从而对课程改革及教育实践产生持久的作用和影响。

---

① 张廷凯.我国课程论研究的历史回顾:1922—1997(上)[J].课程·教材·教法,1998(1):8-13.

第八次课程改革是从最初对我国义务教育阶段课程实施现状的调研开始的，发现基础教育领域现存的问题，进而制定《基础教育课程改革纲要（试行）》，各个阶段的发展都离不开研究群体的努力。课程改革的不断发展与推进，既得益于研究群体的共同努力，也少不了专家学者之间的对立与争论，尤其是学科专家与教育学者之间的矛盾与冲突。课程标准从制定到颁布是一个漫长且复杂的过程，需要经过反复的论证打磨，在此过程中，作为官方"智囊团"的课程专家也同样面临着学科领域科学家的质疑与压力。

就拿数学课标来说吧，当时负责制定数学课标的是专家A，但是当时课程专家制定出来的课标遭到数学家的反对，多位数学家联名写信给教育部反对课程专家制定的课程标准，两者之间有差异和冲突，最后教育部让专家A不要管了，我们的数学课程设计就走向精英数学了，就出现了现在的结果。实际上在某一学科领域研究做得很好的人并不一定懂教育，所以课程标准的制定很难，既要懂教育又要有课程教学论的理论做支撑，但这样的人才太少了。

课程专家主张课程标准既要符合学科知识特征，也要适应学校教育实践以及儿童认知发展的规律；科学家则坚持学科知识的科学性与权威性，知识与权力之间的斗争凸显出来。

2011年进入课标修订阶段，教育部让科技部介入。因为教育部担心搞教育的专家权威不够，之前出现过11位科学家联名写信要求从一年级开始开科学课的事情，教育部最怕科学家写联名信。所以就让科技部介入，让科学院院士做课程标准，但是研究科学的人不懂教育，大家坐在一起讨论的时候是什么情况呢？一张大圆桌子，科学家坐一边，科教人员坐一边，开会的时候就像科学家与科教人员的力量较量，科教人员都不敢说话。就我一个人在那里跟他们争论，其他人都不敢说话。我一个人也说不过他们那么多人，最后我也就干脆不说了。课标修订之后我是唯一一个拒绝签字的。让我们签字的时候我以为科教人员都会反对,结果我一问其他人,才发现就我一个人不同意并拒绝签字。但是很奇怪的是最后这个科学课标修订没有通过,2011年修订稿只有小学科学学科的没有通过。

不管是教育学者的专业知识还是科学家的科学知识,都在课程标准的制定过程中发挥着重要影响。正如福柯所言:"权力制造知识(而且,不仅仅是因为知识为权力服务,权力才鼓励知识,也不仅仅是因为知识有用,权力才使用知识);权力和知识是直接相互连带的;不相应地建构一种知识领域就不可能有权力关系,不同时预设和建构权力关系就不会有任何知识。"[1]我国基础教育课程改革看似是自上而下的行政力量在推动,实质上却是潜在的知识—权力在发挥着作用。

第四节 基础教育课程改革的社会基础

通过对新中国成立以来基础教育课程改革政策文本的梳理,以及对第八次课程改革所做的事件史分析,可以看出新中国成立70年来,基础教育课程改革高潮迭起,不同时期有着不同的关注点和问题指向。其中,有着许多共同之处,即教育作为社会子系统之一,其内部变革必然会受到社会政治、经济、文化等多种因素的影响与制约。下面将从三个方面分析制约和影响基础教育课程改革的相关因素及其作用机制。

一、课程改革的文化基础:文化变迁与知识转型

(一)文化变迁

教育变革是社会文化变迁的反映,理解教育变革必须将其放在文化变迁的背

---

[1] 米歇尔·福柯.规训与惩罚:监狱的诞生[M].刘北成,杨远婴,译.2版.北京:生活·读书·新知三联书店,2003:29.

景中予以考察。"任何教育改革的背后都隐含着社会文化对其进行强烈制约的机制。在一定时间和范围取得成功的教育改革都十分注意与社会主流文化及其变化保持一致。"①教育改革是一项涉及面极广的社会事业,改革的理念、方式、内容等都可能与社会中部分人的利益取向、价值观念不一致甚至相互冲突。基础教育课程改革作为我国教育改革的重要组成部分,其产生与发展势必受到文化变迁的影响。

文化变迁诱发基础教育课程改革,主要表现在文化变迁的价值取向影响课程改革的观念选择。文化变迁是"以物质文化的变革为先兆,以价值取向的变革为实质的一个极为复杂的过程"②。在这个过程中,不符合时代发展要求的文化特质将被淘汰,与社会发展要求相一致的新的文化特质将被创造出来。不同时代对文化发展有着不同的要求,文化变迁是顺应时代要求的结果,而教育变革的观念必定与文化变迁的价值取向方向统一,课程改革的观念选择与符合时代要求的文化观念相一致。

从文化变迁的视角审视基础教育课程改革,可以发现新中国成立以来的基础教育课程改革与社会文化的转型密切相关,例如,20世纪70年代初我国处于"文化大革命"的动荡时期,形成了"以阶级斗争为纲"的"教育革命"模式,在课程改革领域主要表现为:在课程设置上,要求精简课程并强调教学内容的实用性;在教学方法上,重视从实践中学习,要求师生到工厂、农村及军队中去参加劳动;在师资选拔上,要求教师必须是革命知识分子,并经常请工农兵及革命干部到学校讲课;在招生上,工农兵子弟享有优先入学的权利。③"文化大革命"结束以后,我国进入改革开放新时期,文化的范式和精神发生了根本性的变化,从"以阶级斗争为纲"转向"以经济建设为中心",在思想观念上从强调阶级意识向注重效率与公平转变。随着文化的变迁,教育也发生着重要的变化:在教育观念上,从教育作为政治的附庸和无产阶级专政的工具,向寻求教育独立和思想解放转变;在教育体制上,改革教育管理体制,调整教育结构,向着科学民主的方向转变;颁布全国统一的整顿治

---

① 傅维利,刘民.文化变迁与教育发展[M].成都:四川教育出版社,1988:9.
② 李韧青.中国近代文化变迁与教育改革[J].湖南师范大学教育科学学报,2002(3):62—66.
③ 程晋宽.20世纪中国文化变迁和教育变革的历史分析[J].河北师范大学学报(教育科学版),2001(1):34—43.

理学制和课程的文件,制定各学科新的教学大纲,开始课程领域的拨乱反正。从中可以看出我国基础教育课程改革是与文化变迁相伴而生的,可以说,社会文化变迁是引发基础教育课程改革的重要原因之一,而文化变迁中影响课程改革的核心要素是知识观的转变,即对于"什么知识最有价值"这一问题的追问,不同时代给出了不同的答案。

(二)知识转型

1. 课程改革中的"文化涉入"

文化本是无形之物,需附之一定的载体予以体现和表达,其中知识是文化的主要表现形式,是文化的符号沉淀,文化理念渗透于知识形态之中,人们在学习知识的过程中往往会潜移默化地受到相应文化的影响和熏陶,而知识也需要在一定的文化背景中予以理解和领悟。从这个意义上,文化与知识的关系是一种"意义"与"符号"的关系,"符号"是"意义"的表现,"意义"是"符号"的实质,两者相互依存、互相融通。因此,知识的学习实则是"文化知识"的学习,一个真正有知识的人不仅应知晓符号知识,更应理解和领悟蕴藏于知识之中的文化意蕴和价值理念。从知识的发展来看,正如张东荪先生所说,知识最初是个人的,而随着个体在社会中生活时间的逐渐变长,个人的知识会向社会的知识转变,并具有社会性,至此文化便产生了,所以,"文化就是知识的客观化和定型化"。[①] "知识即文化""知识即价值",无论是从知识与文化的横向还是纵向关系看,知识的本性都是"文化涉入"的,知识的文化涉入性决定知识的性质不可避免地受到一定社会文化传统及文化模式的制约,社会文化系统中的价值观念、行为方式及语言符号均影响着知识的意义表达。

知识是文化表达与显现的载体,知识背后不仅蕴藏着人的信念、情感、态度等价值体系,同时也反映着一定社会的意识形态、传统观念及道德取向。当知识作为课程的主要来源被纳入教育范畴时,"什么知识最有价值"便成为课程改革首先要考虑的问题,对这一问题的回答不仅决定着什么知识能够进入课程,更为重要的是在多大程度上影响课程改革的价值取向。

---

① 张东荪.知识与文化[M].长沙:岳麓书社,2011:51.

具有不同知识观的人对这一问题的认识有所不同,而知识观归根到底是基于相应的文化观,从某种意义上可以认为,课程改革的价值取向是由一定时期的文化观所决定的。毋庸置疑的是,对课程改革的价值取向影响最为深远的是一定社会中占主导地位的文化形态,即反映占支配地位阶层或集团价值观念的主流文化。即使在当前文化愈趋多元、观念愈加开放的现代社会,只要相应阶层的支配地位是一定的,那么主流文化的主导地位便不会发生根本的动摇。因此,只有与主流文化的价值观一致的知识才能进入课程,而最有价值的知识必定也是最符合占支配地位阶层价值取向的知识。课程改革的价值取向归根到底是由主流文化所决定的,反映的是占支配地位阶层的价值要求。随着时代的变迁,占支配地位阶层的需求也在不断变化,相应地,主流文化也需做出相应的调整以适应时代发展的要求,而这一调整变化必定会在知识中得以体现和反映,并通过课程改革的方式予以落实,课程改革由此而被诱发。

从知识观的角度看,以"核心素养"为目标的课程改革倡导的是一种"意义的知识观"。正如费尼克斯所说"知识就是意义的领域"[①],20 世纪以来,"哲学的一个基本走向,就是迈向意义的世界"[②]。关于知识的探讨,人们开始关注知识的意义向度。"意义问题已经逐渐进入人们的研究视野,并成为时代主题,生命哲学、存在主义、解释学、现象学等无不把人的意义世界作为一个基本的关注焦点。"[③]人与知识的关系不再局限于认识关系、反映关系、理解关系和建构关系,而是强调彼此的存在关系和意义关系,即知识对于人的意义。这种意义关系比认识关系更基本、更深层、更具包容度。

首先,它不排斥学习者对课程知识的认识,但这种认识更强调生成性、体验性、文化性,强调学习者对知识的个人心理意义的建构。其次,它强调课程知识对学习者的精神意义,强调知识的价值不仅在于提高认识、发展能力,而且应使学习者感受到生命的充实性和意义性,能够对个体有意义的生活给予滋养、护持。[④]显然,知识与人的意义关系不仅超越了客观主义知识观,而且超越了建构主义知识观。从

---

① Philip H. Phenix. Realms of Meaning [M]. New York: McGraw-Hill, 1964:21.
② 俞吾金.迈向意义的世界——本世纪西方哲学发展的一个基本倾向[J].天津社会科学,1992(2):22-27,59.
③④ 李召存.课程知识的生存论透视[J].教育理论与实践,2006(15):33-36.

关注知识的性质(特征)转向关注知识的意义(功能),这是核心素养形成的知识论基础。"认识是指向人本身的,即使是关于客观世界的知识,也在最终目的上指向人的精神世界的形成和改造……人的所有认识,都是围绕人本身而展开的……知识本身没有目的,学习知识也不是最终的目的。求知的目的永远是对人的关切,对知识的追求本身是为了了解人所在的处境,拓展人的精神世界,丰富人的内在品质。"① 所以,必须"将知识的表层与人的生活、人本身联系起来,将知识回归到人身上,回归到人的德性与精神世界的建构上,知识才能够获得自己的深层结构,即意义结构,人也才能同时凭借知识的意义而深化生命的意义"②。

2. 知识转型带来课程改革重心的转移

考察一个时期的教育状况需将其置于一定的政治、经济、文化等社会背景中,而"一个时代社会政治和经济所提出的教育要求也是通过教育过程中知识的重新筛选、配置和传播来实现的,或者说,对教育提出的新的政治与经济要求实质上就体现为新的知识要求"③。因此,"从知识与教育关系的角度更能真切地透视社会政治、经济与教育之间的复杂关系,揭开不同的政治势力、经济势力控制教育以至于在教育问题上进行激烈斗争的真相"④。

知识作为课程研制的重要依据,同时也影响着课程的实施与评价,在基础教育课程改革中,知识的力量不容忽视。改革主导者秉持的知识观直接影响着课程改革的价值取向并将改革导向不同的方向,换句话说,课程改革重心的确定与改革主导者的知识观直接关联。教育发展的历史表明,每一次大的教育改革往往伴随着一场关于知识的大讨论,如:以理性主义知识观为基础、以赫尔巴特为代表的"传统教育"与以实用主义或工具主义知识观为基础、以杜威为代表的"现代教育"之间的争论,引发了西方教育从传统走向现代的变革。可以说,文化借助于知识观对课程改革间接地产生影响,文化因素通过影响知识的形态间接地制约着课程改革的发生。以我国基础教育课程改革为例,在第八次课程改革之前,课程改革主要受到

---

①② 孙彩平,蒋海晖.知识的道德意义——兼论学科教学中道德意义的挖掘[J].中小学道德,2012(10):13-17.
③ 石中英.知识转型与教育改革[M].北京:教育科学出版社,2001:8.
④ 石中英.知识转型与教育改革[M].北京:教育科学出版社,2001:9.

现代知识观的影响,学校课程体现为一种理性主义的课程形态,主要表现为如下特征①:

① 课程设计以"知识"为中心,课程功能注重知识的传授,课程编制关注学科的逻辑,较少顾及学生的心理特点和发展需要;课程评价以学生掌握多少既定知识为标准,知识统辖着课程的方方面面。

② 学生的生活世界被忽略,现代知识观支配下的基础教育课程中弥漫着唯理性、唯科学的色彩,生活世界被忘却,各门学科都存在着追求纯科学的倾向,试图以科学知识来构建其知识范围与体系,其结果是课程以培养知识化、理性的人为主要目标,其应有的文化意义和价值属性消失殆尽。

③ 知识的完整统一性被破坏。知识中既有主体进行理智探究的智力活动成分,也有情感体验和意志努力的成分,这两方面构成了知识的完整统一性。然而,现代知识观影响下的课程忽略了人的情感体验、意志努力在知识生成中的作用;课程致力于知识的逻辑性、可计算性、可操作性及可测控性的承载与传播,人类文化中所包含的智慧、情感、意志等非智力因素被忽视,致使课程变得冷漠枯燥,缺乏人文性因素。

随着后现代主义思潮的出现,后现代知识观对我国课程改革的影响亦逐步显现出来。后现代知识观是建立在对"现代知识观"的批判基础之上的,后现代主义者认为,"现代知识观"以理性主义、经验主义和实用主义为哲学基础,以客观性、普遍性及中立性为基本特征,认为知识是外在于个体的客观存在,是纯粹经验和理性的产物,不会随着个人的意识形态、价值观念以及生活方式等的改变而有所变化,是"文化无涉"和"价值中立"的。随着"现代知识观"向"后现代知识观"的转变,我国课程领域也出现了新的改革趋势,经历着如下深刻的变革:课程目标从知识传授转向对人的关怀;课程内容从单一转向多元;课程结构从互相分离走向有机整合;课程实施从静态预设走向动态生成;课程评价从统一标准到包容差异。知识观的转变带来了课程改革重心的转移。

---

① 万伟.知识观转变视野下的课程改革[J].教育科学,2003(1):29-31.

二、课程改革中的国家力量

"教育在任何一种社会制度中都不能超越特定的政治范畴,它不可能不体现某一时代、某一社会的政治要求和政治理想,任何一个政府推行教育改革,当然是有益于维持和改善本阶级、本政权的根本利益的。"①因此,从推动课程改革的主体即国家力量来看,推动改革必定是出于国家政治方面的考虑和需要,而政治变迁必然通过课程改革的形式予以反映和渗透,如国家形势的转变、政治制度的改革以及政治体制中阶级关系的调整等,均会导致课程改革的发生,并对其推进产生重要的影响。基础教育课程改革离不开国家权力的影响和助推,同时也无法脱离国家力量的制约与束缚。分析和透视政治变革及其背后的国家权力在课程改革过程中的作用和影响,可以帮助我们清醒地认识课程改革何以发生以及如何推进等问题。

(一)政治权力的强势介入

"以教育改革为目的的很多政策其实都可以看作具有政治意图的社会改革。各种政治集团各自具有不同的社会改革理想,其中包括教育改革的方案。因此,某种教育改革方案的出现和实现的过程中体现了各种政治势力间的矛盾斗争,政治对立的结果是某种教育改革方案得到实现,而另外的方案则被束之高阁。左右教育改革动向的实际是改革背后的各种政治势力间的矛盾斗争。"②二战以后的日本,政治势力之间的权力结构及其变化给教育政策的制定带来诸多影响,且这种影响随着政治势力对立结构的变化而变化。在1978年到2008年的30年间,日本的保守势力、左翼和新自由主义改革的势力此消彼长,而在教育财政问题上主张"大政府"和"小政府"也有阶段性的共识与分歧,由此决定了教育改革政策的偏向。③各派政治势力既因政治形式的不同而不同,也因教育政策课题的变化而变化,这种教育政治的对立形式决定着日本的教育政策。

为了使教育朝着预期的方向和目标发展,将有利于自身发展的教育改革方案一以贯之,政治因素必定会积极介入改革的整个过程,这种介入在改革开始时表现得尤为明显。以第八次课程改革为例,国家教委于1996年召集了6位国内课程研

---

① 袁振国.教育改革论[M].南京:江苏教育出版社,1992:52.
②③ 广田照幸,张晓鹏.现代日本教育改革的政治学分析[J].复旦教育论坛,2008(2):66-70.

究领域的专家学者对我国义务教育阶段课程实施现状进行调研,通过调研,专家发现了基础教育课程实施存在的问题。为了解决这些问题,1998 年,专家们开始讨论新一轮课程改革的纲要,随后由全国各高校各地方自主研制课程标准,但国家规定了课程标准的指导思想,要求各地方在制定课程标准过程中指导思想要与国家保持一致,最后由国家来选择做得好的各科课程标准,决定其中哪一个课程标准被采纳到国家课程改革方案中。① 由此可见,在课程改革方案的制定过程中,课程改革的指导思想是由国家统一规定的,课程标准的选择也是由国家决定的,政治权力在课程方案制定过程中发挥着重要作用。综合分析我国课程改革的背景并参考相应的课程改革政策方案不难发现,在课程改革之初,政治因素主要通过以下两种方式和途径介入课程改革。

1. 凸显教育的政治功能和政治目的

在社会系统中,政治对于教育具有统领性作用,教育内部的课程改革与调整可视为教育对政治要求的一种回应。一场政治改革的发动必然伴随着一系列教育改革的兴起,在特殊历史背景下,教育的政治功能和政治目的显得尤为突出,国家试图通过教育的力量来完成特定时期的政治使命,希冀通过教育改革改变自己的政治处境。"文化大革命"时期建立的"革命化"课程正是在当时特殊的历史背景下,政治权力对课程改革的强势介入与控制。

2. 政治领导人常常直接介入或干预课程改革

教育对国家发展的意义和价值不言而喻,国家领导人也十分重视教育的作用,政治领导人直接介入课程改革常使教育改革蒙上一层浓厚的政治色彩。例如,毛泽东在 1964 年春节座谈会上关于教育问题的讲话,直接推动了新中国第四次基础教育课程改革;第七次课程改革的发起也受到了邓小平关于教育问题的指示精神的直接影响。

关于政治权力介入基础教育课程改革问题,需要辩证地去看待,一方面,政治力量的介入不仅充分显示出课程在国家发展、国家安全及政治稳定中的地位和价值,而且可以为课程改革创造合适的外部环境,提供必要的条件;另一方面,教育发

---

① 资料源于 2019 年 4 月笔者对一位参与过第八次课程改革的课程专家的访谈.

展具有相对的独立性和一定的规律性,政治因素的过多干预或强势介入"容易产生错误的改革导向,出现为着某种政治需要进行教育改革,使改革带有极强的应时性和主观性,易于脱离教育的实际和违背教育的规律"①。政府的行为多是为了解决当下的现实问题,存在着一定的短视性,而教育本身所固有的长期性和超前性等特征,使得教育与国家的政治需要及政治发展之间存在着一定的矛盾性。因而,基础教育课程改革若一味地强调政治发展的需要而忽略教育自身发展的规律性,容易导致课程设计既不能跟上现实社会的发展步伐,也难以发挥引领未来社会发展的作用,由此导致的结果是,虽然教育在不断地变革,但却永远无法赶上社会的发展变化。

(二) 政治权力的隐与显

纵观新中国成立以来历次基础教育课程改革的政策文本或纲领性文件,政治权力及其目的或以开宗明义的方式被重点强调,或以国家领导人讲话、政策文件及法律法规的形式予以表现,政治权力的作用和影响在课程改革中或隐或显。其显性表达为:在我国历次课程改革中,国家拥有最高的政治权力,在教育改革这一专业性较强的领域中,政治目的的表达往往采用直接搬用政治术语的方式。其隐性表达为:通过颁布政策文件等途径对课程改革施加影响,以此维护统治阶级的权力与利益。具体表现在以下几个方面:

1. 以国家的名义

课程改革通常表现为一种国家行为,国家拥有最高的政治权力,并以"国家"或"民族"的名义出现,政治权力的运作在其中发挥着重要作用。新中国成立以来的历次课程改革均采用自上而下式的改革路径,即由国家发起一场教育改革,这从根本上决定了课程的国家属性,以及国家在推进改革中的主导地位,课程改革归根结底是为了满足国家与民族的需要。

2001年6月,教育部颁布《基础教育课程改革纲要(试行)》,拉开了第八次课程改革的序幕。文件中明确提出:"制定国家课程标准要依据各门课程的特点,结合具体内容,加强德育工作的针对性、实效性和主动性,对学生进行爱国主义、集体

---

① 王晓华. 美国中等教育改革的社会学反思[J]. 清华大学教育研究,1998(2):126-131.

主义和社会主义教育,加强中华民族优良传统、革命传统教育和国防教育,加强思想品质和道德教育,引导学生确立正确的世界观、人生观和价值观。"①文件中突出强调了民族主义和国家主义价值观,强化道德教育和爱国主义教育,国家名义与国家需求尽显其中。2014年,教育部颁布《关于全面深化课程改革落实立德树人根本任务的意见》,要求基础教育课程改革"全面贯彻党的教育方针,遵循教育规律和学生成长规律。大力弘扬中华优秀传统文化,把培育和践行社会主义核心价值观融入国民教育全过程,倡导富强、民主、文明、和谐,倡导自由、平等、公正、法治,倡导爱国、敬业、诚信、友善。要立足中国国情,具有世界眼光,面向全体学生,促进人人成才"②。社会主义核心价值观是我国新时代的重要指导思想,在课程改革文件中直接加以引用,可见政治权力对课程改革的重要影响。

尽管不同时期国家的教育方针政策不尽相同,但是国家、民族意志在课程改革的纲领性文件中均得到系统而鲜明的体现。无论是新中国成立初期的以建设社会主义国家为战略重点的"国家意识",还是"文化大革命"时期"以阶级斗争为纲"的政治意志,抑或是改革开放期间所强调的"科教兴国""人才强国"战略,以及新世纪以来的"为了中华民族的伟大复兴",一系列政治口号折射出国家在特定历史时期的特定政治目的,也就是说,课程改革常常是在政治权力的作用下发动的,并常常冠以"国家""民族"的名义,以满足特定时期政治发展为首要目标的。适应国家发展之需要、满足民族振兴之要求,本身即是教育改革正当的追求,培养青少年学生的国家认同感和民族自豪感也是教育发展的重要任务,而以国家、民族之名义推进教育改革,也为政治权力的介入提供了合法性理由。由于国家、民族的价值意识在中国乃至世界大多数国家的教育价值体系中占据着支配性地位,故课程改革的政治目的以国家、民族的名义出现,"自然就获得了一种不需要任何检验的绝对合法性和广泛的社会心理支持"③。而在课程改革过程中,政治权力作用的发挥实质

---

① 中华人民共和国教育部.教育部关于印发《基础教育课程改革纲要(试行)》的通知[EB/OL].http://old.moe.gov.cn//publicfiles/business/htmlfiles/moe/s8001/201404/xxgk_167343.html,2001-06-08/2019-10-11.

② 中华人民共和国教育部.教育部关于全面深化课程改革落实立德树人根本任务的意见[EB/OL].http://old.moe.gov.cn/publicfiles/business/htmlfiles/moe/s7054/201404/167226.html,2014-03-30/2019-09-10.

③ 石中英.教育哲学的责任与追求[M].合肥:安徽教育出版社,2007:341.

上相当于一种国家命令——冠以国家、民族之名的政治目的在"红头文件"或"教育政策"的强制贯彻过程中得以实现。

2. 政治性与时代性

课程改革的发生凸显了不同时代的国家利益和社会关切，因而具有强烈的时代性和政治性。第八次课程改革开始于20世纪90年代，我国在90年代后半期进入了全面建设小康社会的重要战略时期，国际社会综合国力的竞争日益激烈，人才素质、教育发展和知识创新的竞争成为各国发展的重要主题。在这样的背景下，世界范围内的教育改革此起彼伏，课程更成为人才培养和教育改革的重要主题，力求使教育适应21世纪的时代特征，服务于国家发展与学生个体发展的需要。1995年，党中央和国务院决定实施科教兴国战略，作为"九五"期间经济和社会发展的重要方针。为此，1998年特别成立了国家科教领导小组，提出教育要适应现代化要求，培养高素质的劳动者和专门人才。教育地位得到了新的提升，基础教育政策开始进入系统重建的新的历史阶段。基础教育课程改革紧跟时代需求，及时回应国内外政治局势的波动及国家发展重心的转移。

综上所述，新中国成立70年来我国基础教育课程经历了8次改革，在课程观上逐步从"学科本位"走向"学科整合"和"以人为本"；在知识论上从"学问知识"向"方法知识"延伸、从"科学知识"向"生活知识"拓展；在认识论上从学生作为"知识的接收者"转向把学生看作"知识的建构者"；在课程管理上从"统一控权"到"多级管理"的赋权。每一次改革都深深打上了时代变迁的印记，具有鲜明的时代性特征。

基础教育课程改革的政治性主要显现于教育部颁布的各项政策文件之中。2001年教育部印发的《基础教育课程改革纲要（试行）》的通知中明确提到："基础教育课程改革要以邓小平同志关于'教育要面向现代化，面向世界，面向未来'和江泽民同志'三个代表'的重要思想为指导，全面贯彻党的教育方针，全面推进素质教育。"[1]课程改革目标要与当前政治指导思想保持一致，以落实政治指导思想

---

[1] 中华人民共和国教育部. 教育部关于印发《基础教育课程改革纲要（试行）》的通知[EB/OL]. http://old.moe.gov.cn//publicfiles/business/htmlfiles/moe/s8001/201404/xxgk_167343.html, 2001 - 06 - 08/2019 - 10 - 11.

为根本目标。课程改革的话语表述,或是直接套用时下热门的政治术语,或是对重要政治文件或领导人讲话的直接转述,在每一个课程改革文件的开篇即可直接或间接地发现政治影响的痕迹。

在政治权力的作用和影响下,课程改革具有强烈的时代性,表现出教育改革的历史进步性和现实针对性,也在一定程度上反映出教育在社会发展中的被动地位和从属性。教育改革往往与政治改革亦步亦趋,受政治权力的控制与影响,缺乏对国家政治及社会发展应有的理性分析,进而难以发挥其应有的能动性和主动性。若政治权力过于强大,教育自主发展的空间也将受到限制,来自教育自身的真实声音将被压制。任何时代的教育改革都是特定历史发展时期和发展阶段的产物,无不打上深深的时代烙印,但教育自身的独立性、自主性以及科学理性,却是教育在任何时代都应坚守的基本品质,理应得到最基本的保障和维护。只有这样,才能更好地发挥教育在社会发展进步中的推动作用。

3. 精英主义取向

课程改革体现出的精英主义取向,是由课程改革的国家属性决定的。从历次基础教育课程改革的背景阐释来看,其价值取向表现出较为明显的精英主义取向,主要体现在"国家对基础教育阶段结束以后学生身心发展的'高标准'、'高质量'的追求上"①。

1999年出台的《中共中央国务院关于深化教育改革全面推进素质教育的决定》中明确提出:"全面推进素质教育,培养适应二十一世纪现代化建设需要的社会主义新人。"②2018年9月,习近平总书记在全国教育大会上指出,"在党的坚强领导下,全面贯彻党的教育方针,坚持马克思主义指导地位,坚持中国特色社会主义教育发展道路","培养德智体美劳全面发展的社会主义建设者和接班人"③。从对教育目的或人的发展总体规格的表述来看,无论是"德智体美劳全面发展的社会主义建设者和接班人"还是"适应二十一世纪现代化建设需要的社会主义新人",

---

① 石中英.教育哲学的责任与追求[M].合肥:安徽教育出版社,2007:338.
② 中共中央国务院.中共中央国务院关于深化教育改革,全面推进素质教育的决定[EB/OL]. http://old.moe.gov.cn/publicfiles/business/htmlfiles/moe/moe_177/200407/2478.html,1999-06-13/2019-10-12.
③ 习近平.坚持中国特色社会主义教育发展道路 培养德智体美劳全面发展的社会主义建设者和接班人[N].人民日报,2018-09-11(1).

这样一种面向全体学生的总体性要求,对于处于社会中下阶层的大多数学生而言,因其个人资质的平凡、家庭背景的普通等原因,往往难以达到此标准,这就意味着教育实际上只为极少数人提供了有效的服务,而多数人则处于被忽视和被埋没的状态,这即是典型的"精英主义取向"。

从国家发展的角度来看,课程改革中的精英主义取向是可以理解的,这种高标准、高要求从某种程度上对教育实践具有一定的导向和激励作用,在特殊历史时期,精英主义的教育能快速而有效地为国家重点建设选拔出急需的高、精、尖人才,从而使教育的选拔功能彰显出来。而从受教育者的角度来看,精英主义倾向的教育却是有失公允的,大多数学生不能享受到适合自身发展特点的教育,也难以在接受教育过程中正确地认识和定位自我,其潜能也难以在教育中得到有效的挖掘和培养。这种取向实际上是能影响政治决策的社会阶层为维护其既得利益而制定的改革方案,以此为标准选拔出来的社会精英大多数原本就来自该阶层家庭,课程改革进而成为阶层再生产的有效途径。

三、不同权力主体的力量运作

课程改革的过程同时也是一个利益再分配过程,课程改革方案往往体现了不同利益主体的价值诉求,以及不同权力主体之间的博弈,进而凸显了课程改革的微观政治学意味。其中涉及的权力主体包括:国家各级教育主管部门、专家学者、学生及其家长等,这些权力主体都拥有一定的社会资本和话语权,并试图以自己的方式维护自身的利益。课程改革归根结底是知识与权力的斗争场域,是围绕知识的选择、组织和重新配置展开的不同利益集团之间的博弈,必然涉及对一些根本问题的追问:即课程中体现的是谁的知识?何种知识?又是依据何种标准选择和组织的?这些知识如何为学生所接受和认可?等等。在课程改革过程中,当各权力主体对知识的态度不一致时,则会出现不同利益集团之间的矛盾与冲突,进而对课程改革方案提出不同的利益诉求,并以知识为手段和途径而展开博弈与斗争。

(一)行政主体:官方知识的掌控者

行政主体是指能以自己的名义实施国家行政权(表现为行政管理活动)并对行政效果承担责任的组织,其主体资格只对应于相应的机构或组织,其行为所产生的后果也由其组织和机构来承担。① 教育行政主体是指依法成立、具有教育行政权力、能够以自己的名义实施教育行政行为并能够承担由此而产生的相应责任的组织。② 在我国,教育行政主体包括:国家教育行政机关(包括从中央到地方的各级教育部、教育厅、教育局、教育组或教育办公室)、官方智囊团(由各种专家、学者和社会贤达所构成的跨学科、综合性的政策研究机构)以及政府官员。教育行政主体享有官方的课程权力,但权力大小、权力偏向则因其层级的差别而异。在我国,从教育部、教育厅、教育局再到学校所享有的课程权力及其权力地位是层层递减的,课程改革方案主要是由处于权力顶端的教育部发布,教育厅、教育局乃至学校必须绝对遵从改革精神并负责方案的执行,也就是说,上级对下级拥有绝对的权威,而下级对此基本无选择的权力。

教育行政主体作为官方课程权力的掌控者,在确定改革问题、厘清改革目标、拟定改革步骤、采纳改革建议及选择改革方案、做出改革决策等各个环节均发挥着主导作用,同时还对方案制定参与者的选择以及课程权力的分配拥有一定的决定权。可以看出,教育行政主体在课程改革方案制定中居于主导地位,处于决策阶梯的顶端,发挥着最后定夺的作用。

在课程改革过程中,改革方案制定中的教育行政主体既是国家课程权力的掌控者,享有课程权力的支配权及分配权,同时还管理、指导着其他主体的行动与价值选择。无论是组织相关专业人员研制课程改革方案,或是任命、委托专门的研究机构对特定课程问题展开调查并研制改革方案,都需要经过国家教育行政机关的审议或把关。例如,在我国 2001 年实施的第八次课程改革中,"在改革政策制定过程中国家将课程标准的研制权力下放到全国各高校,但其指导思想是国家已经明确规定好的,最后哪一个课程标准能进入新课改方案,也是由国家拍板决定;同样的,基础教育改革时期教材的编写最初是开放的,那个时候国家规定个人、团体、学校都可以申报编写教材,倡导教材的多元化,但具体学科教材版本的选择权仍是归国家所有的"③。由此可见,国家教育行政机关作为官方课程权力掌控者的地位是

---

① 姜晓萍.行政法学[M].成都:四川大学出版社,2009:45.
② 龚怡祖.当代教育行政原理[M].北京:北京大学出版社,2009:12.
③ 资料源于 2019 年 4 月笔者对一位参与过第八次课程改革的课程专家的访谈.

不会动摇的。

国家行政主体在课程改革过程中拥有最高的课程权力,其权力发挥主要通过以下三个途径实现。

1. 制定教育政策

国家教育行政主体主要以教育政策为基本手段,决定着教育资源及教育权力的分配,组织、领导、管理并监督教育改革行动,以此控制教育的发展走向,其对教育改革介入及干预的结果往往以操作性的计划项目、行动方案或具体行政措施的形式予以呈现。例如,在近年来的基础教育课程改革中,作为政府职能部门的教育部基础教育司专门设置了"国家基础教育课程改革项目"。该项目涉及课程改革总体规划、课程目标、课程标准、课程结构、教材编写与管理、课程实施、课程评价以及课程管理政策等各个方面,并负责制定课程改革指导纲要、课程计划、各科课程标准、课程评价体系、课程管理体系、课程资源(含教材)开发与管理系统的研究,还负责改革的实验与推广,是一个庞大的课程改革研究系统,拥有强大的课程权力。

2. 决定改革方案的价值取向

美国政策科学家林德布洛姆指出,"决策过程是人们相互间进行'权力角逐'的过程,在这个过程中谁拥有的决策权大,他所偏好的政策就会得到通过和贯彻"[①]。课程改革方案的制定是分析研究课程问题并提出相应解决办法的活动,在此过程中,对众多的课程问题进行筛选并予以轻重缓急的排序,认定何种课程问题是改革中迫切需要解决的,何种知识是最有价值的,选取何种方法及途径来解决这些问题,等等,无不渗入了领导层及决策者的价值选择。[②]

在此意义上,"任何一项教育政策都是一种教育领域的政治措施,任何政治措施本身都代表或蕴涵着政府对于教育事务和教育问题的一种价值选择——做什么或不做什么、鼓励什么或禁止什么的一种价值选择。"[③]课程改革方案的价值取向受到作为决策者或政策制定者的教育行政主体价值选择的制约,并在一定程度上

---

① 袁振国.中国教育政策评论(2001)[M].北京:教育科学出版社,2001:328.
② 张新平.价值论与整合论:外国教育管理学理论的新进展[J].比较教育研究,2003(1):28-34.
③ 刘复兴.教育政策价值分析的三维模式[J].教育研究,2002(4):15-19,73.

受到行政主体中的领导层以及最高决策者的价值偏好的影响。在我国,教育行政部门的领导体制是"一长制",领导者的个体价值取向往往成为影响决策的重要因素,决策者的个体价值渗透往往是难以避免的。

3. 影响改革方案的问题定位

利益和利益关系是政治关系和政治行为的基础,它对政治关系和政治行为具有根本性和决定性的意义,政治权力关系和政治权利关系都是建立在利益关系的基础上,政府的基本职能就是对利益进行社会性的分配。① 在课程改革过程中,只有那些符合行政主体的利益倾向并且改革成本小于改革效益的课程问题方能为教育行政部门所关注和重视,改革方案的问题定位必定会受到行政主体利益倾向的影响。课程改革的过程也是一个利益分配与再分配的过程,而课程改革方案则体现了各利益主体的利益诉求,因此,各利益相关者都希望能够争取到方案制定的话语权,而作为利益协调者的行政主体同时也是利益相关者之一,他们对改革也有自身的利益表达,这就使得他们在行使利益分配和权力分配的职权时难免渗入"部门本位利益"的影响,即"在方案的内容中更多地探讨自己部门的职权而较多地探讨相关部门的责任"②。

4. 决定课程知识的价值归属

"谁的知识能够进入课程?"这一问题属于课程知识的价值归属问题。"一项知识无论是否符合受教育者身心发展的需要,都要经过社会主导价值观的'过滤'才能进入学校课程。"③也就是说,在社会中占主导地位的价值观决定着什么知识能够进入课程,只有符合主流价值观的知识才能成为课程知识。显而易见的是,一个社会的主流价值观集中体现的是占支配地位阶层的意识形态特征,归根到底,进入课程的知识实则是占支配地位阶层的知识,课程知识的价值特性反映着占支配地位阶层的意识形态。在我国,行政主体是课程权力分配中占支配地位的权利主体,因此,行政主体决定了课程知识的价值归属。

行政主体对课程知识的控制集中体现了知识与权力之间的关系。福柯运用知

---

① 刘复兴. 教育政策的四重视角[J]. 清华大学教育研究,2002(4):13-19.
② 袁振国. 中国教育政策评论(2001)[M]. 北京:教育科学出版社,2001:332.
③ 姜俊和. 美国中小学课程知识的合法性研究[D]. 长春:东北师范大学,2012.

识考古学、系谱学的方法考察了知识与权力的关系,探讨了知识由谁生产、如何分配等问题,并从微观权力视角对知识进行了政治性的分析,揭示了知识与权力的运作机制。福柯认为,知识与权力表现出一种相生相依的关系:权力控制着知识,而知识也生产着权力,权力效益的扩大和地位的巩固需要通过相应知识的生产和传播得以实现,而知识价值的展现及作用的发挥也依赖一定的权力为其提供条件和平台。在某种程度上可以说,没有权力就没有知识,没有知识也无所谓权力,而权力越大,相应的知识生产也越多。因此,对于社会中的弱势阶层而言,适合其发展并反映其需求的知识必定是微乎其微的,而占据支配地位的阶层,反映其价值观的知识必将得到大量的生产并能够广泛传播,传播的重要途径便是进入课程并成为青少年学生重点学习的内容,通过知识的学习延续其价值观,进而实现阶级阶层的再生产。如此,权力关系在课程知识的学习过程中得以再生产,而弱势阶层因为适合其发展的知识的缺乏且所学知识与自身实际的脱轨而产生各种不适应,由此导致"强者更强,弱者愈弱"的马太效应。

  课程知识的选择过程可以理解为占支配地位阶层的权力控制过程。权力通过将知识的范畴合法化,使之由某一特定集团所支配,无论是何种形态的政治制度,无论占支配地位的社会阶层如何宣称自由与民主,其对课程的控制,对课程知识选择的控制都是必然的。占支配地位阶层对课程知识的权力运作主要体现在两个阶段:

  一是在知识选择之前,通过制定课程政策或课程标准来控制知识的标准,进而将异质性知识排除在课程之外,与异质性知识相应的异端行为和反抗行为出现的可能性也相应地降低。在基础教育中,这种控制主要通过制定或颁行课程政策及课程标准来实现。课程标准作为体现国家对基础教育课程的基本规范和质量要求的纲领性文件,一般由国家或政府统一制定、统一颁行,除非特别赋权,任何组织、部门、地方以及个人均没有私自制定和颁布的权力。我国目前的课程标准由教育部统一制定。控制课程标准即意味着控制了课程内容,无论是谁的知识或由谁选择,只有符合课程标准的知识方能进入课程,这就从源头上保证了课程知识的价值特性。

  二是在知识选择之后,通过制定相应的教科书审定制度以控制知识的表达。

教科书作为课程知识的载体,是学生直接接触和重点学习的主要材料,因此,占支配地位的阶层不会放松对教科书的监督和控制,世界各国均有一套对于教科书的监管制度:有的国家的教科书直接由国家统一编制发行,有的将编制权分配给地方甚至出版商,但却严格控制审定权。这表明,占支配地位的阶层不仅控制知识选择的标准,还控制着知识的表达,从而使知识在内容和形式上均符合其意识形态的要求。

在我国,国家对课程知识的选择与控制不仅体现在知识选择之前通过制定课程政策或课程标准,也体现在知识选择之后通过规定教材来实现管控。2001年6月1日教育部颁布《中小学教材编写审定管理暂行办法》,对教材编写的资格和条件、教材编写的立项和核准、教材的初审与试验、表彰与惩处等做了详细规定。2017年6月26日教育部办公厅颁布《关于2017年义务教育道德与法治、语文、历史和小学科学教学用书有关事项的通知》,其中规定了义务教育阶段各年级《道德与法治》《语文》和《历史》教学用书版本,要求"必须使用《2017年义务教育道德与法治、语文、历史和小学科学教学用书目录》公布的教材"[1]。2017年7月3日,国务院办公厅发布了关于成立国家教材委员会的通知,公开了国家教材委员会的主要职责及成员构成,规定国家教材委员会主要职责为"指导和统筹全国教材工作,贯彻党和国家关于教材工作的重大方针政策,研究审议教材建设规划和年度工作计划,研究解决教材建设中的重大问题,指导、组织、协调各地区各部门有关教材工作,审查国家课程设置和课程标准制定,审查意识形态属性较强的国家规划教材"[2]。

(二) 社会主体:公众利益诉求者及国家权力制衡者

1. 社会主体的权力发挥

在课程知识的生产过程中,除了教育行政主体的主导作用之外,与课程改革具有利益相关性并能对改革方案产生直接或间接影响的个人、群体、集团以及组织机构等,均可归入课程改革方案制定中的社会主体。本文讨论的社会主体主要包括

---

[1] 教育部办公厅.关于2017年义务教育道德与法治、语文、历史和小学科学教学用书有关事项的通知[EB/OL]. http://www.moe.gov.cn/srcsite/A26/moe_714/201707/t20170703_308452.html,2017 - 06 - 26/2020 - 01 - 26.

[2] 国务院办公厅.国务院办公厅关于成立国家教材委员会的通知[EB/OL]. http://www.gov.cn/zhengce/content/2017 - 07/06/content_5208390.htm,2017 - 07 - 03/2020 - 01 - 26.

以下几类:利益集团(社会个体为了保障或增进自己的利益而形成相应的利益集团)、知识分子(社会中具有特定公共角色的个人,是有能力向公众以及为公众来代表、具现、表明讯息、观点、态度、哲学或意见的个人)①、大众传媒(主要指报纸、杂志、电视、广播、网络等)、学生及家长(教育改革最直接的利益相关者)等。社会中不同利益主体的民主参与、社会运动、自治结社及舆论影响等,可以形成对国家课程权力的限制,它们的权力行使实际构成了对国家权力膨胀的一种有效的防御机制。②

社会主体所拥有的课程权力与国家课程权力不同,其本身不具有强制性和法定的制裁力,其权力大小、权限范围等与一个国家的政治体制密切关联。其中,利益集团作为影响课程改革方案制定的社会主体,常常会通过各种方式表达其对课程改革的利益要求以彰显其课程权力。在我国,随着教育市场化的不断推进,部分课程的编制,教材的编写、出版、发行等都交由一定的社会团体和机构,由此而形成相应的利益集团。由于课程改革方案的制定过程中有着太多的利益驱动,各利益集团为了自身的利益,往往会通过各种途径参与到这一过程中。随着社会利益结构的不断分化与重组,利益集团逐渐呈现出多元化的趋势,从而使得其课程权力的行使能有效地促进课程改革方案的合理化、合法化,使课程改革更适应社会发展的需求,同时也可能因利益分配不平衡而产生纷争或难以做出决策,导致教育不公平的发生。

首先,教育领域的知识分子在改革方案制定中拥有一定的课程权力,他们主要从专业角度对课程改革进行指导、考量、策划和评估,从不同角度提供建议、支持、审视和批判。在课程改革方案制定中,知识分子行使其课程权力主要通过两种方式:一是从现实的教育关怀出发,站在人民大众的立场,为了最大多数人的长远利益而对改革提出要求,代表人民大众在改革方案制定中争取话语权,并对权力行使者进行监督;二是展现其社会批判的"本性",对改革方案决策者的权力行使及利益倾向进行质疑并展开批判,并以其拥有的社会影响力和作用力,迫使权力行使者不得不对这种批判进行反思。

---

① 爱德华·W. 萨义德.知识分子论[M].单德兴,译.2版.北京:生活·读书·新知三联书店,2013:16.
② 郭晓明.论中国课程知识供应制度的调整[J].华东师范大学学报(教育科学版),2005(2):10-19.

其次,大众传媒是反映社会各界人士对改革的期待和要求的主要途径,课程改革可以通过大众传媒在社会中寻求广泛的舆论支持,而大众传媒则可通过其强大的传播影响力凝聚大众智慧,网罗信息资源,反馈群众意见。通常情况下,课程改革方案形成之后会有一个听证过程,即借助于大众传媒的平台征求民众对改革方案的意见和建议,并依此对方案做出一定的修正或完善,既能提高方案的合理性,也是方案合法化论证的必要步骤。在这个过程中,大众传媒对方案所传达的信息进行选择、编排,从而影响公众关注的侧重点和关注程度,在社会中形成焦点效应,由此影响公众对课程改革的兴趣和倾向,进而在一定程度上影响方案的内容表达。

再次,家长的课程权力。在课程改革方案制定中,赋予家长以课程权力既有理论上的支持,也有现实中的需要。课程改革尤其是基础教育课程改革的最终目的是要促进学生的健康成长,这与家长的教育初衷是一致的,因此,课程改革方案欲更好地适应并促进学生的发展,需要充分重视家长的需求和意见。家长参与课程改革方案的制定也是制约国家权力及其意识形态霸权的重要手段,因为家长群体来自不同的社会阶层,代表着不同阶层的教育诉求,利益的保障是以权力的获得为重要条件的,因此,家长课程权力的行使既有利于保障其代表的阶层的教育利益,也能有效监督与规避课程改革中不合理的权力行为。

2. 社会主体与国家主体的权力制衡

在课程改革方案制定过程中,不同主体代表着不同群体的利益需求,主体拥有的课程权力愈大,课程改革方案就愈能反映其利益需求,如此,不同主体间的矛盾与冲突在所难免。其中,代表占支配地位阶层利益的行政主体是制度的制定者,主导着改革方案的制定并支配着其他主体的课程权力,在服务于占支配地位阶层的同时还要兼顾各社会力量的利益,如此方能维持其统治的合法性,但其最终旨归是维护本阶级的利益。随着社会的发展和民主化程度的不断提高,社会主体的权力意识日渐觉醒,权力日渐扩大,对课程改革的权力要求也不断增多,争取在改革方案制定中的话语权及在改革中的影响力是其课程权力表达的方式之一。成长型的社会课程权力与主导型的国家课程权力之间的博弈在改革方案制定过程中由此展开,在这场博弈中,社会主体与行政主体在许多方面既相互冲突又在一定程度上相互制衡。

在课程改革方案制定中,行政主体的课程权力是直接而强大的,社会主体的课程权力则是间接的且相对弱小。行政主体的强大极易导致国家课程权力对社会课程权力的侵蚀,导致社会主体中弱势群体的课程权力形同虚设。随着现代社会政治民主化程度的不断提高,社会主体的觉醒和参与对行政主体权力扩张产生着制约作用。社会主体课程权力的不断增长以及相应的参与程度、监督频率的增多必然体现在课程改革方案中,具体表现为改革方案的价值观逐渐开始关注并重视"人"的因素。以我国改革开放以来颁布的三个最为重要的基础教育课程改革方案为例:

① 1985年《中共中央关于教育体制改革的决定》中提出:以"提高民族素质,多出人才、出好人才"为改革的根本目标,在这里,"素质"是与"民族"联合的,培养人才的目的是为了国家民族利益的实现,作为"个体"的人的价值没有得到体现。

② 1993年的《中国教育改革和发展纲要》指出,"必须把经济建设转到依靠科技进步和提高劳动者素质的轨道上来",教育工作的任务是"进一步提高劳动者素质,培养大批人才",从"民族素质"转移到"劳动者素质",虽然意识形态的痕迹依然明显,但不可否认的是,人的价值开始得以凸显。

③ 1999年颁布的《中共中央国务院关于深化教育改革,全面推进素质教育的决定》中,对于人的关注逐渐明朗化,该文件确立推进素质教育的改革方针,并将"培养适应二十一世纪现代化建设需要的社会主义新人"作为素质教育的目标,而全面推进素质教育,不仅要求坚持面向全体学生,而且还要促进学生的全面发展。从发现人的"素质"到培养人的"素质",体现了政府对教育目的认识的深化,也体现了政府对教育的社会功用认识的深化。①

社会主体课程权力的增强除了体现在课程改革方案中,还表现在课程改革主动与社会联合,使课程实施从封闭的学校向广阔的社会扩展。教育部于2001年印发的《基础教育课程改革纲要(试行)》强调:课程结构要"适应不同地区和学生发展的需求",课程内容要加强"与学生生活以及现代社会和科技发展的联系",课程实施要"培养学生搜集和处理信息的能力、获取新知识的能力、分析和解决问题的

---

① 吴华.课程权力:从冲突走向制衡[D].长春:东北师范大学,2008:27.

能力以及交流与合作的能力",课程管理要"增强课程对地方、学校及学生的适应性"等,均体现出学校教育开始主动与社会靠拢,并有意吸取相关社会信息,自觉用社会的标准来规范和完善自身,从而使教育更好地适应社会的需要,这也是社会主体课程权力的一种隐晦表达。

3. 社会主体的知识选择与权力抗衡

课程知识服务于占支配地位阶层的意识形态和权力的再生产,占支配地位阶层是课程知识选择的控制主体,课程知识的选择过程必定也是占支配地位阶层意识形态及政治权力的运作过程。同时,相关利益集团也对课程有相应的权力诉求,各个群体、阶层都希望自己的文化能够进入课程并成为合法化的普遍性文化,都试图基于自身的立场就"什么知识最有价值"以及"什么知识应该进入或不能进入课程"等问题展开争论,课程知识的选择过程因此成为各利益集团争相跻入的过程,具体表现为支配集团内部、支配集团与被支配集团之间,以及政治决策者与知识分子之间充斥着各种争论与交锋、冲突与博弈,进而汇聚成课程改革的波澜涌动。

虽然行政主体在课程改革中占有支配地位,但被支配阶层并不是任由"改造"的对象,社会主体并不是无欲无求、沉默淡定的理想"他者"。换言之,课程知识的选择过程并不是占支配地位阶层的单向控制过程,课程改革也不可能完全是国家垄断的产物,其他阶层及群体对课程知识也有相应诉求并力争在其中有所反映。特别是在文化格局日益多元、各阶层权力意识逐渐觉醒以及弱势群体的力量不断成长的当代社会,课程知识的选择过程更显得繁芜复杂,其间必定充满着各种权力、价值及意识形态的矛盾、冲突和妥协。于是,课程知识的选择过程显现出如下特征:一方面是占支配地位阶层权力运作的过程,另一方面也是社会主体抵制霸权及权力争夺的过程,其中,前者居于主导地位,后者则在不断成长壮大。

课程知识的选择过程还是一个权力和利益的控制与反控制过程。虽然课程知识主要反映的是占支配地位阶层的意识形态及其需求,但事实上,它也不得不考虑被支配者的权力和利益需求。因此,占支配地位的阶层往往也会适时地"妥协"。在课程知识的选择过程中,占支配地位阶层常常会采取一些"妥协"的策略以合法化其权力和利益:一方面通过将一部分"非官方知识"纳入课程的范畴以淡化课程知识的单一意识形态痕迹,另一方面通过邀请一些"非官方人士"参与到课程知识的选择过程中以提高知识选择的民主性。

如有学者对我国2000年义务教育6年制小学语文教科书所收录的课文进行的统计显示:在1—12册共计281篇课文中,含思想教育内容与不含思想教育内容的课文分别为171篇与110篇,各占总数的60.9%与39.1%;在含思想教育内容的171篇课文中,含激发政治情感内容的课文与不含激发政治情感内容的课文分别为101篇与70篇,各占59.1%与40.9%,也就是说,有五分之二以上的课文是不具"政治教育性"的,这就意味着,小学语文教科书的相当一部分课文是"去意识形态"和"去思想观念"的。①

(三)专业主体:改革方案研制者与课程权力行使者

1. 专业主体构成及课程权力困境

课程改革方案的制定是一项需要专业智识的复杂工程,问题的分析、理念的阐释、目标的拟定、结构的规划、标准的设计、实施的建议及评价的规约等,均需具有课程与教学专业知识的人参与完成。课程改革方案制定中的专业主体是指具有教育教学专业知识并直接参与改革方案制定的组织、机构、群体及个人,主要包括以下三类成员:教育研究机构、教育专家学者及一线教育工作者。在课程改革方案制定过程中,由于专业的限制,行政主体和社会主体一般不直接参与方案的制定,其课程诉求需借由作为课程权力直接行使者的专业主体的转述和表达,如此,专业主体的身份具有多样性,既是独立的主体,又是行政主体与社会主体在课程改革过程中的代表者或中介者,其课程权力的行使表现出复杂性,并常常处于两难境地。具体体现在如下两个方面。

(1)在政治压力与社会期望的夹缝中求生存

教育研究机构作为国家教育政策制定的智囊团,其影响力的发挥主要通过对政府及决策者产生政策影响力,以及对社会与大众产生舆论影响力两种途径来实现。②在课程改革方案制定中,教育研究机构的成果要获得认可、肯定或采纳,必须既要切合教育行政机构的旨趣,又要符合社会大众的需求,否则其存在的价值和

---

① 吴康宁."课程内容"的社会学释义[J].教育评论,2000(5):20-22.
② 黄忠敬.美国教育的"智库"及其影响力[J].教育理论与实践,2009(13):20-23.

意义就不能彰显。但这种价值和意义的彰显,既受到政府的管制,又为社会所制约,在政治压力与社会期望的夹缝中生存和发展。具体表现为:

首先,决策服务的职能常常受到意识形态的控制。教育研究机构要想对教育改革产生实质性影响,除了本身必须要有强大的组织体系、权威的专业研究系统和大量有说服力的研究成果外,其研究还必须与政府的政治倾向或意识形态相契合。其次,精英决策的方式必定受到民主价值观的规约。从教育研究机构的人员组成看,作为社会精英的教育专家学者是其主体与核心,因此,教育研究机构的话语分量和意见倚重主要以精英视角为主。

(2)在学术自由与现实束缚间徘徊

学者的学术自由经常受到来自政治体制的规制和束缚,专家学者的理想与现实之间的矛盾可视为专家学术权力与政府行政权力之间的冲突,具体到课程改革方案的制定中,则是专家的课程权力与行政主体的课程权力之间的博弈。在我国,不仅存在着行政权力扩张、行政主体课程权力膨胀的现象,还出现了行政权力泛化、专家课程权力的行使向行政靠拢的迹象。

例如,在我国新基础教育课程改革方案制定中,专家组成员的学术研究大多是符合国家发展需要且与国家的政治理念相契合的,改革方案的制定带有浓厚的"官味",如《基础教育课程改革纲要(试行)》开篇即强调课程改革服务于政治需要的重大意义,首要目标是以政治为导向的,由此导致方案中的一些提法显得专业性不足而意识形态色彩过浓,如"三观""四有"的提法直接来自政治术语,"爱国主义""集体主义""革命传统"以及"社会责任感"的表达亦十分笼统等,这都是因为学者在规划或制定方案时必须考虑政治取向,考虑教育行政部门的思路,以免在意识形态上犯错误。照搬政治术语取代了严谨的学术论证,与意识形态关联密切的那些概念因此得不到理性的阐释和合逻辑的论证。

一位参与过2001年课程改革政策制定的课改专家在谈到参与课程改革中自我心态的变化时如是说:"我的心态从最初参加课程改革时的带着学术研究者的满腔热忱,到最后有了很多的无奈。在课程改革政策的讨论与制定过程中,最明显的感受就是其严重受到官本位思想的影响,从事行政工作的人对教育不是那么了解,以致专家学者不得不舍弃一些学术研究的坚持。此外,在课程标准的制定过程中,还出现了11位科学家联名写信给教育部,要求全国从一年级开始开设科学课的情况,因此新课程改革政策中出现了从一年级开始开设科学课程的规定。"①

2. 专家主体:课程知识选择的代言人

文化霸权理论的奠定者安东尼奥·葛兰西指出:"意识形态霸权有两个必要条件:并不仅仅是我们的经济秩序'创造'了渗透于我们日常生活的范畴和情感结构,除此以外,还必须有一群所谓的'知识分子'采用并把这些范畴合法化,使这些意识形态形式看起来是中立的。"②随着现代文明的不断发展和公众权力意识的逐渐觉醒,赤裸裸的控制方式越来越为大众所反感并招致强烈的抵抗,致使支配集团越来越不直接参与到课程知识的选择过程中,而是通过其精心挑选出来的"代言人"——专家来具体施行,因此,从外显的层面看,专家是课程知识选择的主体,但从深层看,占支配地位的阶层依然是控制课程知识选择的主体。专家成为课程知识选择的主体,首要原因在于其拥有专业的知识背景和专业权威,他们熟知某一专业的基本原理及基本事实并有一定的专业建树,在其专业领域内具有一定的影响力。

专家成为课程知识选择的主体也是国家控制知识合法化的需要,专家通常具有双重身份:一是专业知识的拥有者,二是国家意志的"代言人"。因而,在选择课程知识时,他们既要考虑知识的整体性和逻辑性,又要考虑知识的价值性和文化性;既要使所选择的知识适合一定年龄阶段学生的心理发展需要,又要保证这些知识契合国家的意识形态要求。占支配地位阶层隐退于专家之后,其意志借由专家来表达和阐述,如此,不仅能有效地淡化控制的痕迹,而且还会给公众制造一种尊重知识、尊重专业的假象和幻觉,从而在"科学""专业""学术"的名义庇护下使所选知识显得更为"客观"和"中立",依此构成的课程也就更能为公众所认可和接受。不仅如此,当公众对专家选择的课程知识持有异议或不甚认同时,其批判和指责的矛头往往直接指向表面上的决定者——专家,而不是隐退于专家之后的实质的控制者——支配集团,由此成功地将支配集团的责任转嫁。③

---

① 资料源于2019年4月笔者对一位参与过第八次课程改革的课程专家的访谈.
② 迈克尔·W.阿普尔.意识形态与课程[M].黄忠敬,译.上海:华东师范大学出版社,2001:10.
③ 刘丽群.论知识准入课程中的国家介入[D].长沙:湖南师范大学,2007:116.

专家和政治决策者是具有不同社会身份和文化属性的两类不同的社会群体,两者的知识观、教育观及课程观因其不同的立场往往不完全一致,有时甚至会相互冲突。如何使经由专家选择的课程知识切实符合占支配地位阶层的意识形态,并有助于其权力和利益的再生产?这就涉及占支配地位阶层对专家的控制问题。

首先,作为课程知识选择主体的专家是由政府挑选和任命的。也就是说,在专业领域内有所建树并不是专家参与课程知识选择的充分条件,只有其专业理念同时与占支配地位阶层的政治理念相契合才可行,这就从前提上保证了知识选择的方向性。

其次,专家自身也是经过意识形态化的,其在进行知识选择时会自觉地表现出意识形态倾向,这就使得专家在进行知识选择时并不是纯粹地从知识完备性的角度考虑,而是或显或隐地体现出特定时代或特定社会的主导性价值观或核心价值观,因而使得其所选择的课程知识含有特定的意识形态性。

再次,经由专家选择的知识不一定能够在学校教材中呈现,因为教材在正式进入课堂之前还必须由相关机构审定和把关,只有真正通过审定的教材方能成为学生学习的内容。显而易见的是,这个过程实则是对课程知识进行再控制的过程,因此,虽然有些国家将教材编写权下放至地方、学校甚至民间,课程知识的选择看似多元,但只要国家牢牢掌控着教材的监督权和审核权,其对课程知识的控制就不会松懈和减弱。

近现代中国基础教育源自西方国民教育思潮和义务教育实践,但却深刻地反映了社会转型期中国文化变革的内在需求,并与之相融共进。[①] 回顾我国教育发展的历史,可以看到教育从传统蒙学伦理本位的办学思想,强调儒家伦理思想与生活日用的紧密结合,到近现代国民教育思潮的兴起与培养合格公民的现代教育理念的确立,再到新学制的建立,中国近现代教育在中西文化的碰撞交融中向前推进。在近现代急剧转型的社会里,西学是中国教育从传统走向现代的催化剂。五四新文化运动开启了中国教育新的篇章,将目标指向国民性改造与人的现代化。《学校系统改革令》的颁布标志着我国教育现代化和教育民主化获得了官方确认

---

① 黄书光,王伦信,袁文辉.中国基础教育改革的文化使命[M].北京:教育科学出版社,2001:1.

并得以系统推进。新中国成立后教育的社会主义性质得以确立,这一阶段的教育必须为工农服务,教育必须为生产建设服务。但新中国成立之初,由于国家正处于以美国为首的资本主义国家的封锁和包围之中,意识形态的斗争非常激烈,进而形成了向社会主义苏联学习的"一边倒"的局面。因此,"以俄为师"成为教育发展的风向标,教育制度的建立开始全面学习和移植苏联社会主义模式。

新中国成立半个多世纪以来,随着社会主义政治、经济、文化的日益进步,我国基础教育课程改革大致经历了以下4个发展时期[①]:(1)1949—1965年是我国基本完成社会主义改造、开始社会主义的全面建设时期,基础教育课程经过改革逐步实现了教育的集中统一规划和领导;(2)1966—1976年,基础教育课程体系经历了自我否定和"革命化"课程体系的建立;(3)1977—1985年是拨乱反正时期,其中1978年开始了基础教育课程改革的现代化探索,并逐步构建起具有中国特色的社会主义现代化课程体系;(4)1986年至今,是我国全面开创社会主义现代化建设新局面时期,基础教育课程稳步发展,课程教材建设取得了实质性的进展。回顾70年的改革历史,可以看到,在课程社会主义性质确立初期,我国基础教育课程改革重点在于建立课程体系和改革课程性质,以此逐步完成课程体系建设。随后,教育改革在"文化大革命"十年中建立了"革命化"课程。直到1978年改革开放以后,我国开始探索中国特色社会主义现代化的课程体系,在恢复与重建原有课程体系的基础上,课程改革开始面向现代化与国际化。在改革开放不断深化的背景下,教育迈入了全面开创社会主义现代化建设新局面时期,我国的第八次课程改革以改革教育体制为抓手,全面推进素质教育;以"核心素养"为目标的基础教育课程改革和以"立德树人"为导向的三科新教材启用,标志着素质教育的推进与深化。

我国第八次基础教育课程改革是为应对21世纪日趋激烈的国际竞争和人才竞争而提出的,具有划时代的意义。因此,本章将此次课程改革作为我国教育改革历史的典型事件,分析其诞生的过程及其背后的社会逻辑,以揭示基础教育课程改革背后的多方利益博弈。通过对本次改革的分析可以看到,我国第八次基础教育课程改革与前七次改革有所不同,具有以下特点。第一,我国第八次课程改革政策

[①] 靳玉乐,王牧华.新中国中小学课程教材建设五十年[J].西南师范大学学报(人文社会科学版),2000(06):123-128.

的实施特别强调政治动员的重要性,在相关政策文件精神的指导下,中央、地方各级教育行政、教研机构和学校开展了多种形式的政策宣传和动员活动,扩大政策认识的辐射范围,帮助人们形成有关改革的基本认识和态度,营造了有利于改革政策推行的社会空间和舆论氛围。第二,本次课程改革从定点实验开始,从2001年建立的27个省、自治区、直辖市的38个国家级课程改革实验区到2005年义务教育阶段起始年级全面进入新课程,由点到面逐步推进,课程改革的实施充分考虑了各地的差异性。第三,第八次课程改革以提高国民素质为宗旨,由知识本位转向能力本位,全面推进素质教育、培养学生创新精神和实践能力为根本指导思想。回顾我国第八次课程改革的历程,"变革"毫无疑问是此次课程改革的关键词,也是其深刻性的具体体现。以变革促发展是第八次基础教育课程改革的发生机制,这其中包括:素质教育的本土化实践、西方话语的全面植入以及研究群体的助推实践。素质教育的提出与实施是我国课程改革本土化的探索,西方理论的借鉴是我国第八次课程改革之初的重要理论基础,教育领域专家学者的研究也是改革的重要助推力。但我们也应看到,西方理论是建立在西方独特的历史文化传统以及丰富的教育实践基础之上的,对于我国的基础教育改革实践而言,缺少本土的民族文化底蕴和根基,因此,在具体实施过程中,往往存在着"水土不服"的现象。

　　教育作为社会子系统之一,其内部变革必然会受到社会政治、经济、文化等多种因素的影响与制约。从文化层面来看,文化变迁与知识转型是课程改革的文化基础。一方面,文化变迁的价值取向影响基础教育课程改革的观念选择,而教育变革的观念必定是与文化变迁的价值取向方向统一的,基础教育课程改革的观念选择也与符合时代要求的文化观念相一致。另一方面,知识转型带来课程改革重心转移。知识作为课程研制的重要依据,同时也影响着课程的实施与评价,课程改革重心的确定则与改革主导者的知识观直接关联。从政治因素来看,国家力量是推动课程改革的主体,我国基础教育领域的每一次课程改革都离不开国家权力的影响和助推。纵观新中国成立以来历次基础教育课程改革的政策文本或纲领性文件,政治权力及其目的或以开宗明义的方式被重点强调,或以国家领导人讲话、政策文件及法律法规的形式予以表现,政治权力的作用和影响在课程改革中或隐或显。

课程改革的过程同时也是一个利益再分配的过程,课程改革方案往往体现了不同利益主体的价值诉求。其中涉及的权力主体包括:国家各级教育主管部门、专家学者、学校学生及其家长等,这些权力主体都拥有一定的社会资本和话语权,并试图以自己的方式维护自身的利益。课程改革归根结底是知识与权力的斗争场域,是围绕知识的选择、组织和重新配置展开的不同利益集团之间的博弈。行政主体作为官方知识的掌控者,通过制定教育政策,决定改革方案的价值取向,影响改革方案的问题定位并决定课程知识的价值归属;社会主体则是公众利益诉求者及国家权力制衡者,其利益诉求是社会主体的知识选择与权力抗衡;专业主体作为改革方案研制者与课程权力行使者,在政治压力与社会期望的夹缝中求生存,也面临着学术自由与现实束缚的困境。

☞ 参考文献

1. 米歇尔·福柯. 规训与惩罚:监狱的诞生[M]. 刘北成,杨远婴,译. 2 版. 北京:生活·读书·新知三联书店,2003.

第二章　学校变革：基础教育改革的微观场域

学校就是一个社会世界。共同生活在学校里的人,虽然从某个角度来说有着深深的隔阂,但是仍然纠结环绕成一张互联关系网:这张关系网和深陷其中的人,构成了学校的社会世界。它不是一个宽广的世界,但是对于了解它的人来说,它充满意义,独一无二。

——华勒《教育社会学》

学校作为意识形态的国家机器,体现着国家的人才培养目标和人才战略安排,承载着社会各界对教育的期待和要求以及一个国家的教育强国梦,围绕着"培养什么人,为谁培养人,谁来培养人"等根本性问题,对生活在这里的教师和学生进行有目的、有计划、有组织的规训。学校作为一个小社会,有着自己的运转规律和惯性,既有一整套国家化的制度设计,例如统一规定的课程和教学安排,严格的时间和空间管理,运转良好的教育教学秩序,还有与之配套的升学考试制度等。在这一整套制度安排中,不乏来自校长、教师、学生、家长的个性化诉求与表达。尤其重要的是,这里还是各种教育理念、教育思想的实验场,是国家基础教育改革的各项方针政策得以落地、变为现实的地方,进而成为基础教育改革的微观场域。其中,基于大国办基础教育的特殊国情,我国的学校变革与国家、政府的关系显得尤为重要。为此,本章将在政府与学校关系的制度设计背景下,探讨学校变革的现实与可能。

第一节　制度设计：政府与学校关系的历史演变

公立教育体制的典型形式就是国家经费补助、依法管理,搭配一个细致的行政科层制度。这种体制最早出现在欧陆,以德国、法国、荷兰与瑞士等国著称。其中,科层制是基础结构/穿透性权力的利器,国家经由它能与社会互动。科层体制化是统治者施展中央权力的策略,实质上更是一种高明的绥靖手段。①

中央集权与组织的科层制是学校这一意识形态的国家机器得以顺利运转的必要条件。学校教育作为一种国家行为,其正常运转所需要的人财物是由国家统一配给的,因此,需要中央集权的强力推进。但是,不同地区、区域教育发展的差异性和不均衡性,使得这样一种全国"大一统"的管理模式表现出种种弊端,进而在很大程度上制约着学校的发展。在这样一种背景下,处理好中央与地方的关系,赋权于学校,激发学校办学的主动性和积极性,在充分体现学校教育的国家属性的同时,建立一个机制灵活的富有弹性的现代学校管理体制,既是一个中国问题,也是一个全球性问题。

新中国成立以来,在基础教育领域,我国政府及教育行政部门对学校采取的是直接管理方式,一方面有助于行政命令得以高效执行,另一方面也导致教育主动权集中在政府部门,政府深度介入学校管理之中,致使政府与学校的权力边界不清,学校成为政府的附庸机构,影响了学校作为办学主体的主动性和积极性的发挥。本节通过梳理基础教育改革中中央与地方政府之间的权力划分,以及学校办学自主权和校长负责制的发展演变过程,试图破解基础教育改革的制度性难题,探索激发学校办学的自主性和积极性、促使基础教育改革不断走向深入的体制机制问题。

一、管与放:中央与地方政府的权力划分

通过对新中国成立70年来政府与学校关系发展演变历程的梳理,可以发现,二者的关系变化大致可分为改革开放前与改革开放后两个大的历史时期:改革开放前政府与学校的关系主要体现在中央与地方教育权的划分;改革开放后,集中体现在探索学校办学自主权和校长负责制的发展问题。概而言之,新中国成立以来

---

① Rob Moore. 教育社会学[M]. 王瑞贤,王慧兰,陈正昌,等译. 台北:学富文化事业有限公司,2008:80.

我国政府对基础教育的管理,从作为"全能型"政府,以直接方式全方位管理学校,到不断向着扩大和落实学校办学自主权的方向发展,体现了学校管理作为社会治理体系的一部分,不断向着民主化方向推进与发展的历程。具体划分为以下三个历史时期。

1. 中央集中管理时期

新中国成立之前,随着战争局势的明朗化,中共中央着手新中国成立的相应筹备工作。1948年6月10日,中共中央批转东北局《关于保护新收复城市的指示》,为了给予新收复城市以最大保护,规定"攻城部队只有保护城市工商业之责,无没收处理之权",其中涉及学校等文化机构的接管,特别指出"对蒋伪公营企业、银行、商店、市政机关、医院、学校……加以保护,禁止任何人擅自进去搬运机器、物资和器材","所有部队,一律不准驻在工厂、医院、学校和教堂"。为了高效执行上述决定,在新占城市"实行短期的军事管理制度",军事管理委员会承担全部保护职责。

1949年全国解放前夕,中国人民革命军事委员会主席毛泽东、中国人民解放军总司令朱德颁布《中国人民解放军布告》,"保护一切公私学校、医院、文化教育机关、体育场所,和其它一切公益事业。凡在这些机关供职的人员,均望照常供职,人民解放军一律保护,不受侵犯。"为了对新解放区学校进行改良,部队专门成立文化教育接管委员会,集中接管国民党政府管理的学校。

正是中央的集中接管,使得教育基础设施和资源在战争中得到较大程度的保护,为新中国成立后教育事业的恢复与发展提供了保障。中央集中管理的思维在新中国成立初期也有一定的延续,1952年中央教育部颁布实施《小学暂行规程(草案)》《中学暂行规程(草案)》。《中学暂行规程(草案)》强调中央对中学领导的作用:"中学由省、市文教厅、局遵照中央和大行政区的规定实行统一的领导。其设立、变更和停办,由省、市人民政府决定,报大行政区人民政府(军政委员会)文教部(以下简称大行政区文教部)备案并转报中央人民政府教育部(以下简称中央教育部)备查。"

直到1958年,中央开始正式向地方下放教育管理权。同年8月,中共中央、国务院颁发《关于教育事业管理权力下放问题的规定》:"小学、普通中学……的设置和发展,无论公办或民办,由地方自行决定。"①这个规定强调了地方政府对教育事业的领导和管理,有利于调动地方发展教育的活力和积极性。1959年11月,中共中央宣传部转发《关于加强人民公社对教育工作的领导和管理的几项规定》,进一步明确予以放权:"公办的一般全日制小学……由公社直接管理,民办小学……由生产大队直接管理。"

60年代初,国家政策开始调整,教育权力再次向中央集中。1963年,中共中央委员会正式发布《全日制中学暂行工作条例(草案)》(以下简称"中教50条")、《全日制小学暂行工作条例(草案)》(以下简称"小教40条"),强调"实行党支部领导下的校长分工负责制",全日制公办小学由县(市属区)教育行政部门统一管理;全日制初中由县(市)教育行政部门管理,高中和完全中学则由省、市、自治区的教育行政部门管理,也可委托所在专区(市)或县(市)教育行政部门管理。"经过调整后,中小学的管理权和办学权上移并再次相对集中,党对教育的领导作用逐渐加强,而省、直辖市、自治区的基础教育管理权限则得到了显著加强。"②

1964年,中共中央、国务院批转教育部临时党组《关于克服中小学学生负担过重现象和提高教学质量的报告》,再次强调各级党委和政府对教育问题的高度重视。报告指出:解决这些问题,不但是提高教学质量所必需的,而且是关系到办什么样的学校,培养什么样的人的重大问题,必须引起各级党委和政府的足够重视。

总之,自新中国成立之初至"文化大革命"爆发前,新中国教育事业的管理方式经历了中央集中接管—短暂放权地方—再度集权的演变过程。至"文化大革命"爆发,中小学一度由"工宣队"管理,后来由"革命委员会"领导。"文化大革命"期间,正常的教学秩序被打乱,教育事业陷入混乱。

2. 地方负责、分级管理时期

"文化大革命"结束后,社会各项事业百废待兴,基础教育各项工作开始恢复。1978年9月颁发了《全日制中学暂行工作条例(试行草案)》和《全日制小学暂行工

---

① 廖其发.当代中国重大教育改革事件专题研究[M].重庆:重庆出版社,2007.
② 金燕,彭泽平.新中国基础教育管理体制改革:历程、经验与启示[J].教育学术月刊,2016(2):61-66.

作条例(试行草案)》,这两个条例是1963年《全日制中学暂行工作条例(草案)》和《全日制小学暂行工作条例(草案)》的延续,使得"文化大革命"前的中小学工作条例得到相应落实。

党的十一届三中全会之后,我国教育事业发展进入了崭新的历史阶段。1980年12月中共中央、国务院颁发的《关于普及小学教育若干问题的决定》,开始强调地方对基础教育的责任,各级党委和政府应该把普及小学教育工作纳入重要议事日程,省、地、县党委和政府的主要负责人要亲自关心教育工作,县和公社的党、政机关要对本地普及小学教育工作切实负起责任。

80年代中期,随着经济体制和科技体制改革的不断深入,党和国家领导人意识到,社会其他领域改革的实施,离不开人才培养和教育的发展。在此基础上,1985年5月颁布《中共中央关于教育体制改革的决定》,对各级政府的教育职责做了明确划分:"基础教育管理权属于地方。除大政方针和宏观规划由中央决定外,具体政策、制度、计划的制定和实施,以及对学校的领导、管理和检查,责任和权力都交给地方。省、市(地)、县、乡分级管理的职责如何划分,由省、自治区、直辖市决定。"由此确定了基础教育"地方负责、分级管理"的原则。1986年颁布的《中华人民共和国义务教育法》(以下简称《义务教育法》)进一步重申义务教育事业是在国务院领导下,实行地方负责、分级管理的方式,并细化了中央和地方的具体工作范围:国务院教育主管部门应当根据社会主义现代化建设的需要和儿童、少年身心发展的状况,确定义务教育的教学制度、教学内容、课程设置,审订教科书;地方各级人民政府应当合理设置小学、初级中等学校,使儿童、少年就近入学。

1993年印发的《中国教育改革和发展纲要》,强调中等及中等以下教育,由地方政府在中央大政方针的指导下,实行统筹和管理:国家颁发基本学制、课程设置和课程标准、学校人员编制标准、教师资格和教职工基本工资标准等规定,省、自治区、直辖市政府有权确定本地区的学制、年度招生规模,确定教学计划,选用教材和审定省编教材,确定教师职务限额和工资水平等。省以下各级政府的权限,由省、自治区、直辖市政府确定。

由于《义务教育法》规定农村义务教育主要责任在县、乡(镇)级政府,教育经费由县乡两级政府筹措,在实际操作中,乡(镇)政府承担了较大的支出压力。特别是经济不发达地区,基层政府无力负担义务教育发展所必需的基本需求,导致很多地方产生了拖欠教师工资、教育集资和举债办学的现象。

鉴于上述情况,1995年颁布的《中华人民共和国教育法》(以下简称《教育法》),强调义务教育阶段教育工作的责任以县级政府为主,其中第十五条对中央与地方教育行政的权限做了如下规定:"国务院教育行政部门主管全国教育工作,统筹规划、协调管理全国的教育事业。县级以上地方各级人民政府教育行政部门主管本行政区域内的教育工作。县级以上各级人民政府其他有关部门在各自的职责范围内,负责有关的教育工作。"

改革开放到新世纪前,我国政府对于农村义务教育尤为关注,2001年6月中共中央国务院颁布的《关于基础教育改革与发展的决定》,确立了基础教育优先发展的方针。提出在农村义务教育阶段实行"在国务院领导下,由地方负责、分级管理、以县为主"的管理体制,并细化了中央和地方各自的职责:国家确定义务教育的教学制度、课程设置、课程标准,审定教科书。中央和省级人民政府要通过转移支付,加大对贫困地区和少数民族地区义务教育的扶持力度。省级和地(市)级人民政府要加强教育统筹规划,搞好组织协调,在安排对下级转移支付资金时要保证农村义务教育发展的需要。县级人民政府对本地农村义务教育负有主要责任,要抓好中小学的规划、布局调整、建设和管理,统一发放教职工工资,负责中小学校长、教师的管理,指导学校教育教学工作。乡(镇)人民政府要承担相应的农村义务教育的办学责任,根据国家规定筹措教育经费,改善办学条件,提高教师待遇。继续发挥村民自治组织在实施义务教育中的作用。乡(镇)、村都有维护学校的治安和安全、动员适龄儿童入学等责任。

总之,地方负责、分级管理时期,是基础教育管理体制持续不断调整的阶段。在这一阶段,由中央政府全面下放教育权,形成"以乡为主"的教育管理体制,逐渐过渡到中央明确各级政府在教育事业中的责任,转向"以县为主"的管理阶段。2006年修订版的《义务教育法》特别强调:义务教育实行国务院领导,省、自治区、直辖市人民政府统筹规划实施,县级人民政府为主管理的体制。

总体来说,这一时期的基础教育管理体制改革确立了中央简政放权、基础教育分级管理、学校自我负责的原则,对中央与地方的关系以及地方政府与学校的角色定位做出了初步规定,一定程度上增强了学校的办学活力,调动了校长、教师工作的积极性;此外,一系列的教育法案与政策的颁布与实施,从法律政策层面保障了改革开放以来中国基础教育的快速发展,为国家和民族培养了各个领域的大批优秀人才。

3. 教育管理体制深化改革时期

2010年,新世纪第一个教育发展规划《国家中长期教育改革和发展规划纲要(2010—2020年)》(以下简称《教育规划纲要》)由国务院常务会议通过。《教育规划纲要》总结了我国教育存在的主要问题,针对"教育体制不完善,学校办学活力不足"的问题,提出以转变政府职能和简政放权为重点,深化教育管理体制改革,提高公共教育服务水平。明确各级政府责任,规范学校办学行为,促进管办评分离,形成政事分开、权责明确、统筹协调、规范有序的教育管理体制。中央政府统一领导和管理国家教育事业,制定发展规划、方针政策和基本标准,优化学科专业、类型、层次结构和区域布局。整体部署教育改革试验,统筹区域协调发展。地方政府负责落实国家方针政策,开展教育改革试验,根据职责分工负责区域内教育改革、发展和稳定。

2012年,党的十八大把教育问题作为改善民生和社会建设的首要问题,把"优先发展教育,办人民满意的教育"作为改革与发展的中心任务。2013年,十八届三中全会通过了《中共中央关于全面深化改革若干重大问题的决定》,对深化教育领域综合改革进行纲领性指导。2014年,十八届四中全会通过了《中共中央关于全面推进依法治国若干重大问题的决定》,强调全面依法治国。

2017年5月,习近平总书记主持中央深化改革领导小组会议,审议通过了《关于深化教育体制机制改革的意见》,审议了《关于深化教育领域综合改革情况汇报》,充分肯定了深化教育改革的成绩进展,对下一步深化改革提出明确要求。中央深化"放管服"改革,累计取消了15项教育行政审批,加强省级政府的教育统筹。全面推进依法治教,《教育法》《高等教育法》《民办教育促进法》等法律修订完成。

新一轮的深化教育改革,最显著的特征是决策层级上移和顶层化设计,人民普遍关心的诸多教育问题都是报中央深改领导小组会议审议,然后再由国务院和有关部委具体实施。

二、名与实:政府与学校关系的演变

新中国成立初期中央在教育领域的集权,造成学校"一切行动听指挥""千校一面"整齐划一的状况。改革开放后,随着中央向地方下放教育权,政校关系朝着权力不断向学校下放的趋势发展。这一发展趋势集中体现在学校办学自主权与校长负责制的实施上。

1. 学校办学自主权的确立

1985年《中共中央关于教育体制改革的决定》中指出,我国教育事业落后和体制存在弊端,其首要问题是"在教育事业管理权限的划分上,政府有关部门对学校主要是对高等学校统得过死,使学校缺乏应有的活力;而政府应该加以管理的事情,又没有很好地管起来"。为了从根本上改变这种状况,该文件赋予了高校多项办学自主权,但是对基础教育改革的力度较弱,进而提出"从教育体制入手,有系统地进行改革",坚决实行简政放权,基础教育管理权属于地方,扩大学校的办学自主权,学校逐步实行校长负责制。其中,"地方负责、分级管理"的原则标志着中央开始向地方和学校下放管理权责。

继《中共中央关于教育体制改革的决定》实施十年之后,1995年9月颁布的《教育法》从法律层面赋予学校以法人地位。学校法人地位的确立使得"学校办学自主权"这一原本性质较为模糊的权力获得了"合法性"①。从此,政府和学校分权有了依据,学校行使办学自主权变得有法可依。

《教育法》赋予学校如下办学权利,其中第二十八条规定的权利有:按照章程自主管理;组织实施教育教学活动;招收学生或者其他受教育者;对受教育者进行学籍管理,实施奖励或者处分;对受教育者颁发相应的学业证书;聘任教师及其他职工,实施奖励或者处分;管理、使用本单位的设施和经费;拒绝任何组织和个人对教育教学活动的非法干涉;法律、法规规定的其他权利;国家保护学校及其他教育机构的合法权益不受侵犯。这些权利是《教育法》赋予学校办学自主权的具体内容和范围,其中既包括学校内部管理权也包括行政权,内部管理权包括:组织实施

---

① 劳凯声.中国教育改革30年:政策与法律卷[M].北京:北京师范大学出版社,2009:71.

教育教学活动,行政权如招生权、教师聘任和处分权、颁发证书权、学生处分权等。

政府分权后,学校能否完善内部管理体制,承担自主办学的权责则成为一项重要议题。2004年出台的《2003—2007年教育振兴行动计划》,第九部分明确提出"深化学校内部管理体制改革,探索建立现代学校制度",首次明确提出"现代学校制度"的概念,并对学校内部治理提出要求:"继续深化学校内部管理体制改革,完善学校法人制度。……中小学要实行校长负责、党组织发挥政治核心作用、教代会参与管理与监督的制度。"该文件构建了现代学校内部治理的发展体系,对学校建设和自主办学起到指导作用。

2010年颁布的《国家中长期教育改革和发展规划纲要(2010—2020年)》(以下简称《纲要》)提出对教育行政部门和学校的关系问题进行改革,"推进政校分开、管办分离":在构建政府与学校的新型关系方面,"明确政府管理权限和职责,明确各级各类学校办学权利和责任";关于建设现代学校制度,要求"完善学校目标管理和绩效管理机制。健全校务公开制度,接受师生员工和社会的监督。随着国家事业单位分类改革推进,探索建立符合学校特点的管理制度和配套政策,克服行政化倾向,取消实际存在的行政级别和行政化管理模式"。

《纲要》内容包括:政府为扩大和落实学校办学自主权,进一步向学校放权,并以建立现代学校制度为目标,对学校内部建设提出了具体要求,体现了国家对该问题的高度重视。时任总理温家宝在全国教育工作会议上,对办学自主权中的政府和学校关系做出了明确指示:"促进教育发展,政府责无旁贷,但必须切实转变职能,把该管的管好,把该放的放开。我们提倡学校自主办学,不是说对学校放任不管,而是如何管,以什么手段管,管到什么程度的问题。政府的管理应该是宏观管理,而不是微观管理,应该是间接管理,而不是直接管理。要改进管理方式,减少和规范对学校的行政审批和直接干预,更多地运用法规、政策、标准、公共财政等手段,引导和支持教育发展。具体到每个学校如何管好、办好,还是要由学校负责。"

2013年,十八届三中全会通过了《中共中央关于全面深化改革若干重大问题的决定》(以下简称《决定》),提出:"深入推进管办评分离,扩大省级政府教育统筹权和学校办学自主权,完善学校内部治理结构。强化国家教育督导,委托社会组织开展教育评估监测。"《决定》围绕"深化教育领域综合改革"提出的要求,对构建政府、学校新型关系具有指导作用。2014年《义务教育学校管理标准(试行)》的出台,从基本理念、基本内容、具体实施等方面,制定了义务教育学校管理标准,侧重学校管理的维度,为学校依法办学、科学管理提供了参考和依据。义务教育学校管理标准的出台,有利于教育部门规范学校办学行为,进一步理顺政校关系。

2. 校长负责制的建立

对校长负责制学术界有着不同的提法,其中,张济正先生在《学校管理学导论》中提出校长负责制是学校在上级宏观领导下,以校长全面负责为核心,同支部保证监督、教工民主管理有机结合,为实现学校工作目标,充分发挥行政管理功能的学校领导关系的结构体系。其中,校长是学校行政的最高负责人,是学校的法人代表,处于学校的中心地位,对外代表学校、对内全面领导和负责教育、教学、科学研究和行政管理工作。实行校长负责制后校长应有的办学自主权包括决策权、指挥权、财经权、监督党支部工作权、人事权。实行校长负责制要处理好以下几个关系:校长同上级领导的关系,校长同党组织的关系,校长同教工代表大会的关系,校长同学校领导班子的关系。

在政府与学校关系、学校内部的党政关系上,新中国成立以来,我国实行的是学校党支部领导下的校长负责制、当地党委和主管教育行政部门领导下的校长负责制两种模式。1985年《中共中央关于教育体制改革的决定》中提出"学校逐步实行校长负责制",进而明确了学校党支部、校长、校务委员会、教职工代表大会之间的权责关系。"学校中的党组织要从过去那种包揽一切的状态中解脱出来,把自己的精力集中到加强党的建设和加强思想政治工作上来","有条件的学校要设立由校长主持的、人数不多的、有威信的校务委员会,作为审议机构。要建立和健全以教师为主体的教职工代表大会制度,加强民主管理和民主监督。"从而在权责分置的情况下,保证学校内部管理机制有效运行。尽管在此后的改革与发展中,人们对中小学校长负责制仍存有争议,但这一制度对于促进中小学自主办学、自主发展发挥了积极作用。①

1993年《中国教育改革和发展纲要》提出,要改变中等学校管理中存在的党政

---

① 范国睿.教育制度变革的当下史:1978—2018——基于国家视野的教育政策与法律文本分析[J].华东师范大学学报(教育科学版),2018(5):1-19,165.

不分和权责不明的现象,要求"中等及中等以下各类学校实行校长负责制"。1995年《教育法》把校长负责制法定化,"学校的教学及其他行政管理,由校长负责"。在校长负责制下校长对学校发展具有特殊作用。1999年《中共中央国务院关于深化教育改革全面推进素质教育的决定》中首次提出"试行校长职级制"。"职级制"是把校长从官员身份转变为专业人员,是对校长选拔和任用制度的完善。2001年《国务院关于基础教育改革与发展的决定》明确提出"积极推进校长职级制",2010年《国家中长期教育改革和发展规划纲要(2010—2020)》中规定"推行校长职级制"。

在此背景下,2013年《义务教育学校校长专业标准》和2015年《普通高中校长专业标准》中,明确校长作为履行学校领导与管理工作职责的专业人员,担负着规划学校发展、营造育人文化、领导课程教学、引领教师成长、优化内部管理以及调适外部环境等重任。这两个标准的出台体现出我国基础教育领域促进校长专业化发展和教育家办学的价值导向,意味着校长角色从行政化向专业化的现代转型。

概括而言,围绕学校办学自主权和校长负责制出台的一系列法规和政策,对学校、教师与学生的权利做出了明确规定,为学校自主权的落实提供了法律与政策保障。但在这一过程中也存在一些需要重视的问题,例如虽然政策中一再强调加大学校办学自主权,但对如何落实与扩大学校办学自主权却没有明确的实施方案,导致政策落实过程中存在着诸多障碍。围绕扩大学校办学自主权问题,虽然在国家政策层面出台了许多文件,但在具体实施层面,在相当长的时间(至少50年)内,政府均未突出甚至未提到基础教育的管理应以学校为基点,始终在政府及教育行政部门的分权上转圈,作为办学实体的学校既没有地位,更没有话语权,对于学校的实际办学质量缺少全面评价和考量。基础教育的地位没有受到应有重视,这表现在国家重要文件及相关法律表述,以及教育经费划拨及教育评价等方面上。

最近20年,政府认识到了学校实体办学的重要性,提出了深化教育体制改革应落实学校办学自主权及校长负责制的政策建议,但缺乏具体的实施方案。在应试教育主导下的基础教育领域,教育评价单一,管理追求整齐划一,面向人的发展的教育宗旨旁落现象仍十分严重。基础教育作为最大的民生工程,其办学质量和价值导向对于社会的稳定发展和人民生活质量的提高发挥着越来越大的影响作用,因此,引起了全社会的广泛关注。

总之,无论是中央与地方政府之间权力划分中的管与放的关系,即通常所说的"一管就死,一放就乱"的担忧,还是政府与学校关系中学校权利行使的有名无实,最终反映出的是对于学校属性和职能在理解与认识上的偏差,即教育主管部门或行政部门与学校之间的关系,究竟是上下级的隶属关系,还是承认学校的独立法人地位,强化其作为办学主体的独立性、专业发展的可行性? 在学校属性上是作为独立的业务单位,还是行政部门的一部分? 学校管理体制改革作为社会政治体制的一部分,折射出的是社会治理模式的变化,是采取中央集权式的管理,还是地方分权式的管理模式? 因此,学校办学体制与国家政体之间的连带关系,决定了简政放权的相关政策在具体落实过程中的现实困境。究其实质,学校作为意识形态的国家机器,扮演着维护社会稳定的重要角色,必须置于国家政治的掌控之下,这就决定了学校办学自主权的有限性。

第二节 校长访谈:学校变革中的行动者

一所学校的发展,校长具有关键性作用,"一个好校长就是一所好学校"。赋权于校长,扩大学校办学自主权,是体现学校办学主体地位的核心。从新中国成立至今中小学办学自主权的改革历程来看,随着简政放权政策的不断出台,规章制度上赋予学校越来越多的权利,那么政策落实的现实情况如何呢?

一、学校办学自主权的现实困境

根据校长办学自主权的实施现状,我们对来自山东青岛、江苏南京的5位学校校长进行了访谈。其中包括3位小学校长(L校长,Z校长,R校长),1位中学校长(D校长),1位民办学校校长(Q校长)。

（一）学校办学自主权的有限性

1. 人事管理权

在校长负责制下校长拥有学校的人事管理权,具体包括:① 机构与岗位方面,有权决定学校内设机构和岗位设置;有权决定内设机构管理体制和管理方式。② 教师聘用方面,有权聘用解聘教师,有权决定教师岗位,建立教师退出制度。③ 管理干部任用方面,有权提名副校长人选,报上级审批,有权决定中层干部人选。④ 校长任期方面,校长实行任期制,由上级审核,教师评议,可连选连任。

对于一所学校的发展而言,人的因素是最重要的,校长最希望拥有的是教师的选聘权力,以及中层干部的人事决定权,从两位校长的访谈中我们发现:校长的人事管理权可谓有名无实,这在很大程度上制约了校长积极性的发挥。

> 在青岛市,校长没有教师招聘权,依靠上级分配;对于中层干部任免有一定的决定权;对于校级干部没有任免权。主管部门在人事安排上不够尊重校长意见。(D校长)

> 教师进出受到编制限制,造成"好教师进不来、差教师出不去"的局面,对于不称职的教师(包括能力不够或师德缺失),没有合理的制度对其进行有效管理,学校管理的效能、教师的潜能没有得到有效激发。目前校长任期过短,由于任期短,就不想做些长久性的工作,只做表面文章,搞面子工程、形象工程。啥工作出"成绩"快,就做啥工作。而不是俯下身子,认认真真地抓教学质量,这不利于学校的长远规划和发展。(L校长)

校长任期制度的设立,其出发点在于在有限的任期内增强校长的责任意识、绩效意识,激发和调动校长的工作积极性,但客观现实是,校长任期时间短,校长工作变动频繁,无法对学校发展进行长期规划,导致很多短期行为的发生。在笔者负责的大中小学合作办学的九年一贯制学校中,7年时间内已经历了3任校长,每任校长任期最多3年,校长都是暑假期间,在毫不知情的情况下被调离学校,上一届校长刚刚形成的办学理念和管理方式,在新一届校长到任后往往会被推倒重来,导致合作办学的成效大打折扣,教师则处于被动应付状态,对于学校的健康有序发展非常不利。

2. 财务管理权

校长的财务管理权具体包括：① 有权自主筹措教育经费，收支分开。② 有权自主使用预算内资金，上级可审计。③ 可对教师实行结构工资制，至少能较大幅度提高绩效工资权重。

在现实生活中，校长的财务管理权是如何行使的，又是如何得以保障与监督的？对此，两位校长给出了如下说明：

> 学年初，学校会根据教体局要求，结合学校各方面需求，制定学校预算内经费使用计划，每一项支出严格按照财务规定合理、合规使用。每月末全部支出项由教体局财务结算中心进行审核，没有问题方可正式入账。工资方面实施绩效工资制，分固定和搞活两部分，固定部分属每月定时定量发放，搞活部分用于工作量、工作成绩量化发放。学校根据自身实际情况制定适合本校的绩效发放制度，用于奖优惩劣、提高教师工作积极性。（L校长）

> 学校不需要自主筹备经费，只是按照预算使用经费，但是必须符合政府对于资金使用的各种要求；有很多资金项目使用手续烦琐、周期太长。学校没有实行结构工资，绩效工资使用时，还不能做到"多劳多得、优劳优得"，整个地方对绩效工资使用的认知和改革力度不够。（D校长）

在校长负责制的背景下，校长的财务管理权主要表现在两个方面：一方面是接受教育主管部门的监督审查，另一方面是通过结构工资制，激发和调动教师的积极性。从两位校长的访谈中可以发现，校长的财务管理权的现实是，上级教育主管部门管得太死，导致校长几乎没有任何财权；由于整个地方对于绩效工资使用的认知和改革力度不够，结构工资制则形同虚设，大多采用的是平均工资制，虽然起不到奖优罚劣的激励作用，但在中国的传统文化背景下，均贫富的做法是比较稳妥的，也会降低校长工作的难度和风险。校长负责制的现实状况是，一方面，上级主管部门管得过死，另一方面，校长为了自保，自觉让渡了应有的权利。

3. 教育教学管理权

教育教学管理权具体包括如下内容:① 有权决定课程教材,可对国家课程进行微调,自主决定校本课程,有权选用教材。② 有权决定作息时间,在法定时间内有权决定课时安排及每节课时长。③ 有权决定教育教学方式。④ 普通高中可以自主制定招生录取方案。⑤ 有权决定学生升留级制度和奖惩制度。

校长拥有教育教学的管理权,这是校长专业性的具体体现。在校长负责制背景下强调校长的教育教学管理权,意在促进校长从行政化向专业化方向发展。这一赋权的过程,既是我国政治民主化进程的具体体现,也是校长角色专业化的过程,它直接影响着校长的工作方式、学校的组织文化,以及基础教育改革的不断深化。在中国"强政府、弱社会"的组织文化背景下,如何才能保障校长教育教学管理权的有效实施,不仅是一个理论问题,更是一个现实问题。对此,校长们有着怎样的认识和思考呢?

新课程提出国家、地方、学校三级课程开发和管理思路,改变了国家课程和地方课程一统天下的局面。课程领导力是新时代校长的"核心素养",校长要站在立德树人的高度,认真思考"培养什么人"和"如何培养人"的问题,要在开齐开好国家、地方课程的基础上,站在系统思考的角度,从学校的育人目标出发,基于区域和学校实际构建校本课程体系,编写校本教材,这是对国家课程做适当的补充和拓展,是彰显学校办学特色、满足学生个性发展的需要,也是促进教师专业发展和学校特色形成的基本保障。(L校长)

课程理念是校长办学思想的核心,为了推进课程建设,适应三级课程的有效实施,校长有权在保证课时总量的前提下,调整课时比例,我们学校的做法是:将原来固定的"一刀切式"的每节课40分钟调整为80、40、35、20、15分钟的大、中、小、微课时等。根据课程性质和教学内容配以不同的课时,体现出课时的灵活性,而且长短课时相间,也使学生的学习生活张弛有度,富于变化。(L校长)

在法定时间内校长有权决定课时安排(校本)及每节课时长,但是国

家课程、地方课程课时不得低于省教育厅规定,也不得随意延长和增加课时。(D校长)

从校长的访谈中我们发现,从新课程改革的需要出发,为满足国家对于三级课程管理的需要,校长有权对学校的课时安排做出必要调整。从中发现,课程在学校发展中具有统领性的作用,由课程改革带动学校组织文化的变革以及校长角色的转变,学校变革的动力首先来自国家的需要,以及新课程改革的需要,是一种自上而下式的变革。在这一改革理念具体落实过程中则受到地区利益、部门利益,以及行政化思维的层层阻隔,这导致改革进程的迟缓或停滞不前。

综上所述,校长办学自主权的改革是要改变以往学校作为政府附属行政机构的身份,使其接受政府的某些行政授权,拥有内部管理权和办学自主权,成为独立享有法律规定的权利和承担法律规定的义务的办学实体。但是,中小学是否具有明确的法人资格,还存在诸多争议。从法理上看,公立中小学的产权属于政府,学校的运营权只能通过政府的委托或授予而获得。因此,我国基础教育的"办学自主权"只能是一种基于学校性质和任务之上的专门法律授权,而非学校无条件拥有的天然权利。这就要求学校校长在行使此项权利时,应在遵守相关方针、政策和法令的前提下,以完成学校教育教学任务为目的,并以学校本身的任务为界限。①

由于学校办学自主权来自政府放权,而权利和义务、权力和责任是对等的,政府放权给学校,学校获得的不仅有权利,还有义务和责任,学校也就不可能完全脱离政府监督而实现完全意义上的自主办学。此外,学校作为重要的教育场所,具有公共性特征,承担着社会公平秩序的追求和人类文化与价值情感的维护职责,需要进行相应的规范,使得学校成为以培养人才为目的的国家机构。因此,我国中小学学校的办学自主权应属于"有限自主"。

尽管学校办学自主权是一种"有限自主",但授予学校一定的办学自主权是学校发展的前提,完善内部管理制度,进一步理顺学校内部各种权责关系,促使教育教学活动相关主体能动地、创造性地开展工作,是有效行使办学自主权,实现学校

---

① 柴纯清.地方教育行政改革的几个热点问题[J].中小学管理,2006(12):33-34.

自主发展的关键。

（二）行政化思维的规限

《教育法》确立了校长负责制的法定地位，也明确了学校有组织实施教育教学活动的内部管理权，招生权、教师聘任和处分权、颁发证书权、学生处分权等行政权。但在现实工作中，由于政校边界不清、学校民主管理不够完善、校长监督机制不健全等原因，教育主管部门对于向校长放权有诸多隐忧，放权非常谨慎，当个别学校出现校长"一手遮天"等不良后果时，地方教育管理部门权力回收又非常迅速。政府在教育权力上的灵活"收放"，客观上体现出校长负责制在具体落实过程中的现实困境。

Q校长有着公办学校、民办学校办学的丰富经验，对于两种不同体制下的学校管理及运作方式有着切身的体会。在对Q校长两个多小时的访谈过程中，我们发现，在校长负责制的执行过程中，政府的行政化思维仍占主导地位，即习惯于细节管理，而不是抓大放小：

> 主管部门总觉得学校权力过大，这个权力不能给，那个权力也不能给。学校没有权，教育局常管不该管的事情。原本教育局应该主要负责办学方向的设计、服务和保障，以及督导，至于具体怎么办学，是校长们的事情，但是实际上被管得很死。很多事情，明明不是他们该管的，比如学校怎么上课，以什么方式上课等等。

人事权、财政权和教育教学管理权是学校自主办学的三大核心权利，它们在落实过程中都存在问题，这也是我们访谈Q校长时关注的重点：

> 人事管理包括教师聘用、解聘和转岗等，现在用人要报批，很多时候学校需要的教师不一定能批下来，权力完全在教育局。教师解聘难度非常大，没有退出机制。教师转岗问题，换年级还行，不合格不让教书，是不行的。曾有一位老师，真不适合教书，家长一直投诉，但校长没权辞退，于是就转岗为职员。但该教师一直告状，相关部门要求我们落实知识分子

政策,教师不能改职员。甚至我们想安排他重新学习,合格了重回教师岗都不行。人事管理权还包括管理干部的任用权。现在副校长任命是教育局说了算,校长连提名报批权都没有;中层干部本应校长任命,但实际上也不是全部可以,有很多中层干部是区里直接调动、"空降"下来的。

财务管理权的问题:一是自主使用预算内的资金是很难做到的,已批的钱不能灵活使用,怎么用都要上报的;二是教师结构工资制固定太死,当前基本上每个学校可以做到的是,毕业班给予一定奖励,虽然绩效部分是由校长负责的,但不是每位校长都敢于进行分配制度改革。

教育教学管理权首先是课程设置,校长一点话语权也没有,区教育局、市教育局也没权,都是省里统一规定的。虽然可以设置校本课程,但国家课程已经占满,应该加入的课程就没有空间了。比如小学语文,国家规定每星期8—9节,每天两节,这个是必须执行的。教材选择权也不在校长与地方。还有作息时间,在法定时间内校长有权决定课时安排及每节课时长,但现实不允许,比如一节课多少分钟,都是规定死的。我们学校外语课多,没有时间上校本课,就把一节课从45分钟压缩到40分钟,省出来的时间增加校本课。后来其他学校学习这个方法,挤出时间上校本课,但都被强制要求改回去了……

访谈中我们发现,中小学校办学自主权政策落地难的主要原因,一是缺乏明确的政校之间的权力边界,由于政府和学校的关系不对等,政府完全掌握权力下放或回收的主动权,而学校主体地位的确定则依赖于更多权利的被动获得,导致办学自主权下放过程中,学校自主办学的空间狭小。二是学校长期依赖教育行政部门的领导,习惯听从上级命令,导致自主办学的意识和能力较为欠缺,有了权也不会主动使用。"全能式"的教育行政部门对学校干预依然过细,学校办学自主权受到较大限制。已有实证研究显示:教育局长的职能定位中"微观干预"显著高于"宏观管理"[①];人事权和经费权的落实力度不够,使得学校在很多方面的改革创新受到

---

① 蒲蕊.学校的自主性问题研究[D].武汉:华中师范大学,2003:52.

某种程度的限制。①

具体而言,当前校长办学自主权存在的典型问题包括:

在人事权方面,校长无权组阁,学校领导干部之间因办学理念不同常有分歧和冲突;校长面临聘任与编制(或户籍)的矛盾、聘任与解聘的矛盾,因为编制、户籍限制,很多优秀人才无法进入教师行列。同时,有些表现恶劣的教师,校长不能将其开除。

在经费使用权上,中小学校完全受限于教育行政部门,尤其在人员经费方面面临困难较大,专项经费很难用以发放教职工津贴,人员经费短缺,教师许多额外工作任务难以获得报酬;由于编制问题,发达地区设置学校缺编奖,用于学校聘用非在编教师,而不发达地区代课教师费用只能来自学校公用经费,由于工资较低,学校很难招聘到优秀教师,同时教师流失严重。此外,升学导向下的考试评价制度致使校本课程的实施大打折扣,学校课程开发权徒有形式;学校经费的预算编制、经费分配和使用受到上级教育行政部门的严格限制;基建采购由教育行政部门按照统一标准实施,难以满足学校特色发展的需求等。

(三)突破困境:明确政校权力边界

学校办学自主权问题的本质是政府与学校权力边界问题。在我国政府与学校的关系中,行政隶属关系长期处于主导地位,导致政府对学校的管理没有清晰的权力边界,常常事无巨细地进行直接干涉。而校长在长期听命于行政化领导的过程中也养成了依赖性,习惯于被动服从,明哲保身,"不求有功但求无过",甚至出现有权也不用的状况。在学校整体变革中,管理体制改革成为最后一个堡垒,其与国家政治体制之间的连带性,决定了学校管理体制改革的艰巨性与复杂性。为了突破这一制度困境,本文尝试做如下思考与探索。

1. 建立"有限政府"与"有限自主"的概念框架

划分政校权力边界,首先要明确政府职责,划定合理的教育权力管理范围。政府的主要职责应该放在教育的宏观调控,制定基本制度,规范和监管办学行为,以及为促进教育公平创造良好的发展环境。具体来说,政府对学校的行政职权主要

---

① 冯丽敏.中小学办学自主权研究——以北京市基础教育体制改革校为例[D].北京:首都师范大学,2013:63.

应包括:教育规章规范的制定权、教育规划权、教育标准的制定权、教育许可权、教育法律监督权、教育指导权以及教育处罚权等。① 明确政府职责和行政职权后,政府在教育领域不再是"全能政府"而是"有限政府",对不属于政府职责范围的事情,应放手给学校,不应干涉学校办学的自主空间。教育行政部门在实施权力过程中,需从直接管理转向间接管理,从微观管理转向宏观管理;对基础教育的行政领导应以法律法规为依据,而不取决于行政领导的个人意志。

对于学校而言,完全意义上的自主办学是难以实现的。因为从法律角度看,我国公立中小学产权属于政府,学校的经营管理权是由政府授予的,形成了政府和学校关系的天然不对等性。同时,由于教育的公共属性,政府授权的同时,学校也要承担人才培养的责任和义务,也就不可能脱离政府监督而实现完全意义上的自主办学。因此,要充分认识到我国中小学办学自主权并非"无限自主",而是"有限自主"。从概念上看,基础教育办学自主权是在学校符合相关法律法规和政策规定的前提下,自主确立办学目标、规划学校发展,自主安排教育教学活动,同时在学校人事管理、财务管理及招生事务上拥有一定自主空间的权力。②

2. 建立教育权力清单制度

认识到政府和学校两大权力主体的各自有限性,对落实学校办学自主权有着重要意义:应在"有限政府"和"有限自主"的思维框架下,建立教育权力清单,划分双方的教育权责。党的十八届三中全会提出推行权力清单制度,李克强总理在2014年的政府报告中,再次强调建立权力清单制度。《人民教育》也曾刊发评论员文章,呼吁建立教育"权力清单"制度。通过权力清单,可以清晰地分辨出,哪些是本该属于学校和社会的权利而被教育行政管理部门异化为"只此一家、别无分店"的权力了。只有划清权力边界,才可能理顺政府、学校、社会之间的关系,才能为"管办评分离"打下坚实的基础,教育治理现代化才可能得以实现。从这个意义上说,建立教育系统的权力清单势在必行。③ 教育权力清单不只是对政府越界的限制,也包含对中小学校办学自主权的明确。只有这样,学校才能由过去长期依附于

---

① 周兰领.论政府与公立学校的行政法律关系[D].北京:中国政法大学,2007:101.
② 蒿楠.中小学办学自主权区域实证研究——基于豫中地区的调查分析[D].上海:华东师范大学,2017.
③ 《人民教育》评论员.教育亟需一份"权力清单"[J].基础教育论坛,2014(17):42.

政府的"他治"模式走向自主办学的"自治"模式。①

总之,在政府、社会与学校的关系上,通过扩大学校办学自主权,使学校成为面向社会自主办学的法人实体,完善学校法人制度,始终是改革开放 40 年来我国教育体制改革的主线。政府应在充分调研的基础上了解学校对办学自主权的需求,通过权力清单制度将各自的权力固定下来,并建立健全保障权力清单实施的相应规则。

建立基础教育改革的权力清单,首先需要明晰权力主体的权力边界。当下学校承担了很多不属于教育领域的职责,分散了校长和教师的精力,甚至时有干扰正常教学秩序的事件发生。因此,需要明确划定教育行政机关和其他参与教育管理的行政机关的职能范围,要把政府以外的其他社会服务或中介机构的教育管理职能坚决下放或分离出去。

其次,要明确政府的职责。政府应把主要精力集中在宏观调控上,主要职责是创造有利于教育健康发展的良好环境,保证国家教育方针的贯彻落实,保证学校的正确办学方向,规范各级各类学校的办学条件和办学行为,保证教育公平性和学生平等的受教育权,维护学校、教师和学生的合法权益。在此过程中,改变政府教育管理的方式和手段。政府对教育的管理应从直接管理转向间接管理,从微观管理转向宏观管理,从以"管"为核心转向以"服务"和"监督"为主题;政府应主要运用立法、拨款、规划、评估、信息服务、政策指导、执法监督和必要的行政手段,对教育进行宏观管理。此外,转变政府工作作风,加强廉政建设,实现行政程序和办事环节的精简,提高工作效率,完善教育法规建设,依法行政。政府对教育的行政领导应以法律和法规为依据,属于学校办学自主权范围内的事,政府不应进行干预。

在中小学校长的任命方面,组织、人事与教育部门之间的权力边界也不清晰,导致一些不具备专业素养、不适合中小学校长岗位要求的人进入中小学校长队伍,这对推进教育家办学、提高教育质量极为不利。一些地方的教育局长从没有从事过教育工作,缺乏领导教育事业的专业素养,在教育事业发展中不尊重规律,严重影响了地方教育事业的健康发展。国家必须重新配置教育人事权力,厘清各自的

---

① 褚宏启. 自治与共治:教育治理背景下的中小学管理改革[J]. 中小学管理,2014(11):16-18.

权力边界,形成相互配合、相互制约的教育人事权力配置格局。教育官员和中小学校长的选拔与任命,应限定专业任职资格,加大从基层学校进行选拔的力度,提升行政领导和中小学校长的专业化水平。

二、推动变革:校长领导力的作用发挥

对于校长而言,办好一所学校意味着要面对来自社会各个方面的因素,平衡与学校发展相关的各种力量。具体而言,一方面要面对一个庞大的中央集权和科层制管理模式,如果为了保证自己的职位安然,可以一切听命于上级主管部门,不需要做出自己的思考和判断。在中国现有的体制下,明哲保身、毫无作为的校长不在少数。但是任何一个稍有责任感的校长一定会在面对来自社会、家长和学生不同的发展要求时,迫使自己做出改革,在校长的职位上有所作为。作为校长,首先需要在对制约学校发展的内外部因素的洞察中审时度势,同时,充分发挥校长的实践智慧和领导力,主动地寻求变革、推动变革。下面,我们将对制约学校发展的外部因素,以及校长在推进学校变革中的作用发挥加以具体阐述。

(一) 审时度势:制约学校变革的外部因素

学校变革与发展受到一系列社会外部因素的制约,这些外部因素包括:政府因素、教育行政主管部门以及学校外部环境因素等。

1. 政府因素

制约学校变革与发展的政府因素包括:政府对于教育的认识,国家的宏观教育法律、制度与政策,国家对教育的财政投入,以及财务审计等。这些因素客观地制约着学校的变革与发展。

(1) 政府对于教育的认识问题

政府对教育质量的认识有偏差,认为高的升学率就是好的教育。政府注重对学校硬件的投入,因为硬件投入是显性的,对于教育环境的改变是直观的,而忽略了对教育软件(师资、理念、社会氛围)的重视。教育的行政化管理倾向严重,导致教育工作急功近利,片面追求升学率的现象容易出现。在具体的教育制度和政策层面存在如下问题:

① 有些对于教师的利好政策不容易落地,如校长职级制、乡村教师补贴等。② 整个社会层面对教师工资和待遇不高问题认识不到位。③ 因为待遇低,很难吸引优秀生源进入师范院校,优秀人才不愿意从事教育工作。(D 校长)

(2) 国家对于教育的财政投入问题

在国家对教育的财政投入方面,一是财政投入过于关注标准化办学,忽略了学校的特色发展,忽略了向乡村地区的倾斜。二是有些地方政府热衷于短时间内通过政策和行政或者财政投入"造就"名校,破坏了当地的教育生态。三是财政上的教育优先落实不到位,打擦边球,张冠李戴。(D 校长)

制约当前基础教育发展的重要因素是政府对教育的投入严重不足,具体表现在:① 教师工资与公务员差异较大,没有很好地落实《中华人民共和国教师法》中规定的教师工资不低于公务员的规定。② 生均公用经费普遍偏低,学校的正常运行都相当困难,更谈不上持续发展。③ 教师培训、教育研究、校舍维修、设备添置等没有专项经费,教师的专业成长和学校的持续发展举步维艰。(R 校长)

2. 教育行政主管部门

教育行政部门对学校发展的制约与影响主要表现在如下四个方面:教育观念、自我职责定位、校长的任用,以及经费和资源分配。

(1) 行政化的具体表现

学校课程设置全省一个标准,用怎样的教材以及教辅资料都由行政部门决定,学校无权进行选择。学校的作息时间地市级大市一样,学校无权变动。

学生考试的时间由教育行政部门统一规定,学校不得提前和推迟。不少考试还是县(区)里统考,学校无权制作试卷、组织考试和批阅试卷。教师培训和教学研究都由行政部门统一扎口,在有的地区甚至课堂教学模式和备课的格式也必须完全一致。

学校每年会接到几百个上级的文件、通知和规定,要参加大大小小几十次会议,接受由教育行政部门各个科室组织的甚至还有不少非教育行政部门布置的几十次花样繁多的检查。有人记得大概 2000 年的某一天,学校一共迎接了教育行政部门组织的 4 项检查评比,几位校长全体出动也不能从容应付。

学校必须完成上至教育部,下至县(区)级教育行政部门布置的任务,应付上级的检查评比已属不易,按学校的自由意志办学既无一定的时间,也基本没有空间。学校就像陀螺,被行政不断抽打着,因而不停地机械转动着。行政的强势挤压了学校的自由空间,"下级服从上级"的思维方式与学校强调个性和因材施教的理念完全冲突,因此目前我国的教育行政管理体制和模式,不但不可能给学校的发展多少自由,反而会制约甚至钳制学校的自由发展。[①]

(2) 行政化的作用机制

第一,教育观念。

当前,分数和升学率是行政衡量学校工作好坏的主要甚至是唯一依据。教育行政部门管理学校也是分数和升学率至上,考得好的,学校校长有社会地位,也有经济上的好处;反之,四面楚歌,度日如年,职位难保。大部分教育行政主管部门的理念是应试教育,但嘴上都高喊素质教育。以分数论英雄蔚然成风,默认、支持、要求甚至纵容学校违反教育规律、违反课程计划、加班加点已成常态。[②]

第二,自我职责定位。

在现实的行政管理生态中,行政管理学校是没有边界的,想管什么就管什么,想怎样管就怎样管。行政部门对学校"无微不至"的检查、评比、指导和控制,以为没有行政部门的指导、管理,学校就不知道如何办学,也根本无法把学校办好。管理任性,越位严重。学校有填不完的表格、开不完的会议、应付不完的检查和评比,校长和教师光是完成和应付上级的指令已筋疲力尽,根本没有或很少有时间和精力去思考学校的发展。[③]

[①] 芮火才. 自由学校的诞生[M]. 南京:江苏凤凰教育出版社,2015:164.
[②] 芮火才. 自由学校的诞生[M]. 南京:江苏凤凰教育出版社,2015:4.
[③] 芮火才. 自由学校的诞生[M]. 南京:江苏凤凰教育出版社,2015:1.

教育行政部门对学校的自主办学干预太多,例如升学率、人事、师资等。对于师资均衡调节不够,优质资源向优质学校偏重过多。形式化活动偏多;会议多、文件多,责任下移。(D校长)

第三,校长任用。

校长选聘缺乏标准,没有严格的民主程序,很少或根本不去征求利益相关者(学校教师、学生家长、社区代表等)的意见,一人说了算、任人唯亲的现象十分普遍,严重影响了校长队伍素质的提高和专业发展。(R校长)

校长聘任过于注重名气,"外来的和尚会念经",过于重视引进,忽略培养,导致干部上升通道不畅通,员工失去工作积极性。各种考核太多;责任无限扩大;对年轻干部培养没有形成有效的、明确的考核培养机制。校长培训形式单一,以讲座参观为主。为此,提出如下建议:把校长挂职、跟岗培训落实到位;建立后备干部培养机制;提高学校干部待遇,现在干部就是普通教师待遇,干活最多,责任最大,待遇没有。(D校长)

第四,经费与资源分配(硬件)。

学校硬件建设均衡度不够,名校重点配备,弱校、小校、偏校配备较弱。校舍建设严重滞后;经费向小规模学校侧重不够,一味按照人数标准是不科学的。(D校长)

通过访谈发现,我国改革开放以后虽然进行过多次教育体制改革,但整体而言还是雷声大雨点小,校长负责制名不副实。国家基本上还是实施"大一统"的管理,行政部门指挥着学校的运行,甚至教师如何备课、如何上课都必须听从教育行政部门的指挥,学校办学的自由度受到极大限制,校长的办学积极性受到极大打压,教育主管部门甚至把考上名牌的指标直接下达到学校,如果不能完成升学任务,校长就要下课走人。学校越来越像衙门,行政化的管理模式和思维模式已经严重影响了学校的变革与发展,不仅与现代学校提倡的自由、平等、民主等教育理念相去甚远,而且与学校教育的培养目标相背离,制约了学校教育的功能与作用发挥。

3. 学校外部环境

制约学校发展的外部环境因素包括:地方文化、社会舆论、教育培训、家长因素等。这里重点分析家长因素、社会舆论与教育培训。

(1) 家长因素

> 家长教育理念两极分化严重。两种错误倾向严重:首先,工作忙、经济压力大顾不上孩子。其次,学生学习一般,重视与否都不会影响太大,干脆放弃。本地区家庭普遍比较富裕,家长、学生竞争意识较为淡漠。注重学习成绩的家长对于素质教育质疑比较大,甚至干预学校管理。家长"等靠"思想比较严重,主动性差。"名校万能"思想较为顽固。
>
> 现在我们学校的家长学历水平普遍较低,高中毕业70%,初中毕业25%,进修大专5%。家长与学校的关系体现为:① 能及时参加家长会的家长占80%,多数是女家长,很少参加的占15%,从来不参加学校活动的占5%。② 家长对学校工作认同的占95%,但是参与相关活动的最多占80%。③ 学校在家长中口碑较好,绝大多数家长感到学校是其理想中的学校。家长教育开展比较难,家长学校开课时家长参与率比较低,大概在75%~80%。经常开展家长教育,家长会有抵触。(D校长)

在上述校长的访谈中,D校长把制约学校发展的家长因素主要归结为两个方面,一是家长的教育思想观念,二是家长自身的学历水平。在学校关系的处理上,强调的是家长的积极配合,缺少对于学校教育如何有效地引领家长教育观念转变和素养提高的积极思考和主动作为。持有这种观点的校长在中小学校长中不在少数。

(2) 社会舆论与教育培训

> 现在的社会舆论过于注重升学率;对教育干扰较多,主管部门不分青红皂白,

只要有举报,有负面反映,就给学校打板子。有些地区教育培训机构师资力量很弱,很多就是临时性机构;教育机构以营利为目的现象特别严重,唯利是图,虚假宣传,造谣中伤;培训机构管理水平低下,谈不上有什么课程理念等,就是刷题培训。这对学校正常的教育教学秩序造成了冲击和影响。

（二）主动求变:校长在教育改革中的作用

在"强政府、弱社会"的制度背景下,学校自主办学的空间受到了极大限制,校长作为学校办学的重要行动者,其自身素养不同,行动构建的能力也各不相同。对于作为社会组织的学校而言,依靠法律政策的调整,赋予学校更大程度的自主权,仅仅是提高学校质量和效能的前提条件,更为重要的是校长"如何用权""如何用好权"的问题。我们发现,在长期的行政化思维的惯习下,中小学校长自主办学的意识和能力较为欠缺,常常出现有权也不会主动使用的情况。

1. 校长素质与业务能力

在对校长的访谈中我们发现,校长在积极争取自主办学权的过程中,表现出鲜明的个人特质和个体差异性。有着丰富办学经验的Q校长将好校长的核心素质归纳为"人品"。

> 校长最重要的素质是人品,这个说法可能有点老套。但是从我个人的教育实践来看,考虑自己太多的人是不敢改革的。因为改革都是很费劲的,也会受到很多人的质疑。所以一般人会想,又何必呢？但是敢于改革的校长普遍的追求是有教育理念……现在很多学校基础很好,优秀的校长应该是你去成就学校,而不是学校成就你。人在校长的位置上,特别是名校长,如果你能成就学校就是教育家了。所以教育理念是校长很重要的特质……现在很多名校校长老是想做官:从名校校长升级为局长和人大常委会委员、政协常务委员是比较容易的,但是如果存有这个心思就不太敢改革,只求不出事了。

Q校长认为,校长的素质主要包括三个方面:人品、教育观念、能力。具体体现为:策划、组织与指挥,协调攻关,总结反思等。除此之外,校长还应该具备良好的身体素质和心理素质。在校长素质中第一重要的是人品,因为任何改革都会遇到很多困难与阻力,而对这些困难与阻力的看法与态度,与校长的人生观、价值观直接相关,改革甚至以牺牲个人利益为代价。当初 Q 校长创建学校时,放弃了在私立学校的优厚待遇,以临近退休的年龄创办了一所民办学校,如今已成为南京市基础教育改革,尤其是民办学校发展史上的一面旗帜。如今告别校长岗位后,只能按照企业标准退休,与公办学校的教师退休工资相去甚远。对于当初自己的选择,Q 校长无怨无悔。他认为,优秀的校长应该是成就了学校,而不是学校成就了校长。事实上,Q 校长所言的"人品",有着丰富的内涵,包括教育理念、奉献意识和强烈的教育使命。具备这些品质,以校长为核心的领导班子才会积极寻求新的解决问题路径和发展模式,不断提升学校的办学水平和教育质量,引领学校向着更高层次迈进。

Z 校长认为,校长的基本素养包括优秀的人品、先进的教育观念、卓越的领导能力等等,但要成为一个好校长最核心的素养还是要具备感召与引领、谋划与定向、行动与示范,三者缺一不可。

> 感召与引领是好校长的使命与价值所在,没有爱,就没有教育。谋划与定向是一个好校长的标配,谋划蓝图,需要校长站在当前教育改革的制高点。确定方向,需要校长站在时代发展的前沿。行动与示范是好校长的基本功,校长不仅有远见卓识的战略思考,还是具体战术的践行者。校长不仅是仰望星空的思索者,也是脚踩大地的探求者。

> 真正的好校长要用思想的力量推动学校教育改革;用思想的力量凝聚人心、管理学校;用自己明确的办学思想和教育理念去支撑育人的大厦。

2. 引领改革与推动改革

校长在教育改革中的作用主要体现在以下三个方面:科学认知教育改革,发动推进教育改革实践,协调与教育改革相关的教育关系。

(1) 对于教育改革的科学认知

Q 校长认为,教育改革承载着改革者的教育梦。教育改革是一场深刻的革命,意味着打破传统的痼疾和惯习,如果没有改革者的理想追求,没有努力改变教育现实的理想追求作为动力,是很难推进的,即使改革发生了,当遇到许多具体问题和困难时也会退缩,导致改革的失败。校长需要明确改革的必要性,不断完善改革理念、路径和方法。

D校长认为,校长作为教育改革落地的实践者和执行者,应与时俱进,主动回应时代的教育改革诉求,在教育理念和教育实践上不断创新,锐意进取。具体表现为:第一,学校组织变革需要循序渐进、稳步推进,是主动自发的变革。第二,校长对教育的"时""势""世"要有洞察力,让教育变革满足群众、形势、时代以及教育环境的变化。第三,要有良好的组织协调能力,要和教师们形成共同的教育价值观和教学理念。充分发挥整个领导层以及与学校利益相关者的聪明才智,重视正式组织与非正式组织的共同作用,协调组织中正式领导者和非正式领导者之间的关系,发挥民主参与的力量,共同实现学校的发展目标。第四,要科学规划学校发展,明确办学目标定位,统筹战略举措,优化资源配置,通过整合多方力量,建立多元化的合作伙伴关系,也就是协同创新。第五,校长要考虑学校发展的个性化、差异化、多样化和特色化,构建学校独特的办学理念,摸索出学校自身的发展规律,逐步形成特色鲜明的办学理念和办学方式。在变革过程中,首先要保持方向的正确,标新立异、哗众取宠要不得。教育变革是必然的,因为世界在变,我们面临的形势在变,我们培养什么样的人的要求也在变,因循守旧、坐等观望不能适应现代教育发展的需要。

(2)推进教育改革实践

学校发展仅靠校长一人的单打独斗是远远不够的,只有充分调动教育系统内外部力量才能推动学校发展。Q校长认为,校长在推进教育改革实践中的作用主要表现在如下方面:营造改革舆论;组织改革队伍;抓紧改革典型;运用行政措施推动改革;配套改革评价制度;总结改革成败得失。

> 改革要先造舆论,不造舆论人家不理解。要敢造声势,不要怕造势。大会小会各种场合造舆论。改革的顺利推行必须要有基本的队伍,要有一批同甘共苦、风雨同舟的战友……要发现改革中出现的好的典型,进而以点带面,推动学校的整体变革。

D校长认为，推进教育改革最重要的是形成良好的改革舆论与氛围，与教师、家长、主管部门达成愿景，尽最大努力达成一致。为此，需要做到如下三点：第一，要抓好干部队伍，让每一个干部成为教育变革的实验者、探索者、引领者，而不是口号宣读者，更不是阳奉阴违的阻碍者。第二，建立改革指导、协调委员会，通过论坛沙龙等形式定期解决问题。第三，发现好的典型，总结经验与教训，形成改革标杆。

（3）协调与教育改革相关的教育关系

与教育改革相关的教育关系包括：政府部门、上级教育行政部门、学术部门、社会相关机构、学校与家长的关系等。

D校长认为，在教育改革过程中，需要协调好以下几种教育关系：① 学校与家长的关系；② 管理者与实施者之间的关系；③ 利益相关者的价值认同；④ 教师主导与学生主体地位之间的关系；⑤ 改革事项与政策法律适配度问题；⑥ 正确的舆论导向。在推进过程中，要注意以下几点：① 对于裹足不前，阻碍改革的个体要有合理的引导；② 建立完善的改革评价制度，尽最大努力形成共同价值；③ 要有容错机制，鼓励不同个体和团队大胆尝试；④ 善于协调好各个利益攸关方的意见。

综上所述，在本章中我们关切的问题是，为什么在社会民主化进程不断推进，人们对于校长负责制及学校办学自主权的认识程度不断提高的今天，学校办学自主权却是有名无实？如果不能从理解现代学校制度的国家属性，国家对于学校在维护社会稳定以及人才培养规格方面的意识形态诉求，以及由此决定的学校对于政府、国家的依附性关系的总体性把握角度出发，就无法破解基础教育改革这一制度性难题。但是仅仅认识到这一关系的复杂性，而没有学校、社会、政府等各方面的协调配合仍然无法走出基础教育改革的这一怪圈。为此，除了在有限范围内依靠校长的个人实践智慧之外，还在很大程度上依赖整个社会环境与舆论氛围的改善，例如，社会对学校的宽容度和理解力，家长教育思想观念的转变，社会文化的多元包容，人才选拔标准、社会用人标准的多元并存等。

☞ **参考文献**

1. 廖其发.当代中国重大教育改革事件专题研究［M］.重庆：重庆出版社，2007.

2. 金燕,彭泽平.新中国基础教育管理体制改革:历程、经验与启示[J].教育学术月刊,2016(2):61-66.

3. 劳凯声.中国教育改革30年:政策与法律卷[M].北京:北京师范大学出版社,2009.

4. 蒿楠.中小学办学自主权区域实证研究——基于豫中地区的调查分析[D].上海:华东师范大学,2017.

5. 柴纯清.地方教育行政改革的几个热点问题[J].中小学管理,2006(12):33-34.

6. 蒲蕊.学校的自主性问题研究[D].武汉:华中师范大学,2003.

7. 冯丽敏.中小学办学自主权研究——以北京市基础教育体制改革校为例[D].北京:首都师范大学,2013.

8. 《人民教育》评论员.教育亟需一份"权力清单"[J].基础教育论坛,2014(17):42.

9. 玛丽·杜里-柏拉,阿涅斯·冯·让丹.学校社会学[M].汪凌,译.2版.上海:华东师范大学出版社,2001.

10. 芮火才.自由学校的诞生[M].南京:江苏凤凰教育出版社,2015.

第三章　结构与行动：基础教育改革中的教师

　　不论教育改革何去何从，可预见的是随着主政者的更迭，新的教育政策将不断地推出，故各式各样教育理念的制度化（institutionalization）乃是必然的方向，但教育改革很矛盾的地方就在于制度化的过程又是新的霸权化的过程。教育改革运动的意涵是兼具去霸权化与再霸权化。
　　　　——张盈堃，等《谁害怕教育改革？——结构、行动与批判教育学》

　　基础教育改革中的教师问题，是中外学者普遍关心的话题。在中国基础教育改革的语境中，教师更是被建构为制约基础教育改革的关键因素，即改革成败的关键在于教师和教师素质，而对于制约教师教育教学行为背后的社会结构因素、学校文化因素、教育教学的评价机制，与教师切身利益密切相关的职称评定、晋升晋级制度等问题则关注不够。台湾学者姜添辉认为，在学校事务中，中央集权的教育体制使得教师进一步丧失课程内容的掌控权，而非独立自主的从业人员。引进套装课程教材不仅是剥夺实践教育理念空间所产生的去技术化，更有着设计与执行的分离现象，在教育现场教师仅是实践他人意念的执行者，此种分离产生高度的无产阶级化现象。[①] 王瑞贤关切学校成员的学校生活形式、所呈现的连带结构关系规则及其所构成的互动规律，即教师是被安置于特定的社会位置，遵循特定的角色规范，建构其学校生活的运作逻辑，而建构的结构就是布迪厄所强调的"结构的双元性"。这种结构的双元性，包括物理空间、社会空间、专业空间，物理空间所涉及的是行政人员与教师在语言、心态与角色关系的二元对立。教师生活于物理空间与社会空间的二元对立的学校脉络中，教室不仅是各自分割的物理空间，同时教室的设计也分割了教师专业空间和交流互动的方式，例如中小学普遍存在的以年级组、

[①] 转引自张盈堃，等. 谁害怕教育改革？——结构、行动与批判教育学[M]. 台北：洪叶文化事业有限公司，2005：125.

学科组为单位的教师教研组织方式,教学空间与教师办公区域的分离等。国内学者吴康宁也提出结构双元性的说法,他认为教师确实比其他社会成员更易形成双重人格(即在学生面前更多地表现为"作为人的教师",而在其他教师面前则更多地呈现为"作为教师的人")。用戈夫曼的说法,这就是一种印象管理(impress management)。① 结构与行动通常是并列的:结构塑造人们的行动,行动暗示着人类活动的不确定本质。同时,结构与行动又具有相互建构性。作为批判的教育研究所传达的不只是结构的分析,同时也是行动的分析。

在结构与行动的分析框架下,第三、四两章内容主要由三部分组成:第一部分关注教师专业发展中的一项制度设计——教研制度以及教研员对于教师专业成长的作用和影响。第二部分,关注信息技术对教师及其课堂教学行为带来的影响,上述两个部分均为基础教育改革的结构面。第三部分为教师的个人生活史研究,关注学校生活的微观层面,即学校组织文化对教师专业成长的作用与影响,以及教师在体制中选择顺从与抗拒的不同生存样态,强调和体现教师行动中的主体性。

第一节　教研制度与教师专业发展

20世纪50年代,教育部先后颁布《小学暂行规程(草案)》《中学暂行规程(草案)》《关于〈中学教学研究组工作条例(草案)的通知〉》等重要文件,自此,基础教育教学研究制度(以下简称"教研制度")在我国正式建立。教研员作为这一制度的承担者和实施者,也开始活跃在基础教育领域,在历次基础教育课程改革中扮演着特殊重要的角色。

教研制度自成立至今已近70年的光阴,教研员作为"教师之师",是我国基础教育领域内独具"中国特色"的教师群体,他们在基础教育改革与发展、教师队伍建设与质量提升等方面发挥着举足轻重的作用。时任国家教委副主任何东昌在

---

① 转引自张盈堃,等.谁害怕教育改革?——结构、行动与批判教育学[M].台北:洪叶文化事业有限公司,2005:126.

1986年全国教研室主任会上评价教研工作的作用时,用"不容忽视""不可替代"来形容。北京师范大学丛立新教授在关于教研组织的研究中指出,"新中国成立以来,在教育领域几十年的风风雨雨中,教研系统几乎是全程地伴随着960万平方公里土地上的数以几十万计的中小学校,数以千万计的中小学老师,数以亿计的中小学生,一路同行。经历过坎坷与奋斗,承受着光荣与诋毁,是'穷国办教育'的伟大事业中一个功不可没的角色。"上海市于2009年、2012年连续两次在PISA(国际学生评估项目)中取得"三项全能,世界第一"的辉煌成绩,引起教育界的普遍关注。在分析原因时,上海市教委巡视员尹后庆将其重要经验之一归结为"大力发挥教研制度在普遍提高教育质量和教师专业水平中的作用"。由此可见,教研制度及教研员在我国基础教育发展及教师发展中的重要作用是不言而喻的。本节内容首先对教研制度的历史沿革做一梳理,探求这一制度变革的内在逻辑。

一、教研制度的历史演变与教研员的角色设计

法国著名社会学家涂尔干在其著作《教育与社会》中曾指出:"在社会的每一个发展阶段都有一种占优势的教育类型……决定着这种类型的习俗和观念,却并不是由我们个别地形成的。它们是共同生活的产物,表明了共同生活的必要性。在很大程度上,它们甚至是前人的业绩……"[①]教育活动是社会和历史发展的产物,对教研员角色及其作用的考察无法脱离历史的视角。从历史社会学的学科视角出发,借助对教研制度的梳理,结合教研制度的起源、发展及演变历程,剖析其内在的制度逻辑,探寻教研员角色的历史根源,在此基础上,将历史与当下相结合,通过与我国目前基础教育改革以及教研实践进行对话,从而深刻把握教研制度及教研员在我国基础教育改革及教师发展中的作用。

1. 教研制度的产生与教研员的双重角色

1949年10月1日中华人民共和国成立,我国进入了一个全新的历史发展时期。正如毛泽东主席在中国人民政治协商第一届全体会议开幕词中所说:"占人类总数四分之一的中国人从此站起来了","我们的民族将再也不是被人侮辱的民族

---

① 转引自张人杰.国外教育社会学基本文选(修订版)[M].上海:华东师范大学出版社,2009:4-5.

了","随着经济建设高潮的到来,不可避免地将要出现一个文化建设的高潮。中国人被人认为不文明的时代已经过去了,我们将以一个具有高度文化的民族出现于世界"。① 而要实现这个"具有高度文化"的民族复兴之梦,教育改革是必由之路。

新中国成立后,恢复和发展文化教育事业成为该时期党和国家面临的重要任务,改革旧教育、建设新教育的任务提上重要日程,中央人民政府随即成立相关的文教职能机构,并召开了第一次全国教育工作会议,确定全国教育的总方针及改革旧教育、发展新教育的步骤和方向。在这样的时代潮流下,我国基础教育开始了深刻的大变革,教研制度应运而生。教研制度的产生主要有以下几方面原因:

首先,是统一思想、加强教育行政管理的结果。新中国成立之初,改革旧教育的过程即统一教育思想的过程,进而成为教育工作的重中之重。为了加强对新接管的学校及其教育教学活动的管理和控制,教学研究管理机构就有了存在的必要,"有了教研机构后,行政部门抓教研机构,抓教研员,教研员抓学校的教师。党的思想政策才得以贯彻下去"②。这一时期教研机构的产生不仅是为了加强教学组织与管理、提升教育教学质量,也有统一思想、加强人民民主专政的政治考量。

其次,应提供师资、提升教育教学质量之需而产生。随着我国大规模经济建设和社会主义改造的进行,我国教育事业也有了飞速发展,突出表现就是以牺牲质量为代价而追求数量,整顿教育、提升教育质量和师资水平成为该时期的艰巨任务和使命。1954 年北京市委颁布《关于提高北京市中小学教育质量的决定》(即《五四决定》)提出"市教育局应设立专门机构或专人负责管理教学研究和教学指导工作。教育行政部门应加强视察工作,经常地、系统地检查和帮助学校改进教学"③。《五四决定》在全国引起了强烈反响,中共中央专门向各省市批转了《五四决定》,教研室在全国各地陆续建立。改进师资、提升教育教学质量、加强和完善教育领导成为这一时期教育工作的核心,也是建立教研机构、构建教研制度的内在原因。

---

① 中共中央文献研究室.毛泽东年谱(1893—1949)(下卷)[M].北京:人民出版社、中央文献出版社,1993:575.
② 转引自梁威,卢立涛,黄冬芳.撬动中国基础教育的支点——中国特色教研制度发展研究[M].北京:教育科学出版社,2011:7.
③ 北京市委.市委关于提高北京市中小学教育质量的决定(节录)[J].北京党史,2001(3):36-37.

再次,学习苏联经验是教研制度产生的重要外因。新中国成立之初,社会主义阵营与资本主义阵营尖锐对立,苏联建设经验丰富,"向苏联学习"成为我国社会主义建设和发展的必由之路。通过大量的专著翻译、实地考察、专家报告等,我国对苏联的教学研究工作及教师进修学院有了比较深刻和系统的了解,这就为我国教研机构的创设及教研制度的建立提供了参考和借鉴,也大大降低了制度设计的成本。

总之,教研制度是在加强教育行政管理,沿袭教育质量监控传统、提升教育教学质量,借鉴苏联经验等内外部因素相互作用下的产物。随着教研制度的产生,教研员这一角色开始登上历史舞台,他们所扮演的"应然"角色也由此被规定下来,这在该时期的一些重要文件中都有所体现。1954年2月,教育部在《关于全国中学教育会议的报告》中明确提出:"为了加强中学的业务领导,在地方党委和政府批准之下,可以成立教育研究室,负责管理当地中学的教学研究与教师学习问题。"①从内容上看,该文件强调教研室为教育行政的"业务管理"服务职能,不可避免地对行政部门有一定的依附性;就教研室自身而言,它承担着"管理教学研究与教师学习"的职责,这种"管理"关注的是教学研究、教师学习等学科专业性内容,性质上不是"控制"取向的,而是以业务指导、督促、改进为导向。《关于全国中学教育会议的报告》初步奠定了教研室作为行政组织和专业组织的"双重身份"。1955年颁布的《各省市教育厅局必须加强教学研究工作》,作为我国第一个正式的、系统的教研制度文件,明确规定了教研室及教研员的性质,"了解教学情况,检查教学质量;搜集、研究、总结和推广教学经验;组织和领导教学研究会;做一些对改进教学提高教学质量有益的其他工作……为了厅、局便于领导,使它成为厅、局长领导教学的一个有力助手……凡属于非教学工作或教学行政工作,应由行政科、处负责处理,必要时教学研究室可提供参考意见",充分体现了教研机构的专业属性,负责教学研究、教学指导、总结推广先进经验等业务性工作,同时作为教育行政的"得力助手",承担着教学管理等为行政服务的工作,教研室被赋予一定的行政色彩。

---

① 《中国教育年鉴》编辑部. 中国教育年鉴(1949—1981)[M]. 北京:中国大百科全书出版社,1984:163.

2. 制度规范期与教研员双重角色的分化

20世纪后半叶是我国社会发展、转型改革的历史时期,先后经历了全面建设社会主义时期、"文化大革命"及其整顿调整、改革开放等阶段。在这个过程中,我国基础教育及教研制度深受其影响,曲折发展并逐步走向规范、完善。

1957年至1966年,我国处于全面建设社会主义时期,虽然其间受到一些政治运动的影响,但社会经济和教育整体上仍在曲折中发展,教研制度也一度迎来发展的高潮。1952年,《中学暂行规程(草案)》和《小学暂行规程(草案)》颁布后,各地中小学陆续成立教学研究组织。到20世纪50年代中后期,各地教学研究组织的运作取得了一定成绩,教师队伍培训、学制改革及教学实验等成为其重要工作内容。

1966年至1976年的十年"文化大革命"造成了我国中小学教育教学秩序和教育结构的全面破坏,"文化大革命"结束后,我国社会进入了深刻的转型变革期,也是教研制度恢复发展的关键时期。各地教研组织及教研工作逐步得到恢复和调整,与之相应的各级教育行政部门对此也高度重视,制定当地的教研制度性文件,对教研室的性质、机构、设置、工作职责、经费、设备等问题都进行了明确规定,用法规的形式来规范教研机构内部管理制度,明确教学研究的指导思想,以此来加强对教学工作的指导和领导。

20世纪90年代中后期,我国进入了教育改革实践层面的转型。随着《中国教育改革和发展纲要》《面向21世纪教育振兴行动计划》及《中共中央国务院关于深化教育改革,全面推进素质教育的决定》的颁布,我国教育事业走上了深化教育改革、全面推进素质教育的道路,原国家教委对各级教研部门高度重视,教研制度不断完善。1990年6月,国家教委正式下发《关于改进和加强教学研究室工作的若干意见》(教基〔1990〕013号)(以下简称《教研若干意见》),对教研室的性质、职能、任务、教研人员的待遇、经费条件等问题进行了详细规定,为我国教研制度提供了规范化框架,有效促进了教研制度的规范化发展。

在纷繁复杂的社会背景下,政策文件的研制推动着教研制度的发展,也形塑着教研员在这个特殊历史时期的角色。这一时期的教研政策、文件等均具有过渡性特征,彰显着社会转型期的复杂性与特殊性,对教研员的制度性规定或多或少地体现出这一阶段性特征。《教研若干意见》是这一时期最重要且具有标志性意义的文件，标志着教研室工作日趋制度化和规范化，可以充分展现教研员在这一时期的角色特征及定位。《教研若干意见》提出教研室具有如下基本职责：

1. 根据中小学教学需要，研究教育思想、教学理论、课程设置、教学内容、教学方法、教学手段和学科教学评价等。2. 根据本地实际，提出执行教学计划、教学大纲和使用教材的意见，为教育行政部门决策提供依据。3. 根据地方教育行政部门的部署，组织编写乡土教材和补充教材。4. 组织多层次多形式的教学研究活动……5. 总结、推广教学经验，组织教改实验……6. 指导和帮助教师开展学科课外活动。7. 组织对学科教学的检查和质量评估，研究考试方法的改革。

教研室作为教育行政部门"得力助手"的角色得以进一步细化并得到加强，具体包括细化了教研组织及教研员"教学业务指导（研究）与管理"的双重职责，尤其是在教学管理方面，前所未有地强调他们在贯彻、落实教学大纲，以及进行教学检查和质量评估方面的职责，突出其扮演着政策执行者和教学质量监测者的角色。此外，《教研若干意见》在历史上第一次明确地对教研员提出了"师德"的要求，"注重师德，做中小学教师的表率"，将教研员推上道德的高地，某种意义上他们也是中小学教师的道德榜样，言行举止体现着作为"教师之师"的基本道德要求。

3. 制度变革期与教研员角色的"专业化"

进入21世纪，我国开启了第八次基础教育课程改革，引起全社会的关注。2001年6月，教育部正式印发《基础教育课程改革纲要（试行）》这一指导我国基础教育课程改革的纲领性文件。《基础教育课程改革纲要（试行）》明确了此次课程改革的目标，提出了关于课程结构、课程标准、教学过程、教材开发等方面的具体要求，同时明确教研组织在此次课程改革中的定位和作用，指出："在教育行政部门的领导下，各中小学教研机构要把基础教育课程改革作为中心工作，充分发挥教学研究、指导和服务等作用，并与基础教育课程研究中心建立联系，发挥各自的优势，共同推进基础教育课程改革。"文件将教研机构及教研员的职能定位为研究、指导和服务。

我国 21 世纪的课程改革带来的是从课程理念、课程目标、课程管理到课程内容的全方位变化，它是一项系统工程，需要得到教育行政、高等院校、中小学及其教师等多方力量的支持，教研机构作为其中一支重要力量，受到我国教育行政部门的高度重视，通过组织教研工作研讨会、出台政策文件等措施促进教研制度的完善与发展，并尝试对教研制度创新进行新的探索，校本教研制度应运而生，有效地弥补了自上而下式的教研方式之不足。

2005 年，《关于进一步加强和改进基础教育教学研究工作的意见（讨论稿）》（以下简称《加强教研工作的意见》）正式颁发，这是新形势下教研制度建设和创新的新探索，也是今后较长时期内我国教研机构及教研员的行动纲领。随着基础教育课程改革的推进，我国教研制度建设走上了变革、创新之路，随之而来的是教研员群体的职责、工作思路与方式的转变，这在《加强教研工作的意见》中体现得淋漓尽致。《加强教研工作的意见》对教研工作的任务与目标、制度建设及其作用等给予了明确规定，对该制度文本的理性分析，有助于深入把握教研员在这一时期的角色特征。《加强教研工作的意见》中明确指出：

> 教学研究机构是组织开展基础教育教学研究工作的专门机构，是全面贯彻落实推进素质教育精神，提高中小学教育质量的专业机构，是为教育行政部门进行科学决策和中小学校开展有效教育教学活动提供专业服务的公益性机构，是实现教育政策、教育理论和有益教育经验向中小学教育教学实践转化的桥梁……各级教学研究机构应在同级教育行政部门和上级教学研究部门的指导下工作，受同级教育行政部门的行政领导和上级教学研究机构的业务指导……树立服务意识，转变工作角色和工作方式，切实为中小学的教育教学活动提供全面支持和服务……建立课题研究制度……使教研机构成为当地课程发展中心和教学资源中心；不断拓宽和加深教学研究的内容……形成教研机构之间、教研机构与其他相关社会机构之间互通有无、成果分享、共同发展的交互网络……各级教研人员要加强思想修养和专业学习，不断提升自己的专业素养，提升服务于基础教育教学工作的能力。

该文件对教研机构的性质进行了明确界定,其中,"专门机构""公益性机构""桥梁"是其关键词,充分体现了教研机构及教研员在我国基础教育及课程改革中的地位和作用,具有专业性、中介性及相对独立性的特征。教研机构与基层学校及一线教师是民主、平等、开放的协作对话关系,而非上下级的管理与被管理关系。教研机构及教研员应增强自身的服务意识和专业能力,进而成为学校发展、教师成长的服务者和支持者,并且要高度重视自身思想素养和专业素养的提升,增强为基础教育教学服务的能力和意识,成为与教师平等对话的专业研究者、服务者。教研员作为"专业服务者"的角色在新时代日益突出。

通过上述对教研制度发展史的梳理,可以发现,教研员在不同历史时期的角色有所差异:教研制度初建之时,教研员的"教学管理"与"业务研究"的双重角色逐渐成形;20世纪八九十年代,在原有的"研究者"与"管理者"的角色基础上,教研员"为教育行政部门决策提供依据"的职能与角色受到前所未有的关注;进入21世纪,教研员作为"专业服务者"的角色逐渐确立起来,专业性得到强调。教研制度对教研员角色的"设计"和规定会直接影响他们在实践场域中的角色行为,以及与一线教师的交往活动,对教师及其专业发展发挥着潜在的规范作用。

二、教研员与教师专业发展

教研制度是我国基础教育领域独具特色的一项制度设计,教研员作为教研制度的承担者和实施者,在我国基础教育改革与发展、教师队伍建设等方面发挥着举足轻重的作用。在我国,教研员作为"教师之师"隶属于不同级别(省级、地市级、区县级)的教研组织,受其管理和领导,主要承担着系统开展教学指导和管理、提高中小学教育教学质量、为教学行政部门决策提供依据和参考的职责。一般来说,教研员多是出身于某一学科领域的优秀教师,其丰富的教育教学经验、系统的学科专业知识以及先进的教育理念,使其成为中小学教师眼中的"专业权威"。

进入21世纪,随着我国基础教育课程改革、基础教育发展及教师队伍建设进入深化改革阶段,教研员的地位和作用得到不断凸显,其专业性受到普遍关注。2018年1月,中共中央、国务院发布《关于全面深化新时代教师队伍建设改革的意见》,肯定了教师队伍建设的重要意义,"教师承担着传播知识、传播思想、传播真理的历史使命,肩负着塑造灵魂、塑造生命、塑造人的时代重任,是教育发展的第一资源,是国家富强、民族振兴、人民幸福的重要基石",并提出教师队伍建设的具体目标:"到 2035 年,教师综合素质、专业化水平和创新能力大幅提升,培养造就数以百万计的骨干教师、数以十万计的卓越教师、数以万计的教育家型教师。" 2018 年 9 月,在全国教育大会上,习近平总书记强调"建设社会主义现代化强国,对教师队伍建设提出新的更高要求,也对全党全社会尊师重教提出新的更高要求",加强教师队伍建设成为当下我国社会主义现代化建设和教育发展的必然要求,也是时代赋予的重要使命。教育部部长陈宝生在 2019 年全国教育工作会议上明确提出"教育教学改革要深下去……教研工作一直是我国教育的好传统,这方面还要再加强,要把教研对提高育人质量的重要支撑作用充分发挥出来",教研制度及教研员在新时期我国教育教学改革与教师专业发展中的重要性不容置疑。在教育教学实践场域中,教研员身体力行地发挥着作为"教师之师"的作用,以下将结合具体事例予以呈现。

(一) 听评课:形塑教师的教学行为

听评课是教研员的一项常规工作。作为国家教育教学政策的执行者,教研员肩负着"传道解惑"的使命,在教研制度建立之初便承担着"教学研究与管理"的双重职责。听评课作为"教学研究与管理"活动的必经之路,实质上是借助教研员的中介作用,通过打磨出一节节合乎规范与标准的"好课",对教师及其教学行为进行不断形塑与改造的过程。在这个过程中,听评课并不是机械的、自上而下的官方知识的"输入"过程,也非教研员既有专业知识的传授过程,而是建立在他们独特的个人知识基础之上,其个人风格、理念、对教育及教师的个性化理解等都会对这一活动产生影响。而这一形塑教师教学行为的过程同时也是对教研员自身的规训过程,即结构与行动是互构的。

1. 一节公开课的诞生过程

H 区小学语文教研室有三位教研员(分别是于老师、展老师和李老师),她们三人分别负责小学高(五、六年级)、中(三、四年级)、低(一、二年级)段教研工作,三人年龄相仿,均是由一线优秀小学教师走到教研岗位的小学高级教师,有多年(十年及以上)教研工作经历,定期去本区中小学听课、磨课是她们的常规工作,每周三分之一以上的工作时间都是在中小学与单位间奔走。

在日常教研工作中,三位教研员除了定期到中小学听评课外,组织一线教师上区级、市级公开课是她们工作中极为重要的一部分,这既给教师提供了成长的机会,同时也是为本区培养"种子选手"的过程。公开课分不同层次,如区内展示、联区交流、市级展示等,层次越高,越需要更加精细的设计和打磨,"从备课就开始一起准备了,一遍遍地打磨,一堂课起码要磨四五次,如果遇到有比赛性质的'赛课',一堂课至少要上十次以上。"(于老师)从设计到具体实施,教研员全程参与其中,从备课开始便手把手地教,然后一遍遍地听课、提问题、修改完善。通过这一反复打磨的过程,一堂堂近似"完美"的公开课呈现在人们面前。因此,指导本区教师上公开课是每位教研员的基本功。

5月中旬,该区要与本市的其他三个区进行四区骨干教师汇课活动,经过商议,三位教研员推选该区重点小学的罗老师参加这次活动。他是一位三十岁刚出头的男教师,也是市级优秀青年教师,有着多年的教学经验。为了打造一堂精彩的课堂,于老师、展老师先后多次到学校听课、磨课。

第一次磨课是确定教学方法,对授课内容——五年级苏教版教材《我和祖父的园子》进行讨论、设计,于老师提议改变传统教法,向罗老师推荐她最近所读的一本书——《牛教师教阅读》,并主张采用其中的"3-2-1"策略(3个主要观点整理,2个有趣的段落整理,1个阅读课文后还想问的问题整理)来进行,以此贯穿课堂教学始终。在两位教研员的引导下,他们似乎是在进行一次教学实验,教研员是蓝图的设计者,而一线教师则是具体的实践者,一改常规教法,将书本上学到的新方法应用到实践中。

第二次磨课围绕着教学的具体实施过程进行,两位教研员首先询问罗老师的自我感受和看法,接着就其中的问题(如学习单使用不恰当、教学点解读不到位、教师语言风格单一、学生互动不足等)及其产生原因一一进行剖析,并给出了相应的改进策略。整个磨课活动进行了三个多小时,从整体设计及教学节奏的把控到教师提问、学生学习状态等,两人对其中的每一个细节都严格把关、精心打磨,罗老师经过这个过程逐渐找回状态,自信了许多,并表示"下次一定能上好",即将结束时两位教研员反复鼓励他,并叮嘱其完善好教案,继续换班试上。第二次磨课是一个

"精雕细琢"的过程，教研员所做的就是反复打磨，直到实际呈现的课堂教学无限接近预想的"理想型"。

第三次磨课是从内容到形式的全方位打磨。授课结束后，两位教研员指出教学中存在的诸多问题，如各板块目标达成度不够、问题设置不合理、未能发挥学生的能动性、教学策略使用不当等，并给出了具体的解决途径，同时强调要美化多媒体课件，严格把控教学时间和节奏，精简了一些教学环节。此次磨课更像是一次"仿真模拟"，两位教研员从内容到形式，从目标达成到策略选择，从教师教学状态到学生学习状态，从多个角度（如专家、听课教师等）全面打磨，试图打造出一幅完美的"画卷"。①

每一节公开课都是教研员千锤百炼的结果，他们细致入微地全方位、多角度地打磨，力求呈现出一幅最满意的作品。这是教研员的"看家本领"，对于各级公开课（或示范课）他们都高度重视，对其认同度也极高，认为它是"专业性极强的，一般人干不了"，总是积极地、有耐心地一次次打磨，如何打磨、打磨到何种程度，完全由他们自主决定，这个过程中充分彰显着他们的专业性和专业权威。一线教师在这个过程中成为被改造的对象，一次次的打磨使他们逐渐放弃了自己原本的想法和构思，甚至主动按照教研员的视角进行自我剖析，由外界的改造转变为自我改造，课堂教学无限趋近于一堂好课的标准，却也逐渐失去了自身的独特性。

2. 班会课的规范化训练

张老师是 H 市 N 区德育研究室的教研员，有着多年的德育研究与管理经验，更是一位资深的、在当地颇有影响力的德育研究人员，他承担着班主任队伍、班集体建设与研究、家校合作教育模式的实践与研究等具体工作。从区教育局分派的各种行政任务到中小学德育研究和班集体建设，从本区中小学班主任培训到跨地区的情感教育研究，从城区优质学校到偏远的乡村薄弱学校，都能看到他的身影。他每天的日程安排得极为紧凑，虽已近花甲却精力充沛，步履匆匆、跑里跑外的他是德育研究室的一道别样风景。到中小学听课评课（以班会课为主）、对班主任进行培训是张老师的常规工作，也是其最重要的任务。在长期的教研实践中，张老

---

① 其中的学校、教师名字均为化名。

师逐渐形成了自己独特的班会课理论，比如"班集体建设的五个方面六个步骤""班会课目标是知情意行相结合，数量是3—5个""班会课要有活动背景，意图须隐藏"等，这也成为其判断班会课专业、规范的标准。例如，张老师对一节五年级主题班会课"学习雷锋，争做雷锋"进行了细致点评，做了一份课堂观察：

  班会课一般可以让学生来主持。为什么让学生来主持？因为可以更好地体现学生的主体性。班会课跟品德课不同，品德课主要是老师来引领的，班会课一般由学生主持。我说下规范的班会课的几个组成板块。第一个要有主题，这个主题必须要鲜明，还要把教育意图隐藏起来，体现一种润物无声，潜移默化的效果。第二个，班会课必须要有活动背景，就是讲一讲你为什么要上这堂班会课。班会课聚焦的就是问题，是问题取向的，不是知识取向的，是要通过班会课来解决学生真实生活中需要解决的问题。为此，班会课就要聚焦，聚焦的办法就是你在引导的时候一定要设计案例，可以让学生合作表演，表演就是体验，没有体验的班会课就是"假大空"的课，是毫无价值的，所以一定要有体验，这有利于实现自主教育。第三个是活动目标。班会课的目标跟学科课程的目标不一样，班会课是综合性的，班会课目标分为四个方面叫"知情意行"——道德认知、道德情感、道德意志、道德行为，你的目标应该围绕这些方面定。班会课的目标最少三条，最多五条，多了就不好看。

  接下来第四个就是活动准备。活动准备要分两个板块，一个是教师准备，一个是学生准备。教师准备是收集各种资源，这个资源要由小及大、由近及远，要从学生的身边开始。那么学生的准备是什么？就是让学生自主收集或者通过各种方式获取各种资源。还有几个小地方需要完善。老师要有面向全体的理念，每次喊学生发言，一般都要喊3个以上的学生回答，这就叫面向全体，形成一种"场"效应。

  第五个是过程。今天课堂呈现的方式不好，学生都拿一个准备好的稿子在课堂上读，这是最忌讳的，好的课是不会这样的，应该让学生用自己的语言把它表达出来，不能把手抄拿出来在课堂上读的，要把握这一点。小品表演的时候,我们强调要仿真表演,就是模拟得越真越好。你要创设一个真实的情境,比如说在家里妈妈烧饭,那真的要戴上个帽子或者系上围裙,这就是仿真。越仿真情境性越强,就是生活性越强,就不会走过场,学生的情感表达就比较真。老师要注意在课堂上的规范行为,你背着手,这不符合老师的规范的课堂礼仪,也是对学生的不尊重,规范行为是这样的(站起身亲自示范)——两手交叉放前。一定要这样子,这才是对学生的尊重,这样用手请学生回答问题也比较方便(伸出左手做邀请状)。老师不可以背着手或者掐着腰,参加比赛时评委老师也会觉得你不专业、不规范……

由主题、背景、目标、准备、过程等五个要素构成的班会课是教研员进行评课活动的主要依据,也是判断班会课是否规范、专业的标准。只有具备班会课的五个基本要素,才算得上是规范的、专业的班会课。这样便划定了"规范"与"不规范"、"专业"与"不专业"的界线,确定了判断标准,并采取各种措施对教师的教学行为进行改造、矫正,最终使其规范化、专业化。在这里,听评课活动是单向的灌输过程,教师在这个过程中处于失语状态,实现规范化、专业化的前提是按照模板化的班会课理论来进行,教学行为被肢解为一个个具体的、可操作的要素,而成为客体化的存在,经过各个细节的矫正,班会课被改造为符合规范化和专业化标准的"好课"。

(二)竞技化展演:形式比内容更重要

除了常规的学科教研(如听评课)活动外,教研机构还承担着诸多课外活动的组织与管理工作。1990年6月,国家教委颁发的《关于改进和加强教学研究室工作的若干意见》首次对教研机构的职责、任务等提出了明确要求,教研室的职责之一便是"指导和帮助教师开展学科课外活动"。与"教学研究、管理"相比,这一职责虽算不上教研机构最为核心和关键的内容,却是不可或缺的,尤其是随着我国基础教育课程改革的深入推进及素质教育的实施,中小学逐渐树立起"大课程"的理念,教研活动不再局限于学科教学,诸多学科课外活动轰轰烈烈地开展、各种评优评先如雨后春笋般涌现,这些也历史地成为教研员的重要职责之一,组织、辅导教师参赛并取得优异成绩成为教研员的重要使命。

在一个学期内，仅仅是市级比赛，小学语文教研室的三位教研员就要承担起组织"班级故事"讲述竞赛、第二届小学生"汉字文化节"、"教师中华经典诵读比赛"等活动的任务，从选人、辅导到最后的决赛，他们都要全程参与。以下将以"班级故事"讲述竞赛为例来呈现教研员在这个过程中所发挥的作用。"班级故事"讲述竞赛是 H 市小学语文教育领域的一件大事，小学语文教研室的几位教研员将其列为年度工作计划的重要内容，从学期初就开始筹备，该活动贯穿整个学期的教研工作。

选谁参加比赛是能否取得优异成绩的关键一环。教研员在长期的教研实践中逐渐形成了自己的用人标准，这套标准日益定型化，成为教研员特有的行为模式。在选人过程中，教研员会按照规定程序，自下而上地进行公开选拔，在兼顾形式公平的同时，也有自己的考量，即根据个人偏好进行选择，客观上满足了对效率的追求，以这种巧妙的方式实现公平与效率的统一。

> 只要有这种市级评选、赛课，一定要先经过区级选拔，很多区级选拔都是公开、公平、透明的，大家（其他老师）都可以来听课，其实课上得好不好，一听就知道了，就算我跟他关系好，他的课上得不行，上不到一定层次，而且也怕把他推上去了反而在市里拿不到一个好的名次。但同时也有自己的偏好的，教研员选老师就好像有点伯乐相马，数学可能是一点点赛上去的，我们语文就是省教研员让谁上谁就上，这个不得了，如果这个老师上了，他未来肯定是特级教师。教研员选的人也很重要，我看我们省教研员伯乐的眼光确实是很好的，选的这个人真的就能出来……这次比赛，我们对每个参赛老师都挺了解的，比如葛老师，他长期以来一直用思维导图的形式教学，包括这次也是在用思维导图来呈现，是相对理性的，与其他老师比就很有特色，所以选择他。而王老师呢？你能看出她很认真，课件、视频做得都很漂亮，语言表达也很好，她的表现力是非常强的，我们就要给这样的年轻老师成长的机会……（于老师）

选出合适的人选之后，最重要的任务就是辅导教师完善参赛作品，这也是三位教研员重点解决的问题。在辅导过程中，教研员尤其关注形式的作用——从讲述视角及"装帧"两个方面，对每位教师的参赛作品进行了精细包装和打磨。

> 这次比赛还是很重要的，大家一定要好好准备。你要想获胜，想取得一个好成绩，有几点要做到。第一，脱稿，不带稿子，这个是毋庸置疑的，都要脱稿，脱稿你又不能有一种背诵的感觉。第二，稿子的角度，这是非常重要的。第三，讲述的技巧，自然大方，或者活泼灵动。每个人讲述的时候我们可能真的要像表演那样，给人的观感很重要，大家的语音语调啊，语速啊，你什么时候用什么手势啊，整体上是什么风格啦，我们都要好好磨一下。还有一个地方要特别强调的，那就是课件的制作水平，像我们上课或课堂教学竞赛，课件制作就不算什么，但这个比赛，我个人觉得课件制作很重要，上次的交流活动中，王老师是花了大价钱请人做的课件，拍一个视频5 000块，最后呈现的效果就完全不一样，提高了几个档次。你们如果需要什么帮助，首选自己的学校，学校会提供帮助的。比如课件和视频的制作，能花钱的都要花钱请专业的人来做，这跟你们最后的成绩很有关系的。哪怕你中间讲得再好，"装帧"不好你成绩也不会太好，"装帧"真是太重要了……（张老师）

教研员于老师对参赛教师组织了多次指导，从作品角度的选择、内容及其逻辑的完善到比赛技巧的掌握等进行全方位的打磨。在她看来，能否在比赛中获胜，关键在于能否吸引评委的眼球，选取的角度很重要。为此，她专门给每一位参赛教师设计了独特的角度，同时对于细节问题（如题目的确定、课件的完善、时间控制等）予以把控，借助形式对教师及其行为进行了全面的改造。

> 那么多老师参加比赛，如果没有自己的独特角度，就不会吸引人，得分也不会太高。所以首先要帮你们确定一个比较好的角度。
> 朱老师以一个孩子为例来讲述班级的读书活动，角度也挺好的，你需

要再放大视角,那怎么做呢?你可以用日志的形式,就是写教学日志,以日志的形式来叙述你的教学经历,就是你的教学观察。你这个题目要换掉,题目太滥了,很多人都会用这个题目……

王老师,你的语言很好,你要把低年级的特色扩大化,一开始你就用一段童谣或者歌谣的吟诵、唱诵来开始。其实你具体讲什么,很少人关注。要想获胜,一定要丰富多彩,你不能都是讲故事,讲到最后评委会审美疲劳,你一定要给人留下深刻的印象,要以童谣的吟诵、唱诵开始,最后还以它结束,给人留下深刻的印象……

赵老师,你现在的题目是"你喜欢的和我喜欢的",就是分别从教师和学生的角度来探讨,你是用故事讲述的形式,但是能不能加入一些什么?我倒希望你的讲述中加入一些理性的东西,比如说调查,把它做成像调查报告一样,就是实证研究,你要想给人留下深刻的印象,就一定要有自己的独特之处……(于老师)

教研员于老师根据每位教师的风格,帮他们设计了不同的故事讲述角度,如朴素的教学日志、感性的童谣诵读、理性的调查研究等,并反复强调要"放大"自己的亮点和特色,从而给评委"留下深刻印象",在比赛中取得好成绩。在指导参赛教师展示他们独特性的基础上,不断完善细节,对教师的课件设计、文本标题、呈现方式等进行打磨。在"讲什么"和"如何讲"的问题上,于老师首先关注的是"如何讲"的问题,其他内容层面的问题则稍显次要,诸如"班级故事"讲述比赛这一类的比赛、评选,更多是一种形式上的比拼。对于一线教师而言,这些比赛最大的现实意义便是他们通过自己的努力能从中获得一张张盖有"红戳"的获奖证书。教研员是这些活动的推动者和贯彻落实者,目的在于最大限度地帮助一线教师及本区学校在无硝烟的战争中凯旋。

在比赛即将开始前,于老师再次组织起参赛教师对其进行赛前指导,让几位教师严格按照比赛的要求从头到尾演练一遍,这既是熟能生巧的过程,也是发现问题、解决问题的过程。教师"预演"时,于老师认真、细致地记下问题,之后便有针对性地进行指导。时间是她关注的首要问题,她会精确地记录下每位教师所用的时间,并对参赛时间进行合理控制。此外,她还结合既有经验,从评委的角度出发传授参赛技巧。

> 比赛要求是5到10分钟,你们所有人的讲述只能在5到10分钟之间。我看了一下你们每个人的时间,金老师是11分钟,朱老师是9分50秒,王老师是10分20秒……其实你们都超时了,而且这个过程中如果看你们的语速的话,朱老师的语速太快了,就像在赶场子,而且在讲述过程中,你肯定还是要再放慢。另外,你们课件上的文字内容也太多了,讲下来都要花大量时间,所以整体的内容你们都是需要删的……根据以往当评委的经验,要求是"10分钟之内",你千万不能超过10分钟,不然就会被扣分。如果我是评委,我觉得7分钟到8分钟是比较适宜的,拖到9分多钟的时候,你们自己也会很紧张,容易给人慌乱、杂乱的感觉,如果7分钟以下,5到6分钟的话,时间太短,就显得你的内容非常单薄,甚至会给人准备不充分的感觉……
>
> 当你去竞赛的时候你要从评委的角度考虑,如果我是个评委,一个人10分钟,一个小时6个人,全市12个区县,每个区县4位老师,共48个人,两天48个人的话一天就要24个人,一个小时6个人,就要4个小时了,不吃不喝4个小时,你想他从第一个听到最后一个,听得都麻木了,估计都不知道你在讲什么东西。如果每个人的风格再差不多,女老师居多,可能抒情的、感性的偏多,没有一个新颖的角度,没有让人眼前一亮的构思,听到最后都听糊涂了,审美疲劳了,大家的分数都会差不多,分数也不会太高,就会造成这样一种情况。所以,大家一定要放大自己的特点,突出自己的优势,有所创新。

由此可见,于老师对参赛教师进行了全方位的把关。选人时,她既遵循自下而上的区级选拔以彰显形式"公平",又根据自我偏好及"获胜"策略,进行一种偏主观性的选择——选取最有潜力获胜的教师参赛;在指导过程中,她将形式作为首要考虑,内容居于其后,以此对教师及其行为进行指导、改造,并对评委加以研究,既规训教师,同时又不断地迎合评委。在面临种种选择(过程与结果、形式与内容、教师与评委)时,教研员依托自身灵活多变的个体策略,以"比赛第一"为行动导向,最大限度地争取比赛的胜利。教研员耐心、细致地进行多轮辅导,从而打造出一个个精彩的比赛作品,代表 H 区参赛的五位教师在市级比赛中均取得了优异成绩。对于参赛教师而言,在激烈的市级比赛中脱颖而出,获得一张张盖着红戳的荣誉证书,这无疑为他们的专业发展及职称晋升等提供了筹码。

(三)评述:教师专业发展中的教研员角色

教研员作为"教师之师",多是出身于一线的优秀教师,实践经验丰富,具备相对系统的知识体系和一定的教育理论素养,同时该群体作为各级教育行政部门的业务工作人员而带有些许的"行政色彩",这也间接地增加了教研员的权威性,为他们在不同历史时期发挥自身作用提供了可能。

例如,20 世纪五六十年代,教研员承担着培训中小学教师、编写教材及参考资料的重任,同时还积极参与学制和教学改革实验;"文化大革命"后期随着"复课闹革命"的进行,教研员承担起编写教材、教学参考资料和课外读物的使命,并进行相应的教材教法研究,在一定程度上弥补了"文化大革命"给教育事业带来的破坏;20 世纪 70 年代末至 80 年代中期,我国基础教育面临着统一学制、教学计划、教学大纲和教材,以及提高教师队伍的整体素质和专业水平等任务,教研员为此做出了巨大贡献;20 世纪 80 年代后期至 90 年代末,我国中小学教材实行"一纲多本",素质教育逐步开展,教研员参与主持中小学教材编写,进行相关的教材教学实验,对教师进行专业培训,深入课堂进行教学指导,素质教育的理念因此得以落实;进入 21 世纪,随着基础教育课程改革的推进,教研员承担起研究、指导、服务三大职责,他们研制新课程教学指导文件,组织进行教学实验,结合地方特色开发课程资源,开展多种形式的教师培训,完善课堂教学评价体系,成为贯彻新课程改革理念、提高教育质量的"得力干将"。

不论是从历史角度还是基于当下实践视角,都不难发现教研员在教师专业发展及教师队伍建设方面的重要作用。以下将结合上述案例,从教师角度出发对其作用予以阐释。

1. 教育教学行为的规范者

随着知识经济时代的到来,如何推动我国基础教育均衡发展、内涵发展,如何推进教师队伍的深入改革及发展,已成为重要的时代话题,发展需要多方力量充分发挥教育合力,教研制度便是其中的关键一环。2005年,教育部正式颁布了《关于进一步加强和改进基础教育教学研究工作的意见(讨论稿)》,与以往不同的是,它对教研工作的任务与目标、制度建设及其作用等都给予了明确规定,教研员的专业性日益突出,从侧重为行政部门服务转向以为基层学校及教师发展服务为重。在教研实践中,教研员以自身的专业性带动教师的专业发展,承担着规范中小学教师教育教学行为的责任。

在上述的听评课活动中,小学语文教研员于老师、展老师等最为关注的是授课教师的教学活动是否尊重并发挥了学生的主体性,教学目标的制定是否科学、合理,学生是否在原有基础上有所成长;德育教研员张老师在班会课指导中,从各方面要求体现尊重学生的主体性:班会课一般由学生主持,课堂提问数量及角度要关注到多数学生,学生评价要具体化、有针对性……"以学生为主体"成为教研员教研实践的重要指导思想,以此对教师的课堂教学行为进行指导、改造。

"发挥学生的主体性"在我国一直是占据"统治地位"的教育理念,也是反复出现在国家教育政策、课程改革文件中的高频话语。在教研实践活动中,教研员以此作为行动纲领,借此制造了"规范"与"不规范"、"专业"与"不专业"的二元对立,理念层面的"学生主体"在具体操作过程中逐渐演变为实践层面的"形式主体"——例如德育教研员张老师在进行班会课指导时,形式上要由学生主持而非老师主持,是提问三个及三个以上学生而不是一个或者两个,使用"如果是你,你会怎么做"的提问方式而不是其他,而学生在班会课上的真实状态,如学生的主动性和实际参与度如何,情感体验如何,是否得到成长等则不在关注范围之内。教研员在规范教师教育教学行为方面的作用不容置疑,但这种规范化实践逐渐走向了机械化、形式化,教师成为被改造的对象,学生作为形式上的主体则沦落为教学过程中的"失语者",本应多元、丰富的课堂教学也因此走向了同质化,教研员则在宣传先进教育理念的同时扮演着简单粗暴的仲裁者的角色,教研作用的发挥走向了自己提倡的先进教育理念的对立面,这种现象值得深思。

2. 现实利益的共谋者

随着我国基础教育课程改革的深入推进及素质教育的实施,诸多学科课外活动轰轰烈烈地开展,教研员在名目繁多的各级比赛中来回穿梭,借助自身的专业性促使参赛教师取得优异成绩成为其重要任务。在比赛辅导过程中,教研员积累了一定的实践智慧,并逐渐形成一套行为模式,他们会综合利用各种策略最大可能地争取比赛效果最优化,最终取得比赛的成功,为教师在现实中的发展(如职称晋升)增加砝码。

在"班级故事"讲述比赛中,教研员于老师通过自下而上的区级选拔来彰显形式上的"公平",又根据自我偏好,进行一种偏主观性的选择——选取最有潜力获胜的教师参赛,实现了"公平"与"效率"的统一;在比赛指导中,她将"形式"作为首要考虑,内容居于其后,优先从"形式"的角度对教师及其行为进行完善、改造,从而使其在比赛中的"表演"行为更加规范和专业化。在这个过程中,形式居于绝对的统治地位,例如,于老师在对参赛教师进行辅导时,从作品角度、课件呈现到表述形式、时间把控,无不从形式的角度出发,而教师也逐渐被形式所奴役,成为一个个被形式这根线牵着的木偶,而这根线最终掌握在教研员手中。出于现实的考虑,基层教师心甘情愿并且极力地配合着教研员,教研员也力所能及地为其提供支持和帮助,双方为了一个共同的目标(在比赛中胜出),"心照不宣"地进行着"合作"。其中,被形式奴役的不仅是参赛教师,同时也包括教研员自身,教研员借助专业性对教师进行行为的改造,在改造对方的同时也在间接地进行自我的改造,双方在实现着对于"绩效"的功利化追求的同时,也在不知不觉中失去了各自的独立性与独特性。在当下基础教育强调内涵发展、特色发展的背景下,教研员与教师这一既对立又合作的关系体如何在外部改造与独立自我之间保持动态的平衡,是教师专业发展中需要面对的重要问题。

3. 由人及己的改造者

在教师眼里,教研员拥有丰富的教育教学经验,系统深入的学科专业知识以及一定的教育理论知识,他们作为"教师之师",无论是在听评课活动中,还是在比赛辅导中,都被当作"专业权威",其角色的本质内涵是将教师及其行为转化为一个个可供解剖和比较的个案,以自身的专业性为依托,确定一定的行为标准,进而将基层教师的现实状态与教研员所期待的理想状态进行对比,发现差异,由此制造并生产了关于"对与错""先进与落后""科学与不科学""合理与不合理"等二元对立的"专业知识",据此对教师的课堂教学行为加以改造。

例如,语文教研员于老师在公开课指导过程中,结合自己的既有经验与认识,提出"教学目标要具体可测量""要发挥学生的能动性""要以学生为本"等观点,由此确定了一堂好课的规范化标准,以此为依据对授课教师的教学行为进行矫正,将其改造成教研员所预期的状态。在这个过程中,教师自身所拥有的个人知识是缺席的,是需要被压制的,只有这样才能接近并符合教研员的"专业"要求。从某种意义上看,基层教师的"专业化"程度越高,他们所受到的教研员的规训就越强,专业化进而成为不断压制教师个体生命及体验,不断对教师进行规训的过程。

对教研员来说,他们在听评课活动中是以专业的知识、专业的策略或理论来让自己"安身立命"的,并借此确立了自己的专业身份,树立起自身的专业权威,同时也在不知不觉间被这种专业性所奴役:他们被日渐规范化、模板化的理论和逻辑所控制而逐渐失去言说真实自我的能力与可能,他们因为"专业性"的阻隔而日渐失去与一线教师进行平等对话和生命交流的机会。他们"画地为牢"地将自己困于"专业"的牢笼之内而全然不知,不仅在用自身的专业性来规训一线教师,同时也在进行着自我规训和压迫。教研员对基层教师相对固化、封闭的规训过程与专业化的本质——开放的、动态的知识、技能等持续更新的过程——之间出现了背离,专业化变相成为一种规训的手段。对于教师而言,本应开放多元、不断生成着的专业性,在面对一系列教育现场的考量和评价时,不得不转化为一系列可操作、可复制的流程、模板或标准,而教研员在课程改革过程中,依据其专业身份和专业权威,不断扮演着一个将新课程的先进理念转化为教师的课堂教学行为的"转化者"的角色,这一角色具体体现为上述一系列课堂教学流程、模板和标准的生产者和制造者,进而实现了对于自身和教师的双重规训以及知识、人格的再生产过程。那么,课堂教学改革的生命力究竟来自哪里呢?应该是教研员与教师这对关系体的双重自觉和反思意识,即教师的教育教学的主体性发挥,以及教研员的角色自觉和自我反思,能否做到既以专业性安身立命却又不被其束缚,这对教研员而言是一个不得不面对的实践问题,也是教研员在促进教师专业发展过程中无法逃避的现实问题。

第二节　信息技术与教师专业发展

信息技术作为现代教育或教育现代化的一个外在表征,以其不容辩驳、不可抗拒的力量,在中小学校得以普遍推广与运用。其发展速度之快、影响之广泛,是教育改革中的其他力量不能比拟的,对教师所产生的影响也是不容忽视的。那么,推动信息技术在中小学广泛运用的力量究竟来自哪里? 它对于教师究竟带来了怎样的影响?

一、背景呈现:技术进步与教育变革

(一) 国家利益:教育信息化与国家发展战略

科学技术是社会财富增长的动力源泉,各国政府为了国家经济增长与综合国力的增强,竭力通过各种政策和措施来促进技术的发展。技术发展越来越体制化,对技术活动的控制与导向越来越成为各国政府的权责,从另一方面看,技术是承载价值的,它具有丰富的伦理与政治意涵。技术在教育中的运用也同样如此。

1993 年 9 月,美国克林顿政府正式提出"国家信息基础设施"即"信息高速公路"的建设计划,其核心是发展以因特网为核心的综合化服务体系,以及推进信息技术在社会各领域的广泛应用,特别是把信息技术在教育中的应用作为实施面向21 世纪教育改革的重要途径[①],从而拉开了教育信息技术广泛引用与推广的序幕。

美国的这一举动引起世界各国的积极反应,许多国家政府相继制定了推进本国教育信息化的计划,采取有力措施,加大投入,以加快本国教育信息化的进程,在全球范围内掀起了波澜壮阔的信息化教育浪潮。美国政府于 1996 年提出"教育技术规划"(Educational Technology Initiative),要求到 2000 年全美基本实现教育基础设施信息化。英国政府于 1998 年以立法形式设立政府教育信息化专项建设经费,

---

① 祝智庭.教育信息化:教育技术的新高地[J].中国电化教育,2001(2):5-8.

确保在教育信息化领域处于领先地位。法国政府制定了"实现社会信息化行动纲领",把教育信息化作为发展的重点目标,至2000年,法国高中上网率达到100%,初中和小学上网率达到30%。

我国自"九五"计划以来,随着国家信息化建设步伐的加快,教育信息化也步入了快速发展期,呈现出蓬勃发展的态势。"信息技术的发展,使人们的学习和交流打破了过去的时空界限,为人类能力的提高和发挥作用带来了新的空间。"面对信息化浪潮,时任教育部副部长韦钰指出:"你要么跳上这只船(指信息化平台)或是被波浪冲走,别无选择。"[1]

在信息技术国际化、全球化的背景下,为了适应全球教育信息化的发展趋势,加快我国教育事业的发展,1999年6月,中共中央、国务院发布了《关于深化教育改革全面推进素质教育的决定》,提出"要大力提高教育技术手段的现代化水平和教育信息化程度",明确了教育信息化的重要性和战略地位。为了适应教育信息化发展的广度和深度,我国政府于2010年7月颁布《国家中长期教育改革和发展规划纲要(2010—2020年)》,提出:"把教育信息化纳入国家信息化发展整体战略,超前部署教育信息网络。到2020年,基本建成覆盖城乡各级各类学校的教育信息化体系,促进教育内容、教学手段和方法现代化。"把教育信息化纳入国家信息化发展的一部分,一方面体现了国家对教育信息化发展的重视,另一方面也体现出技术与科学作为第一生产力被纳入国家经济与政治系统中,教育信息化的发展水平已然对国家经济和政治发展产生了一定的影响作用。

(二) 技术治理:对教师信息化能力的诉求

1. 从教师教育信息化建设到教师教育技术标准

1994年10月,国家教委发出关于印发《中小学教育工作者"计算机培训"指导纲要》的通知(教基司〔1994〕51号)(以下简称《纲要》)。《纲要》对计算机学科教师、非计算机学科教师提出了计算机应用方面的不同培训要求,意识到教师在信息化发展中的主体作用,进而对教师信息化教学能力提出了培训要求。

1996年12月,国家教委印发《中小学计算机教育五年发展纲要(1996年—

---

[1] 韦钰.发展现代远程教育,构建终生学习体系[J].继续教育,2001(3):12-14.

2000年)》(教基〔1996〕27号),要求"所有师范院校的学生都应学习计算机应用课程及计算机选修课程,使学生掌握必要的计算机基础知识和应用技能,毕业后能够胜任计算机辅助教学和辅助管理工作"[①]。对教师信息化素养的要求从之前的职后培训延伸到职前教育,对教师信息化教学能力的要求越来越明确。这一时期,由于我国教育信息化还处于萌芽时期,教育信息化设备才开始出现并渐渐在课堂上使用,因此,对教师信息化素养的要求重点在于增加教师对计算机等现代教学设备的使用和操作的掌握方面。同时,由于这一时期社会信息化程度低,计算机网络等新兴技术尚未在教育领域得到推广,"教师教育信息化"这个专有名称还未出现,教师教育信息化政策只是零星地出现在教师继续教育、中小学计算机教育、电化教育以及一些全局性的教育政策中,没有颁布关于教师教育信息化的专门政策。教师教育信息化已经有实践与政策层面的探索,但还未有其名。[②] 1999年6月,《关于深化教育改革全面推进素质教育的决定》文件中明确了教育信息化的重要性和地位,在电化教育以及计算机教育发展的基础上,对教师信息化素养的专业要求陆续出现。

进入21世纪后,为了进一步促进我国教育信息化的发展,加快在中小学普及信息技术教育的步伐,2000年10月25日,在全国中小学信息技术教育工作会议上提出要在中小学加快普及信息技术教育,全面实施"校校通"工程。2000年11月14日教育部发出《关于在中小学实施"校校通"工程的通知》,决定在全国中小学实施"校校通"工程,提出"用5—10年时间,使全国90%左右的独立建制的中小学校能够上网,……使全体教师能普遍接受旨在提高实施素质教育水平和能力的继续教育"的目标。"校校通"工程的实施对于提高我国中小学教育信息化水平有非常重要的意义,它明确提出要在中小学设立信息化教学设备,设备的投入与使用是实现信息化教学的基础。2002年教育部出台了《教育信息化"十五"发展规划(纲要)》,提出"加强教育信息化平台环境和资源体系建设","到2010年,基本建成覆盖全国的教育信息化基础设施"。在这一阶段,政府颁布了一系列教育信息化相关指导文件,重点在于信息化基础设施的建设,使教育信息化发展得到了有效保障。

---

① 中小学计算机教育五年发展纲要(1996—2000年)[J].国家教育委员会政报,1997(1-2):42-47.
② 杜玉霞.中国教师教育信息化政策的演进与特点[J].电化教育研究,2013(8):34-41.

这一时期,随着教育信息化工作的逐渐落实和快速发展,政府对教师教育信息化的认识也逐渐清晰,不仅在国家重要教育政策中对教师教育信息化有专门论述,并相继颁布了几份专门针对教师教育信息化的重要政策文件。其中,2002年教育部发布了《关于推进教师教育信息化建设的意见》,提出"显著提高中小学教师的信息素养,促进信息技术与学科课程的整合。积极促进教师教育教学方法和手段、管理体制和办学方式的改革创新,探索并初步构建信息环境下教师教育的有效模式"①。这是我国第一部关于教师教育信息化的专门性、系统性政策,确定了我国教师教育事业发展的方向,不仅有力地推动了我国教师教育信息化事业的快速发展,而且为进一步制定教师教育信息化的相关政策奠定了基础,此后许多政策都是该政策中相关规定或要求在新形势下的进一步发展和完善。②

2004年12月25日,教育部印发了《中小学教师教育技术能力标准(试行)》(以下简称《标准》),明确提出对中小学教学人员、管理人员以及技术支持人员的教育技术能力要求,并将其作为指导教育技术培训与考核的基本依据。这是我国第一个教师教育技术标准,是在对教师教育信息化提出明确要求之后,对教师信息化能力考核提出的要求,这表明我国教师教育信息化发展已渐成体系。

2005年教育部印发教师〔2005〕5号文件③,要求以《标准》为依据,"建立中小学教师教育技术能力水平培训和考试认证制度,形成全国统一规范的教师教育技术能力水平培训和考试认证体系",逐步将教师应用教育技术的能力水平与教师资格认证、职务晋升等相挂钩,形成鼓励广大教师不断提高自身教育技术应用水平的动力机制。文件从制度上规范中小学教师必须具备合格的信息化教育能力,促进教师教育信息化的持续发展。总之,这一时期国家针对教师教育信息化发展出台了专门的政策文件,表明教师信息化能力的建设条件已经基本成熟。同时,对于教师信息化能力的要求已经从前一时期"对技术设备操作的基本掌握"到"学会运用技术更好地教学",并制定了对教师教育信息化考核的标准,这不仅是教育信息

---

① 教育部关于推进教师教育信息化建设的意见[EB/OL]. http://old.moe.gov.cn/publicfiles/business/htmlfiles/moe/moe_441/200501/5516.html,2002-03-01/2020-03-01.
② 杜玉霞.中国教师教育信息化政策的演进与特点[J].电化教育研究,2013(8):34-41.
③ 教育部.关于启动实施全国中小学教师教育技术能力建设计划的通知[EB/OL]. http://www.moe.gov.cn/srcsite/A10/s7058/200504/t20050404_81753.html,2005-04-04/2020-03-01.

化快速发展的要求,更是教师群体专业化发展的体现。

2. 将教育技术能力纳入教师专业标准

自 2010 年之后,我国教育信息化进入应用发展期,这一时期教育信息化的发展速度更快,发展层次更深,发展水平也相应提高。2010 年《国家中长期教育改革和发展规划纲要(2010—2020 年)》把教育信息化纳入国家信息化发展整体战略,2012 年 3 月教育部印发《教育信息化十年发展规划(2011—2020 年)》(以下简称《发展规划》),提出"以教育信息化带动教育现代化",这两份文件标志着我国教育信息化进入了以教育信息化应用驱动为关键的新时期,全面凸显了教育信息化的地位。自此,我国开始进行教育信息化应用驱动的建设,教育信息化进入从建设向应用转变的新阶段。①

技术进步引发的教育变革对教师教育内容与方式不断提出新的挑战,教师教育信息化面临着新的形势与任务,对教师信息化素养的要求也在不断提高。2012 年 2 月教育部在关于印发教师专业标准的文件(教师〔2012〕1 号)中,将教师应具备的信息素养和教育技术能力明确写入三类教师的专业标准中。② 同时,颁布一系列相关文件实施有关教师培训项目和计划,以具体项目推动教师教育信息化,使教师教育信息化发展目标在具体项目的支持下逐步实现。2012 年《发展规划》提出,"建立和完善各级各类教师教育技术能力标准,继续以中小学和职业院校教师为重点实施培训、考核和认证一体化的教师教育技术能力建设,将教育技术能力评价结果纳入教师资格认证体系"。总之,这一时期教师教育信息化政策更加务实,将教育技术能力明确列入教师教育课程标准和教师专业标准,教育技术能力成为所有教师必备的职业能力。③

自 2017 年始,随着"互联网+""人工智能"等新兴技术词汇的出现,人类社会开始进入大数据时代。2017 年 11 月"教育大数据应用技术国家工程实验室"在华中师范大学启动,在启动会上首次提出我国教育信息化即将进入 2.0 新时期。

---

① 任友群. 40 年教育信息化发展"变与势"[N]. 中国教师报,2018 - 12 - 26(4).
② 教育部关于印发《幼儿园教师专业标准(试行)》《小学教师专业标准(试行)》和《中学教师专业标准(试行)》的通知[EB/OL]. http://www.gov.cn/zwgk/2012-09/14/content_2224534.htm,2012 - 09 - 13/2020 - 03 - 01.
③ 杜玉霞. 中国教师教育信息化政策的演进与特点[J]. 电化教育研究,2013(8):34 - 41.

2018年4月教育部印发《教育信息化2.0行动计划》,提出到2022年基本实现"三全两高一大"的发展目标,即教学应用覆盖全体教师、学习应用覆盖全体适龄学生、数字校园建设覆盖全体学校,信息化应用水平和师生信息素养普遍提高,建成"互联网+教育"大平台。该政策文件的发布旨在使我国教育适应大数据时代的发展,使"互联网+"技术全面与教育融合,从而促进教育的快速发展。

3. 人工智能技术对教师专业发展的挑战

人工智能时代的来临,使人们不得不重新思考人工智能与现实生活中的人的关系。随着人工智能技术的深入发展,很多人能做的事情,机器也都能做,并且机器可能在某些方面做得比人更好。人工智能犹如一柄"达摩克利斯之剑"悬在各行各业的上空,形成一种对专业价值"替代与否"的逼问之势,逐渐营造出一种"人工智能威胁论"的恐怖氛围。①"互联网+"和大数据时代对教师专业发展的内涵提出了更加丰富多元和深刻的诉求。

人工智能对教师专业发展特质的廓清,其背后隐含的问题是"专业特质与技术替代"之争,具体包括对"教师是否会被替代""何种教师将被替代""何以为教师""教师将何为"等一系列问题的反思。②"教师这一职业是否会被人工智能所代替"这一问题开始被越来越多的人所关注。事实证明,那些具有机械重复、无创造性、无须情感介入等特性的职业极易在人工智能的发展下被淘汰。如果教师仅仅把自己局限于"教书匠"的角色,把教育理解成单纯地向学生传授知识,把教育目的囿于提高学生的分数——仅从传授知识来说,人工智能能够图文并茂地向学生展示知识,教育效果会比教师口头说教要好。如果我们把教育理解成一项"育人"的事业,是学生心灵的唤醒,是师生之间情感交流的媒介,这样的教师就是人工智能无法替代的,人工智能毕竟是人类研发出来的工具,它不具有情感和人类独有的其他属性。

在教育信息化2.0时代,国家对教师的信息素养要求不仅局限于对技术的掌握,还更多地要求教师学会运用技术重新定位自己的教育教学活动。《教育信息化2.0行动计划》中提出,"推动教师主动适应信息化、人工智能等新技术变革,积极

---

①② 李栋. 人工智能时代教师专业发展特质的新定位[J]. 中国教育学刊,2018(9):87-95.

有效开展教育教学","推动人工智能支持教师治理、教师教育、教育教学、精准扶贫的新路径,推动教师更新观念、重塑角色、提升素养、增强能力"。2019年4月2日,教育部发布《关于实施全国中小学教师信息技术应用能力提升工程2.0的意见》,提出:"到2022年,构建以校为本、基于课堂、应用驱动、注重创新、精准测评的教师信息素养发展新机制,通过示范项目带动各地开展教师信息技术应用能力培训(每人5年不少于50学时,其中实践应用学时不少于50%),……全面促进信息技术与教育教学融合创新发展。"新时代教育发展的新要求,更是教育信息化在发展理念、建设方式上的再一次跃升。

二、信息技术对教师专业发展的影响

马克思早在19世纪就对以机器自动化为代表的技术形态对工人的压迫进行了批判,他认为与手工业技术形态相比,机器技术形态对劳动者的压迫更为明显[1],"因为机器不是使工人摆脱劳动,而是使工人的劳动毫无内容"[2]。信息技术的使用也在一定程度上使得教师的教学活动成为一种"形式化"的程序。教师在很大程度上成为一种技术性操作,如同工厂流水线上的工人一样,重复着单调乏味的动作,并无创造性可言。教师对信息技术的依赖越强,信息技术对教师的"压迫"也就越明显。传统的教师凭借一支粉笔、一块黑板可以上好一节课,现在很多教师离开了多媒体设备就无法开展教学活动,教师在备课时依赖网上现有的课件资料,在课堂教学中依赖多媒体设备向学生播放课件、音频等,课后还会依赖一些网络平台对学生进行学业评价。对技术的依赖使教师有强迫式的依附心理,继而消解了教师的主体意识与批判思维。教师"为了技术而技术",被技术所奴役,容易成为技术的附庸。这造成了技术对教师的异化。

(一)"泛技术化":信息技术的异化

现代教育技术作为先进教育理念的载体出现在学校场域中,成为改变教师教育教学理念与行为的不可忽视的力量。随着技术应用范围的扩大,国家对教师信息化能力的要求也越来越明确和多样化,这在一定程度上为教师专业发展提供了

---

[1] 王伯鲁.马克思技术思想纲要[M].北京:科学出版社,2009.
[2] 马克思.资本论(第一卷)[M].北京:人民出版社,2004:463.

有力保障。但随着技术对教育的"入侵"越来越深,教师对技术的掌握需要一定的时间,建立在新技术基础之上的教育教学观念及其行为的转变需要假以时日,教育体制与机制的转变则更加复杂,这一切并非如技术运用一样简单。信息技术在基础教育领域的迅猛发展,以及由此带来的"泛技术化"倾向,导致旨在促进教师专业发展的技术却走向了教育的反面,成为一种"异化"手段。具体表现如下:

1. 去主体性:技术便捷削弱教师专业发展的积极性

信息技术快速变革,"云技术"在网络服务中随处可见,使用者只要输入简单指令即能得到大量信息。信息技术的便捷一方面为教师专业发展提供了便利条件,教师可以利用信息技术搜集与专业发展有关的文本、视频资料等,直接在网上进行专业学习。另一方面也在一定程度上削弱了教师专业发展的积极性,因为技术的便捷,教师可以将网上的课件直接运用在自己的教学中,真正用来钻研教材、研究教学的时间则大大减少了。

信息技术在课堂教学中简单机械使用的现象普遍存在,这在我们的问卷调查中得到了佐证。当被问及在课堂上使用的课件来自哪里时,11.21%的教师回答是从网上直接下载的,39.66%的教师是在网上已有资源的基础上稍加改动,还有3.45%的教师是由学校直接提供的。课件资源的易获取性,导致部分教师不愿花时间去研究课本、研究学生,只图方便,重复着"复制""粘贴"的工作,教学变得简单机械。在访谈中,有一位教师提出:"学校现在要求每位老师写实践反思报告,但我们真的就不像以前那样根据自己的教学实践来写了,大家都是直接上网搜的,我不敢说100%的老师是这样做的,但至少有70%、80%的老师现在都是直接上网找那些报告的模板,这样方便又省事。"无论是直接利用现成的多媒体课件,还是直接复制他人的反思报告,这种"拿来主义"的做法导致教师在教学工作中自我反思、自主研究、自我成长的积极性大大下降。在不断追求效率的学校文化下,教师变得更加浮躁,快速便捷的信息技术起到推波助澜的作用,使得教师渐渐失去独立思考的动力和能力。

在访谈中,有一位教师对学校要求必须制作微课表达了自己的看法:

> 我觉得制作微课这个要求牵制了我们教师。之前我们市规定,教师要上课就必须要做微课,没有微课就不符合标准。其实我觉得微课的作用就是预习,还有就是满足课后分层教学的需要,学生不明白的地方自己课后可以再看看。其实教师完全可以用板书引导着学生边讲边进行师生对话。可是到最后吧,非得弄个微课,费时费力,有什么意思。这对学生来说也是"满堂灌"呀,就是灌给学生知识,表面上做得好看而已。

通过上述分析,我们不难看出,技术发展给教师群体带来外在的压迫,教师被技术所异化。技术理应发挥其自身优势,解放教师的身心,现在却反其道而行之,造成对教师的压迫,成为一种异化教师的力量,这不仅仅与技术本身有关,更与利用技术的主体及技术发展的社会背景有关。

2. 去专业性:技术滥用抹杀教师专业发展的自主性

教师专业发展是指教师在整个专业生涯中,依托专业组织、专业培养制度和管理制度,通过持续的专业教育,习得教育教学专业技能,形成专业理想、专业道德和专业能力,从而实现专业自主的过程。教师专业发展需要借助教师的实际教育教学活动,真实的课堂教学环境和教师自身亲历的教育教学经验是教师专业发展的沃土。由于技术在教育中的不当使用,技术对教师的替代越来越明显。技术一方面在促进教师专业学习、拓展教师专业提升途径等方面发挥一定的促进作用,另一方面也在不断对教师进行着去专业性。

美国心理学家普莱西用程序化的多步骤组合来模拟教师的教学过程,他的设计初衷是解放教师,用机器代替教师的工作。这应该是用技术来代替教师的开端,或许教育领域中的技术异化就是从这开始的。① 这种替代,表面看来是要提高教学活动的效率,减轻教师的工作负担,实质却是对教师的否定和不信任,使得原本在教学活动中起主导作用的教师成为旁观者。在真实的课堂情境中,"人—人"面对面交流的方式正在被"人—信息技术—人"的交流沟通所替代,这种"不在场"的教师只是一种片面的、局部的教师,不能完整地呈现教学的本质属性。

---

① 普莱西,斯金纳,等.程序教学和教学机器[M].刘范,等译.2版.北京:人民教育出版社,1979:82.

另外,现代信息技术强大的存储和再现功能,可以将教师在最佳教学状态下的教学活动存储下来再现给受教育者,因此,远程教学也逐渐出现在一些学校中。例如,成都七中(成都市第七中学)的视频直播课,通过远程技术将成都七中的课堂实时转播至云南、广西等偏远地区的一些学校,让贫困地区的孩子们也能接受高质量的教育,被视为技术促进教育公平的成功案例。而在微观的学校场域中,这种远程教育形式在引入至这些偏远学校时,却遭到了学校老师的强烈抗议。因为在这种教育形式下,教师在课堂中只需负责点播视频,维持课堂秩序,学生只是听视频中的教师讲课,整个课堂只有"人—信息技术"的交流,根本不存在师生主体之间的互动。这些教师在课堂上的劳动不再是一种愉悦、独立自主、有生命意义的活动,而变成一种程序化和技术化活动,教师体会不到自身劳动的意义与价值。技术对教师劳动的替代与异化,一方面使教师失去了在真实的教学情境中进行专业发展的经验支撑,另一方面也使得教师在教育教学活动中得不到对自身劳动价值的肯定,从而使教师失去了专业自信与自主性。

另外,对信息技术的"形式化"利用,导致很多学校的课堂教学呈现出千篇一律千人一面的现象:教师在讲台上播放、讲读课件,学生盯着屏幕,随屏幕的内容跳转而转换思维,课堂最多的交流不是师生之间的交流,而是"人机交流"。屏幕已经成为课堂的主宰,教师反而处于次要地位,教师被课件所制约,无法根据具体的课堂教学情境、学生的课堂表现进行创造性的教学。

此外,资源共享背景下教学的同质化越来越明显。一些网络平台借用快捷的摄录编和数字转换技术,制作出海量的教学课件、教学视频、优质公开课、特级教师示范课等资源,并迅速在互联网上实现了共享。这些资源进入网络的过程,也是脱离其产生的特定场域、对其质的多样性的清除过程。这些同质化了的资源被不同地域、不同层次的教师反复利用,进一步造成教师的同质化,使教师越来越丧失自我的独特个性。① 一些地区还通过颁布相关政策文件助力所谓"典范课堂"的示范作用。例如广西颁布的《广西"互联网+教育"行动计划(2018—2022 年)》②文件中

---

① 孙宽宁.“互联网+”时代教师专业发展的危机与应对[J].教育研究,2016(6):16-17.
② 广西日报.《广西"互联网+教育"行动计划(2018—2022 年)》提出:2020 年全区中小学宽带接入率达 98%以上[EB/OL]. http://www.gxzf.gov.cn/sytt/20190313-739298. shtml,2019-03-13/2020-06-06.

提出:"遴选千堂信息化融合示范课例,包括 1 000 堂基础教育示范课、1 000 门职业教育信息化融合创新示范课程、50 门精品在线开放课程和 250 门线上线下高等教育精品课,充分发挥示范课例的辐射效能。"青岛市在颁布的《青岛市教育信息化 2.0 行动计划》①中提出:"遴选智慧校园应用典型案例 100 个,形成青岛市智慧校园应用示范校典型案例集。"遴选典型示范课的初衷是让教师通过观摩优秀课堂教学模式,增长自身的教学智慧,促进教师的专业发展。但是大量同质典型示范课的呈现,让教师在观摩的同时形成一种"固化"思维,为了模仿而模仿,逐渐丧失自身独特的教学风格和人格魅力。

当被问及"您所在学校会要求观看网上的'典范课'视频吗？您是仅仅观摩还是直接将这种课堂形式运用在实际教学中？"一位教师表示:"我们学校要求教师必须在××平台上观看'典范课'视频,还有课时要求,必须要看完 32 个课时。我有时间的时候会仔细看看这些课,没时间就让它自己播放着,我做其他的事。看这些课还是能学到一些东西,比如一些提问的技巧,课堂回应的方式,促进小组同学或者生生之间的交流的方法,等等。我有时候会在自己的课堂上直接运用一些我在视频课上学到的方法,但是这些方法也不是都有用,因为课堂中的学生不一样,课堂情境也不一样。可能有一些年轻教师或者年纪大的教师会直接把视频课上的教学方式和方法运用在自己的教学中,因为这样省事嘛。另外有的教师上公开课的时候,就是直接套用视频课的形式的,我上次观摩本校一位教师上公开课的时候发现,她用的那些提问方法、表扬方式甚至我觉得她的语气和表情都与一个视频里的教师一模一样。"

当教师的课堂教学一味在模仿时,课堂教学就失去了因时、因地、因人不同所形成的差异性,个性化教学已不复存在,教师失去其应有的灵气与创新,从而抹杀

---

① 青岛市教育局.关于印发青岛市教育信息 2.0 行动计划的通知[EB/OL]. http://www.qingdao.gov.cn/n172/n24624151/n24625415/n24625429/n24625443/181212100957152335.html,2018-12-12/2020-06-06.

了教师专业发展的自主性。把信息技术引进课堂教学,是为了更好地促进学生的学,改变传统的死记硬背的学习方式,为了让教师借助信息技术手段改变传统的教育理念和教育方式,从而实现更好的教学。信息时代的教师专业发展,注重的是教师如何利用技术支持学生进行探究性学习,如果对教师进行技术方面的专业培训时,只关注"专业知识"层面,即技术的基本知识和技能,忽视"实践性知识",这种把技术凌驾于目的之上的做法,会导致教师在专业发展中主次不分,迷失方向,最终造成教师专业的畸形发展。[①]

3. 去教育性:技术制造者与应用者的分离

技术是人类借以改造与控制自然的包括物质装置、技艺与知识在内的操作体系。技术虽不属于某一固定领域,但却渗透到多个领域,尤其是在大数据时代,技术几乎在各个领域都拥有一席之地。自美国在国际社会上掀起教育信息化浪潮以来,技术在教育领域中的应用也是越来越广泛。教育中的技术大多是从教育外部引进的,教育技术(包括教学软件、多媒体课件、网络课程等等)的创造主体主要是一些技术专家、编程人员、技术研发人员等,由于缺少一线的教学经验,他们对真实的课堂教学情况并不了解,技术制造者在进行技术研发时,更多关注的是如何利用教育技术将教师所要传授的教育内容呈现出来,如何使教学活动更有程序性,如何确保技术的正常运行等方面。在技术创造者的认知里,技术只是帮助教师向学生传授知识的一种工具,教育过程就是借助技术将知识完整呈现的过程,对教育的育人功能认识不足。在教育领域中,技术创造主体受这种片面教育观的影响,他们设计和开发的教育技术产品注重程序运行的便捷迅速,把教学过程变成一种自动化、标准化的"生产"模式,缺乏人与人之间的交往和情感交流。作为技术的应用者,教师需要在教育活动中与学生进行互动与交流,而程序化的技术形式阻碍了教育中师生之间的交流,课堂因此变得没有生命力。另外,程序化的教育技术无法适应复杂多变的真实教学情境,教师在应用时表现出对技术的不适应,甚至对技术的应用产生恐惧心理。忽视教育中的人文性和情境性,将程序化、片面化的教育技术进行普遍应用,必将导致教师被技术所奴役,技术异化也就必然产生。

---

① 顾小清.信息时代的教师专业发展:理念、方法[J].电化教育研究,2005(2):35-39.

技术并不单纯是达到某一目的的中性手段或工具体系,它同时也是伦理、政治与文化价值的体现。技术不仅体现了技术判断,而且也体现了更广泛的社会价值以及设计和使用者的切身利益。正如斯塔迪梅尔所说,"那些设计、接收与维持技术的人的价值与世界观、聪明与愚蠢、倾向与既得利益必将体现在技术的身上。"①在教育领域中,技术的发展使得技术研发者看到了教育领域中蕴藏的巨大商机,因此在技术研发过程中,对技术应用的伦理问题,技术对人的终极关怀问题并不予以关注,更多的是关心技术产品能够给自身带来何种现实利益。另外,由于参与教育技术研发的主要是一些技术专家和经济利益团体,而真正使用技术的一线教师由于受专业知识的限制,很少能够参与到技术设计与开发中,无法表达自身的意见,行使技术应用群体的话语权,如此一来,教师群体的利益就被忽视,教师只能作为技术的被动接受者。技术创造主体与应用主体的分离导致设计出的技术产品不能满足技术使用者的需求,可能对使用者产生负面影响,导致技术异化的出现。

4. 去人文性:技术化评价方式使教师丧失专业情意

"专业情意"这一概念是在 2001 年 9 月教育部师范教育司组织编审的《教师专业化的理论与实践》一书中首先提出。2003 年 1 月第 2 版改为"专业态度",概念内涵始终保持一致。专业情意是教师个体把教育教学工作当作生命的一部分,有强烈的责任感和认同感,愿意奉献于教育事业。它是在教师对所从事专业的价值、意义深刻理解的基础上,形成的奋斗不息、追求不止的精神,是推动教师专业发展的根本动力。② 但在技术化评价方式中所体现出来的学校科层制管理体制,使得教师丧失了专业自主权,只能被迫接受学校的规定,不利于教师形成良好的专业情意。

我国学校教育管理实行的是科层制管理模式,科层制的一个显著特点就是强调层级化管理和严格的规章制度。一方面,规章制度有利于学校各项工作得到统一有序的管理,有章可循;另一方面,把制度条例运用极端化,容易造成学校组织内

---

① 高亮华. 人文主义视野中的技术[M]. 北京:中国社会科学出版社,1996:14-15.
② 教育部师范教育司. 教师专业化的理论与实践[M]. 2 版. 北京:人民教育出版社,2003.

部的疏离以及个性的丧失。[①] 教育管理者出于管理的便利,以及技术可以给学校发展、管理工作带来的巨大效益,因而自上而下地制定出一系列对教师运用技术的标准与要求,强制教师在教育教学中使用技术,教师对这些规章制度则越来越排斥。管理者与被管理者表现为强制与服从关系,教师体验不到技术带来的自由和愉悦,进而更加排斥技术。技术化的教师评价手段加剧了组织科层制对人的主体性的压抑。

技术在教育中的运用,一方面促进了教育现代化,改进了教育教学方法,提升了教育质量,另一方面,技术的发展也让教育中的主体发生了异化,使教育的人文性和价值性被忽视。但这并不意味着把现存的教育弊端和问题完全归咎于技术,更不应该试图拒斥技术在教育中的运用。我们需要反对的是技术理性主义至上以及科学技术的文化霸权。技术融入教育,必定要经历"先进"技术与"落后"观念相互磨合的过程,其中一定会出现排异反应。经过技术与教育相互适应阶段后,现代技术可以为教育服务,为促进师生的共同发展服务。

信息技术给人类社会带来了巨大改变,教育在信息技术的快速更新下也得到很多改变。例如,多媒体在教学中的使用,激发了学生的学习兴趣,提高了教师的教学效率,改变了传统的课堂教学模式,缩小了地区之间的教育差距等等。技术在促进教育事业发展方面所做出的贡献是不能忽视的,但技术有被"神圣化"的趋势,认为信息技术无所不能,只要在课堂教学中运用信息技术就会解决教学中的一切问题,对技术在教学中的使用近乎"痴迷"。一些部门在评价学校现代化水平上,把学校装备现代教育设备情况作为主要标准,把是否应用现代信息教育技术作为评价课堂质量好坏的指标。对技术使用过度重视,导致在教师专业培训过程中过度重视教师课堂信息技术的使用能力,如课件的制作与使用、电子白板的使用等教学设备的操作技能,忽视了教师将信息技术应用于探索新的教学模式与方法,支持学生进行探索性学习、自主学习等方面的能力,这与把信息技术引进课堂的初衷背道而驰。

随着技术在教育中的全面使用,技术理性思维也在教育领域中有所投射。技

---

① 翟丽华.教育信息技术异化问题研究[D].郑州:郑州大学,2013.

术理性思维是一种追求有效性的思维,它追求工具的效率与行动方案的正确决策。一旦这种思维方式盛行,人们所注重的将是效率与计划性,而不是人的需要与价值。① 在这种思维方式引导下,教育管理工作中对教师的评价采取的是技术评价方式。技术评价方式主要关心工具对于实现目的的功效性、精确性、客观性,而不关心目的的合理性以及价值性。在对教师的评价中表现为,只关心教师在教育教学中是否利用了技术,不考虑教师是否需要利用技术,借助技术的要求对教师的价值进行评估、比较、确认和预测,忽视了教育中的人文性。

根据问卷调查结果显示,64.66%的教师表示其所在学校把教师是否使用信息技术作为评价教师课堂教学质量好坏的指标。目前在评价教师授课质量时,各级教学管理部门及教学管理者更多地关注教学课件制作水平以及教师在授课过程中是否利用了信息化的教学设备,忽略了教学内容与技术的相适性以及学生对信息化教学的接受能力。一些学校评价教师公开课的标准就是看其是否利用了多媒体授课,"无多媒体不成为公开课"已成为评优潜规则。这种技术化的评价方式,借助技术的评价手段,实现了外行领导内行,消解了教师在教育改革中的主体性,造成了"被改革的教师"的必然命运。

另外,技术化的评价方式对教师的"精确追踪"也给教师造成了一定的精神压力。一位教师在访谈中表示:"在这种大数据时代,对教师的评价也越来越精确。每次月考完就计算班级学生的这个率那个率的,然后根据学生的成绩,看看哪个老师强,对老师进行排名。看看各个老师在区里第几名,在学校里怎么样,上次怎么样,这次怎么样。说实话,这对我们老师造成了很大的压力。"技术化的教师评价方式已然对教师群体造成了身体和精神的双重压迫。

(二) 技术理性与教师抗拒

1. 技术之于教师:压迫还是解放?

综上所述,技术作为一种国家治理手段,体现为一系列政策文件的颁布与实施,一方面是顺应全球化背景下科学发展与技术进步的客观要求,另一方面,体现出技术理性背景下技术对人的无形控制。在学校教育场域中,人们对技术的接受

---

① 高亮华. 人文主义视野中的技术[M]. 北京:中国社会科学出版社,1996:165.

不是通过自发或自觉的方式,而是通过行政的力量从上而下式的推进实现的,教师则处于被动状态,被迫屈从于权威力量,在此情况下,教师群体对于信息技术很难产生认同感。进而产生不是人在使用技术,而是技术在操控人的消极心态,进而对技术本身产生抗拒心理。从某种意义看,这正是教师主体性的体现。一旦技术增强了控制的权力,允许一群人统治另一群人,并导致一些大多数人所反对的后果与影响,那么技术受到一些人的排斥与反感也就在情理之中了。①

对于教师而言,每个教师都必须具备教育技术能力,这是技术发展的客观要求。技术社会的目标是效率、秩序与理性,技术在教育中的广泛应用,需要教师掌握必备的信息化教学能力,教师掌握了这些能力,达到了政策规定的标准,才能使课堂更有效率,教育部门对教师的评价才会更加科学有序。技术理性对于人的控制无处不在。但是对于极具个体性、差异性和创造性的教师职业而言,信息化教学能力作为外部施加给教师群体的整齐划一的要求,忽视了教育教学的情境性以及教师个性化的追求,进而成为一种对教师进行控制的手段。技术本无过错,但是技术背后的价值却值得思考。

技术发展与教育变革的悖论在于,一方面,国家在教育现代化与信息化建设方面的投入越来越大,对于教师信息化能力培养与考核方面的要求越来越高,这也是出于投入与产出的经济效益的考量;另一方面,来自底层的一线教师越来越排斥技术在教育教学中的运用,尽管在现实生活层面,教师的个人生活和工作环境越来越离不开信息技术。将技术运用到教育中的初衷是为了更好地促进教师教育教学活动的开展,改变因循守旧的教育方式,让教师在工作中身心得到一定程度的解放。但是当技术的发展不断暴露出某种缺陷,越来越受到人们的指责与排斥时,需要对具有双重功能的技术进行反思,技术对于人类而言,究竟是一种解放还是一种压迫?

关于人的解放的思想,是马克思主义的核心部分,在《1857—1858 年经济学手稿》中,马克思结合社会形态的发展分析了人的解放的内容,即把人从"对人的依赖关系""对物的依赖关系"中解放出来,进入自由个性发展阶段。② 马克思在谈到人类解放时明确强调:"任何解放都是使人的世界即各种关系回归于人自身。"从

---

① 高亮华. 人文主义视野中的技术[M]. 北京:中国社会科学出版社,1996:14.
② 张小可. 马克思关于人的解放思想研究[D]. 北京:中共中央党校,2016.

批判教育学的旨趣来看,吉鲁认为解放乃是建立在批判与行动之上,一方面,要批判那些具有限制与压迫的东西,使教育问题呈现出来;另一方面,为了个体自由与完善的存在而采取改造行动。① 从马克思主义关于人的解放思想来看,在信息化教学环境中,教师解放自身,就是把教师从对信息技术的依赖关系中解放出来,同时让教师自由地使用技术,而不是被技术所控制。从批判教育学的视角看,教师要充分发挥其主观能动性,破除一切传统观念的束缚,摆脱技术外加于自身的限制,主动思考,成为自由独立的个体。技术由人发明和创造,技术成果是一个实体,是没有思想和创造性的物体,应当由人使用,教师在教育教学中应当借用技术设备和手段辅助自己的教育教学,从而实现自身和学生的解放。

  作为解放的反面,压迫有两种表现形式,一种表现在躯体上,另一种表现在精神上。保罗·弗莱雷在《被压迫者教育学》一书中从精神压迫对人们思想意识的束缚层面探讨了压迫的含义:"任何'一方'客观地剥削'另一方'或阻碍'另一方'追求作为可负责的人的自我肯定,这种情况均属于压迫。"② 在信息技术不断引进教育教学的现实情境下,技术进步在促进教育变革与发展的同时,并没有把教育中的主体从对物的依赖关系中解放出来,反而加剧了物对人的奴役,教师的躯体和精神都受到来自技术附加的一种压迫,技术异化现象越来越明显。弗洛姆从"马克思关于人的全面发展观点"出发,描述了社会中的技术异化现象,人在技术面前,失去了原本的自然天性,变成了一个工具形象,在技术与人之间,人是被动的,失去了自我,不再具有人的高贵天性,沦为了技术的奴隶。③ 马尔库塞认为科技异化现象的背后就是人的异化,人的劳动发生异化,人们在享受科学技术带来物质财富的同时,自身的创造性也消失了。海德格尔也曾提过,"技术只是一种工具,人们可以通过它获得自由或解放"。但是在现实情况中,技术成为主宰力量,教师在纷繁复杂的技术面前渐渐失去自主性和自我价值,技术不仅没有帮助教师实现自身的解放,反而在很多方面对教师造成了精神的压迫。马克斯·霍克海默针对技术对人的控制指出:"随着科技的进步,人的各方面的能力都空前地加强,这种能力体现在控制

---

① 张琨.教育即解放——弗莱雷教育思想研究[D].武汉:华中师范大学,2007.
② 保罗·弗莱雷.被压迫者教育学[M].顾建新,赵友华,何曙荣,译.上海:华东师范大学出版社,2014:15.
③ 刘春芳.我国高等教育的技术异化问题研究[D].西安:西安建筑科技大学,2017.

力上,可是这种控制力反过来却控制着人自己,主体性受到了压制。"[1]技术的进步的确使教师的教育教学能力、教学效率得到了很大提升,但与此同时,技术凭借着对教师的一系列标准化要求,反过来对教师的控制力也越来越强,教师在这种控制下逐渐失去了个体的主体性和差异性。

2. 技术与教师专业发展:良性互动何以可能

技术时代的到来,一方面使得人类可以借助技术手段的提高,扩展自己的生存能力,使自己进入一个更有生存保障、安逸、主动性的社会历史阶段。另一方面,技术却作为一种异己的、毁灭性的力量横陈在人类面前,侵蚀着人的生存价值与意义,造成了人类前途的前所未有的荒诞处境。[2] 技术本身是有意义与价值的,关键是技术的发明者和使用者如何理性地对待技术,让技术更好地为人类所用。

清华大学吴国盛教授在接受《人民教育》记者采访时说:"学校作为传承文明的场所,应该是相对保守的地方。当然,高等学校特别是研究性大学,要走在时代前列,引领时代的前进方向,不能太保守,但初等教育和中等教育不能太过激进,不能被新技术所扰乱。学校的基本功能还是传承人类的价值、完善人性、学习知识。比较成熟的新技术可以逐步引进中小学教育教学,作为辅助手段,但是对新技术的运用不要过分热衷,以致忘记了教育的本分","中小学使用新的教育技术是必要的,……既不要不切实际地热衷引进,也不必恐惧和拒绝","今日中国的教育问题,不在于教育技术的使用不够,而在于教育理念的偏差。技术革命固然会带来人类文明的一些根本性改变,但这种改变在教育中应该是相对滞后的。教育界不必对技术的任何一点进展都过分敏感。从根本意义上讲,教育本身就是一种技术,一种社会技术,这种技术与狭义的技术即科学化的技术之间担负的角色完全不同。科学化的物质技术起前瞻、引领和拉动作用,社会技术(教育)起积淀、传承和稳定作用。它们之间应该有一个张力,而不是完全顺应狭义的高新技术的路数"。[3]

另外,技术更新换代的周期越来越短,发展的速度越来越快,而教育的内容是人类数千年积淀的知识,具有相对的稳定性,没有必要对技术亦步亦趋。诚如教育

---

[1] 吴启敏.科技哲学视域下科技对主体性的压制[J].社科纵横,2007(12):126-127,105.
[2] 高亮华.人文主义视野中的技术[M].北京:中国社会科学出版社,1996:164.
[3] 吴国盛.教育、技术与未来——技术革命与教育改革[J].人民教育,2018(1):19-24.

技术学领域资深学者迈克尔·斯佩克特教授所言,技术只是教育变革中的"沧海一粟",更多是作为一种"替代策略"应用于教学中,还不足以支撑整个教育系统变革的发生。当我们醉心于追逐高新技术,也许我们只是在学习"像机器一样思考",从而丢失了真正可以制胜的人工智能。我们不必强求一定要将最新、最先进的技术引入教育,而是要考虑教育中的两大主体——教师与学生对技术的接受程度,如果技术对教师来说很难掌握及运用,却又不顾实际地要求教师使用最先进的技术,这时的技术对于教师来说就会形成一种"压迫"的力量,从而使得教师不愿意主动去利用技术。这种情况下,教师反抗的不是技术本身而是技术背后所体现的对人的控制。

现代教育普遍认为,教师应具备的专业技能有:自主学习、进修访学、听课评课、实践反思、教学研究。依靠信息网络技术,教师可以最大限度地吸纳借鉴成功的教育教学模式,迅速投入实践,并将自己的实践操作设计通过网络与广大同行进行交流探讨,反馈修正之后再应用于教学,可避免少走弯路,有效提升专业技能。借助网络,教师可以参与诸如"K12 论坛"①、"教育在线论坛"(也是一个为广大一线教师提供资源服务、探讨教育教学经验的学习平台)、教师博客等教育教学探讨活动。另外,大学慕课网的线上课程、教师远程培训平台上的课程等网络资源也可以让教师迅速提高自己的教育理论水平和科学研究技能,有很多一线教师就是利用这些网络资源获得专业成长的。信息技术环境下的虚拟教学研究模式,为反思性教育实践提供技术、环境、资源支持的新视野,真正实现跨时空、低成本、高效率的教学研究,开阔教师的视野,提高教师的教育科研能力和实践能力。②

技术的应用应要让技术真正发挥其在促进教师专业发展方面的作用,要求教师要与技术之间建立积极的互动关系,而不是对技术消极排斥。例如,教师在看网络观摩课的时候,应更多关注优秀观摩课的上课方式、教学方法、师生互动技巧等

---

① 该论坛是一个教育资源公共服务平台。K12 教育论坛本着改革、创新、发展的理念,以真实反映一线教师教育教学的独到见解,再现教育优质成果为特色;拥有丰富的教育信息、完善的教育资源、全面的专业服务,K12 教育论坛以推进学术研究和教育科研工作、发现和培养科研型的学校和教师为己任;直接面向全国 1 400 多万教育工作者,努力打造具有知识性、科研性和权威性的新型教育网络平台。见 http://www.K12.com.cn/。
② 李鸿雁. 聚焦信息技术,促进教师发展[EB/OL]. http://www.lspjy.com/thread-373912-1-1.html.

方面,而不是全盘照搬。教师在网络平台上进行课程学习时,不是将此当作一项任务,为了完成学校管理者的要求,而应从提高自己的能力出发,真正发挥网络课程的价值。事实上,一些优秀教师会借助技术的力量努力完善自己,进行专业知识的拓展。学校管理者也应对技术保持一种理性态度,为教师使用技术提供支持与帮助,而不是利用技术对教师进行规训与惩罚。只有教育主体对技术怀有理性与积极的态度,技术才能更好地发挥其应有的价值。

附 录

中小学教师信息技术应用现状调查问卷

1. 您的性别(　　)
A. 男　　　　　B. 女

2. 您所属的年龄阶段(　　)
A. 20~30　　　B. 31~40　　　C. 41~50　　　D. 50 以上

3. 您任教的学科是(　　)
A. 语文　　　　B. 数学　　　　C. 英语　　　　D. 物理
E. 化学　　　　F. 生物　　　　G. 政治　　　　H. 历史
I. 地理　　　　J. 信息技术　　K. 体育　　　　L. 音乐
M. 美术

4. 您的教龄(　　)
A. 1~5 年　　　B. 6~10 年　　　C. 11~15 年　　　D. 16~20 年
E. 20 年以上

5. 您现在的职称是(　　)
A. 正高级　　　B. 高级　　　　C. 一级　　　　D. 二级
E. 三级

6. 您的最高学历（　　）

A. 硕士研究生或博士研究生　　B. 本科

C. 专科　　D. 专科以下

7. 您授课的对象是（　　）

A. 小学　　B. 初中

C. 高中（包括普通高中和职业高中）

8. 您所在的学校位于（　　）

A. 城市　　B. 县城　　C. 乡镇　　D. 农村

9. 您所在的学校具备哪些现代化教学设备（可多选）（　　）

A. 幻灯、投影　　B. 电子白板

C. 语音实验室　　D. 电视机、录像机、录音机

E. 微格教室　　F. 闭路系统

G. 计算机　　H. 多媒体教室

I. 智慧教室

10. 您上课的教室里配备的现代教学媒体包括（可多选）（　　）

A. 录音机　　B. 投影仪　　C. 电视机　　D. 录像机

E. 闭路电视系统　　F. 计算机　　G. 电子白板

11. 您在课堂教学中使用信息化设备（如多媒体、电子白板）的情况（　　）

A. 每节课都会使用多媒体进行教学

B. 根据教学内容来确定是否使用多媒体教学

C. 偶尔使用多媒体教学

D. 从不在课堂上使用多媒体进行教学

12. 您在课堂教学中使用信息化设备的课时比例（　　）

A. 整节课　　B. 一大半课时

C. 一半课时　　D. 一小半课时

E. 零课时

13. 您对在课堂教学中运用信息技术的看法是(　　)

A. 能够极大地促进教育事业的发展

B. 能有效提高课堂教学效果

C. 效果如何有待进一步观察

D. 可有可无没有必要

E. 粉笔加黑板一样有效

14. 您平时在教学中使用信息技术手段的主要原因是(　　)

A. 个人兴趣,所以经常使用

B. 觉得能提高教学效果,所以经常使用

C. 领导的要求,必须使用

D. 教学竞赛或优质课比赛要求

E. 不曾用过

15. 您选择和使用教学媒体的目的是(可多选)(　　)

A. 激发学生兴趣,提高学生注意力

B. 帮助解决教学重难点

C. 提高教学质量

D. 开阔学生眼界,扩展学生思维,提高学生解决问题的能力

E. 促进小组协作

F. 促进学生探究

G. 替代自己教学,减轻教学负担

16. 您在哪些教学环节使用信息技术(可多选)(　　)

A. 备课　　　　B. 制作课件　　　C. 编制试题　　　D. 课堂讲授

E. 学习答疑　　F. 教学反馈　　　G. 学生自主学习　　H. 教学反思

I. 不使用

17. 您所在学校将教师是否应用现代信息教育技术作为评价教师课堂教学质量好坏的指标(　　)

A. 是　　　　　B. 否　　　　　　C. 不太清楚

18. 您认为当前将现代信息技术应用于课堂存在的主要困难（可多选）（   ）

    A. 领导意识   B. 硬件跟不上

    C. 软件缺乏   D. 教师自身观念问题

    E. 教师自身的信息技术教学能力   F. 其他

19. 您在教学过程中使用的课件通常是（   ）

    A. 学校提供   B. 网上下载   C. 自己制作

    D. 在网上下载课件模板上改动一部分

20. 您能否利用信息技术制作教材及设计教学活动（   ）

    A. 经常   B. 有时   C. 很少   D. 从没

    E. 不会用

21. 您制作教学课件的能力（   ）

    A. 能制作基本的 PPT 课件   B. 能制作含声音、视频的 PPT 课件

    C. 能利用 Flash 软件制作课件   D. 能开发专题学习网站

    E. 能制作网络视频课程   F. 没有制作过

22. 您制作微课的能力（   ）

    A. 能制作基本的 PPT 式微课   B. 能制作讲课式微课

    C. 能制作情景剧式微课   D. 从没制作过

23. 您在教学中使用现代信息技术的感觉（   ）

    A. 茫然、忧虑、恐惧、威胁   B. 有兴趣

    C. 自信、胜任、自在

24. 您在使用现代教学媒体的过程中存在哪些问题（可多选）（   ）

    A. 不会使用   B. 借还手续烦琐   C. 备课麻烦

    D. 使用环境不理想，如电视机高度不合理、投影仪亮度不够等

    E. 受学科限制   F. 课堂秩序不好维持   G. 教师发挥余地不大

    H. 缺乏与学生的交流   I. 其他

25. 您所在学校为推动运用信息技术进行教学采取的措施包括(可多选)
(   )

    A. 有具体措施鼓励教师使用　　B. 有领导分管教学媒体的建设与使用

    C. 没有具体措施　　　　　　　D. 有发展规划

    E. 上级有检查

26. 您是否接受过有关教师信息技术能力的相关培训(   )

    A. 接受过很多次,几乎是每学期一次甚至更多

    B. 接受过,但次数不多

    C. 只接受过一两次

    D. 从来没有接受过

27. 您接受过的有关教师信息技术能力培训的主要内容有(可多选)(   )

    A. 新型教学模式(例如翻转课堂)应用　　B. 声音、图像等素材加工

    C. 课件制作技术　　　　　　　　　　　D. 多媒体教室设备使用

    E. 网络资源检索与下载　　　　　　　　F. 教案撰写规范

    G. 课程网站建设

    H. 用 Excel 等工具进行成绩统计分析与管理

    I. 研究性学习设计　　　　　　　　　　J. 网络教学平台使用

    K. 微课设计与开发

28. 您对教育部门或学校组织信息技术培训的态度是(   )

    A. 非常愿意参加　　　　　　　　　　　B. 可以参加

    C. 自愿参加,不希望学校做硬性要求　　D. 不想参加

29. 您希望在教师信息技术方面采用何种培训方式(可多选)(   )

    A. 专家讲座　　　　　　　　　　　　　B. 发资料自学

    C. 案例教学(通过对信息技术与教学整合的优秀案例的分析与研究,掌握信息技术与学科教学整合的方法与规律)

    D. 研讨学习　　　　　　　　　　　　　E. 实际操作

    F. 网络教学　　　　　　　　　　　　　G. 讲练结合

    H. 听课观摩　　　　　　　　　　　　　I. 其他(请补充)_____

30. 您认为目前教师信息技术培训的重点应该是什么（可多选）（　　）

A. 常用软硬件的基本操作　　　　B. 多媒体课件设计与制作

C. 网页制作　　　　　　　　　　D. 先进的教与学理论

E. 信息技术与学科教学整合的理论与实践

31. 您利用搜索引擎和各类网站等各类信息技术媒体获取教育资源或进行专业学习的频率（　　）

A. 经常　　　　B. 有时　　　　C. 很少　　　　D. 从没有

访谈提纲

1. 如果没有考核的要求，你是否会主动使用信息技术，为什么？

2. 您对自己使用信息技术情况的评价如何？

3. 您所在学校对于教师使用信息技术有哪些要求？您觉得是否合理？

4. 您在教育教学过程中是否会主动使用信息技术？

5. 您所在学校会要求观看网上的"典范课"视频吗？您会观摩还是直接将这种课堂形式运用在实际的教育教学中？

第四章　体制化生存：教师生活史研究

上一章主要从教研制度和信息技术的外部作用机制入手,探索了学校变革中的结构性因素对于教师专业成长的作用与影响。本章主要以教师口述史为主要内容,通过对城乡不同学校组织文化背景下教师生活史的叙事探究,从教师视角出发,探索学校组织文化对于教师成长的意义和价值。教师的成长与学校发展息息相关,学校的微观环境、组织文化对教师个人成长具有决定作用。学校发展与教师成长的互动关系在当今时代尤为凸显:学校发展主要依靠教师的发展;学校成长,也主要依靠教师的成长。学校能否激发教师的内驱力,促使其主动、健康地成长,将决定一所学校的未来发展。正确认识学校对教师成长的影响因素,对探究教师专业成长、学校内涵发展、校长领导力以及学校改革研究都具有重要意义。

第一节　浸润与跃迁：一位城市青年教师的成长历程

学校组织文化主要指学校成员所持有的价值观念体系。国内教育学界对学校组织文化的探讨近年来呈上升趋势,但国内学者对学校组织文化的说法不一,在《教育文化学》[1]一书概括了5种学校文化的界说后,对学校组织文化做了如下界定:学校组织文化指的是学校在长期的教育实践与各种环境要素的互动过程中创造和积淀下来为其成员认可的纪律与气氛、教与学的行为方式等行为规范体系,以及学校布局、校园环境、校舍建设、设施设备、符号、标志物等物质风貌体系。学校组织文化作为一种隐性课程,潜移默化、润物无声地对教师、学生的思想观念、语言

---
[1] 郑金洲.教育文化学[M].北京:人民教育出版社,2000.

行为等产生着作用与影响。

一、背景呈现：一位城市青年教师的生存环境①

李老师大学毕业后来到了东南沿海的 S 市工作。S 市是江苏省下辖的地级市、扬子江城市群的重要组成部分，国务院批复确定的国家历史文化名城和风景旅游城市、国家高新技术产业基地、长江三角洲重要的中心城市之一，经济发达，城市开放，外来人口很多。开放的经济造就了 S 市中小学校的多样化发展态势，这里既有传统的市直属公办学校、外来民工子弟学校、私立学校，也有本地和国外筹办的国际学校，前些年还有高中名校下属的公助民办学校。不同的学校呈现出不同的组织文化和发展样态。S 市有新区、园区等多个开发区，各区教育发展不均衡，教育风格和理念也不尽相同，既有苏派教育的实验学校，也有海派教育的典型学校；既有应试教育的典范，也有素质教育的基地。总之，S 市的基础教育呈现出多元化的发展态势。在教师队伍构成方面也复杂多样，有的学校以本地教师为主，有的学校以外来教师为主，有的学校则是兼容并包，还有的学校返聘退休教师占比很大；有的学校教师队伍呈现出年轻化发展趋势，特别在经济发达区域，也有的学校出现了教师年龄断层现象。在不同学校背景下青年教师的专业发展呈现出不同的发展样态。

二、教师生活史自述

李老师生于 1982 年，江苏人，2005 年参加工作。2005—2007 年在私立中学 T 学校任教，2007 年 7 月 T 学校倒闭，李老师失业。经人介绍前往一所拥有众多民工子弟的公办 S 学校代课，1 年后 S 学校因上级教育部门规划调整，学校被迫解散，体制内教师流入其他市直属公办学校任教，李老师再一次失业。2008 年 8 月，李老师通过撒网式向各招聘学校自荐，经三轮筛选进入市王牌初中、民办公助的 L 学校，得以继续自己的教海生涯。2010 年，L 学校因国家政策调整办学性质发生变化，转为公办校，李老师才获得教师编制。2011 年，学校整体搬迁，李老师第一批

---

① 这里的地名、校名、人名均做了技术处理.

进入新校园任教。2014—2016年李老师交流至X学校,开始了作为交流教师的职业生涯,直到2017年8月返回L学校。李老师在从教15年的职业生涯中共在4所学校任教,同时担任班主任15年时间,对所历经学校的组织文化有着细致的观察和体悟。深入研究李老师的职业生涯,从中可以发现基层青年教师的成长与学校文化之间的内在关联。

（一）满怀理想却陷入迷茫

1. T学校的组织文化

T学校位于市中心,是一所私立中学,包含初中和高中两个学段。学校破旧,设施落后,是在历史悠久的老校基础上改造而成的。学校从1998年创办伊始的4个班,160名学生,到2005年的37个班,1400余名学生,获得了飞速发展。校长和董事长由S市两所王牌高中的退休校长担任,实行专家办学、名师执教的办学策略。从师资情况来看,教师队伍主要由已退休的老教师群体构成,全校教师86人,退休教师占70%,特高级教师占比极高,人数达到68人（其中特级教师6人）;荣获各级荣誉称号的教师有56人;相比之下,30岁以下的年轻教师占比极小,只有17%。

学校初中部生源主要来自S市周边各区以及S市下属各县级市的一些家境富裕但家长无暇教育孩子的家庭,这些学生因为家境殷实,俗称是含着金钥匙出生的,所以脾气性格都不算好,有个性但不懂得尊重教师,平时教育如果采用单纯的压制手段很容易造成他们情绪上的反弹,从而引发师生关系的矛盾紧张。因为生源减少,T学校于2007年7月停止招生,结束经营。

T学校校风严谨,对学生采用全寄宿制军事化管理,每两周才放假一天半,教师需轮流看晚自修。校领导对教师的要求非常严格,常常听推门课,不定时抽查备课听课情况,而且对青年教师的着装、仪表有着近乎严苛的细致要求,例如女教师不允许化妆（淡妆也不行）,不允许染头发,男教师最好板刷头,等等。校长严禁本校男女教师之间谈恋爱或有亲密举动。因为学校老教师居多,在校长的影响下他们教学水平优秀但思想传统,不太能接受新的潮流和文化,所以学校从上到下都对青年教师较为挑剔。相对来说,思想行为较为传统的青年教师比较容易获得他们的好评,在教育理念上,老教师希望青年教师和他们保持一致。

2. 教师成长自述

2005年8月,我踏上教师这个神圣的工作岗位,那是国家第一年停止对师范生工作包分配。经过坎坷的应聘之路最终我在一家私立中学——T学校争取到了职位,这一待就是两年。学校安排刚工作的我担任初二年级成绩最差班级的班主任,并任教两个班级的语文。那时的自己只是抱有"教师就应该完全奉献给学生"的理想,怀着满腔热情全身心投入工作中。仍然记得自己接班伊始就觉得每个孩子都是如此可爱聪明。宁愿自己加班准备资料、利用课间为每一位同学解答问题,也舍不得对同学们有一丝责备,即使在多年以后,在责备孩子们的时候,内心依然饱受着煎熬,犹如刀尖划过。那时的我与孩子们走得特别近。我每天觉得很充实,努力钻研教学内容,寻找能让孩子们更轻松的学习方法,每日在日记本上写下自己的教学日志,如同一位父亲记录着孩子的点点滴滴。我给孩子们过生日,我们一起利用周末外出郊游,课间探讨各种问题,我则显摆自己的各种特长,和孩子们一起踢足球、跳绳。这些孩子觉得我和老教师们不同,渐渐地把我当成是他们的朋友。

这时,楼上其他年级的一位年级组长就出来批评并告诫我,让我不要和学生走得太近,否则学生就会无法无天,这样不是"好老师"。后来还发生过因为学生常来办公室围着我,超出了一些人认为的老师该有的样子,这位组长就去校长那里告状,说我控不住班级,学生都爬老师头上去了。告状的结果就是校长亲自找我谈话,让我要对学生"凶"一点。这让我产生了恐惧感,因为我听说这所私立学校之前就有教师因为被校长谈话而丢了工作的。

于是,我在20多岁的年龄,将自己设定为了50岁的状态,成了很多老师眼中的"好老师",时刻保持着严肃的外表,脸上极少有一丝笑容。但这却不是学生眼中的"好老师",后来班级还是出了很多岔子:打架、群殴、逃夜、敲诈、"早恋",甚至还有学生参与了贩毒。这是我15年班主任生涯中最难带的班级。一切似乎印证了楼上那位组长说的话——我真的控不住班。这个时期,我不断否定自己,对如何成为一名优秀教师彻底迷茫了。

从李老师的叙述中可以看出,他与学生、同事、领导之间的不相容主要在于现行教师评价方式压缩了青年教师的生命成长周期,忽略了青年教师的现实需要以及专业成长的规律性,因为要成为一名优秀教师或优秀班主任,往往需要较长时间和经验的不断积累;教师的实践性知识是情境性和脉络化的,不是可以简单传授的。这样的评价方式考验着新教师的心理承受能力和耐挫力,一些学校管理者往往缺少耐心和等待,青年教师自身也缺少足够的心理准备;虽然可以向身边的老教师、经验丰富的班主任请教,但他人经验不是可以简单拿来的,一定要善于取舍。例如,在师生关系的处理上,老教师建议新教师不要跟学生走得太近,否则镇不住学生。于是,一些新教师开始刻意与学生保持距离,以此在学生心中树立个人权威,反而导致与学生的关系变得紧张,不利于班级各项工作的开展。事实上,青年教师与学生年龄差距小,便于沟通,客观上有利于良好师生关系的建立。学校组织文化与教师观念上的差距使得青年教师难以适应,又苦于无人点拨,于是陷入迷茫之中。青年教师需要主动了解自己所在学校的观念文化,思考如何在学校组织文化中定位自我,以期尽快适应并融入学校的整体环境。

(二) 感受爱的文化和管理艺术

1. L学校的组织文化

这是一所有着千年历史的老校L学校的初中部,是1996年政府与社会力量联合创办的一所国有民办公助性质的全日制初级中学,2010年前一直是S市的王牌初中学校,至今仍是S市初中素质教育的标杆。学校也由最初的4个班200多名学生发展到2010年时的70个班,近3 000名学生;由最初的大班教育转变为全部小班化教育。学校教学成绩优异,生源优秀,学生"基础扎实、视野开阔、健康向上、后续力足"的特质已然成为L中学引以为豪的闪光点。毕业生中已有100多名公派新加坡留学,50多人被世界联合书院录取,曾获国际奥林匹克竞赛金牌两块,有江苏省高考状元2名,大市状元3名,考取清华大学、北京大学近60人,被哈佛大学、耶鲁大学、剑桥大学、牛津大学、普林斯顿大学、东京大学等世界著名大学录取近400人。L学校教师群体优秀，教育理念先进。学校在编教职员工245人，其中特级教师5人，大市、市区学科带头人40人，市级名师工作室3个，80多人次获得大市级荣誉。近3年来在评课选优、教学基本功竞赛等赛项中获大市级一、二等奖的近50人次，获区级一等奖的30多人次。学校历届校长领导力强，理念先进，管理艺术，关心教职工的生活和工作，关心新教师的成长，在校长的引领下，学校充满着宽松自由的教学氛围，教师和学生在这样的环境中能够主动学习、自主发展，这也是L学校成为S市基础教育高地的重要原因之一。

  2008年，随着S学校的解散，我再一次失业。好在我没有放弃，经过残酷的三轮面试，竟然争取到了L学校唯一的录用名额，所以我倍感珍惜。L学校是当时全市最好的初中，这里汇集了最优秀的教师群体和最优秀的学生。要迈进这所学校是非常不容易的，无论教师和学生都是这样。在L学校工作的前几年是我最努力地学习和汲取养分的岁月。在这里，我见到了一些特别有班级管理艺术的优秀班主任，遇到了上课风趣幽默、精彩纷呈的特级教师，我看到的学生一个个阳光健康、积极向上，我遇到的同事友好热情……这些为我打开了一扇神奇的大门，让我看到更宽广的世界，同时了解了世界教育的格局，学到了先进的教育理念，优秀的教师、学生和家长群体也在倒逼自己的专业成长。

  L学校的高中部拥有悠久的历史和传承千年的文化。L学校的校园文化和高中部一脉相承，其文化是爱心文化，很多活动都与爱心有关，例如：爱心艺术节、爱心义卖、爱心捐赠等。身在这样的学校，教师和学生会不自觉地受到文化的影响，让自己也变得有爱心以符合学校的文化氛围。

  进入L学校时，我感觉这所学校很特别的是，这里好像没有校长的存在，校长平时似乎不怎么出现，也不怎么管理学校事务。但L学校却是一所十分自律的学校，教师们不需要领导督促，自己就会做好所有的事情；这里没有领导的硬性规定，却没有教师迟到早退。校长对学生的学习成绩没有指标要求，但所有的教师都很认真努力，考试取得令人满意的成绩也就顺理成章了。一切好像来自于师生的自发自觉。开会时校长在台上讲话,台下一片肃静,没有人玩手机开小差,这是我之前完全无法想象的场景。在我遇见了Z校长之后才知道一切都来自她的管理艺术:对教师生活的关心,对新教师成长的关注,对学生的精神关怀是她的主要工作;看似"无为而治"却时时都在"有为",她的管理总是恰到好处,点到即止,在教师最需要的时刻总有她的身影,她是我遇见的最具领导力的校长。

在和Z校长相处的两年时间里,我从她的管理艺术中学到了很多:做一个高效的管理者,完全可以让自己不用事必躬亲,适当放手也是一种艺术;最优秀的人总是让自己在轻松的工作中卓有成效;整天忙碌却低效的工作是不可取的。如果把这种管理模式运用到班主任的班级管理中会怎样呢?有了这样的想法,我就开始付诸实践,例如用"团队组合法"安排座位和值日生,激发和调动学生的自主性,这些方法被证明是非常有效的。

在李老师的叙述中我们发现,学校悠久的历史本身就是一部教科书,它曾经获得的各种荣誉和自身存在的文化对教师而言就是最好的激励,这种影响是潜移默化、深入人心的,对于生活工作在这里的师生而言是一种无形的力量,进而萌生一种"今日我以学校为荣,明日学校为我自豪"的荣誉感与责任感。校长的管理艺术对于教师成长的影响重大,它能培养一所学校的风气,进而影响到教师的个性发展。如果学校领导很有管理艺术,那么这所学校就会气氛和谐,教师开展教育教学甚至创新工作就会自觉主动。反之,如果学校领导的行政干预色彩过于浓厚,不仅会使教师失去自主权,更会消磨教师的上进心。教师需要的是精神上的关怀、思想的成长,不是过度的干预。只有当教师感到在教育教学中有更多的自由度和自主权,并确信他们能够参与学校决策时,教师的职业倦怠感才会消失,才能在教育教学中实现自我超越,进而拥有不竭的创造力。

总之,如何挖掘与传承学校的历史文化传统,弘扬学校的文化,让教师浸润其中,主动承担学校发展的责任;如何进行艺术的管理让教师在教育教学中获得更多的自由自主权,是每一位学校管理者应该思考的问题。

2. 遇见最美校园

L学校旧址位于市区内,建筑老旧,教师办公楼是由以前一所师范学校的宿舍楼改造而成，教室也很有年代感，设施十分落后，还是沿用着一支粉笔、一块黑板的上课模式。上课如果需要用到多媒体，教师需要自带手提电脑并提前放下投影布。L 学校在 2010 年应上级教育部门的指示，性质彻底由民转公。2011 年，学校由市区整体搬迁至城市外围的新校区。因为在郊区，占地面积比以往有所扩展，学校各类建筑设施都随之发生了巨大的变化。

> 我是 2008 年来到 L 学校的，当时走进校园，感觉这里有些年头了，据说篮球场曾经是日本侵略者屠杀市民的埋骨之地，听着有些吓人。教室光线较差，设施落后，开一节公开课往往要做很多设备准备工作。2011 年，L 学校应教育局要求搬迁至新校区，我也随之来到了新校园。新校园完全摆脱了老校区的陈旧建筑，楼房都是红砖，与学校提倡的爱心文化相匹配，看着让人暖心。教室非常敞亮，校内植被丰富，还有属于学校的菜园可以提供给师生开展种植文化的课程；连学校食堂也被誉为"整个市区学校中最好的食堂"。夏天的时候，整个学校红砖碧树，芳草茵茵。在这样的校园内徜徉，是极有幸福感的。午休的时候，我常常能在操场上遇到散步的同事和学生，他们的脸上常常是绽放着笑容的。教室都没有黑板，只有一台一体机和两大块白板。从此，我远离了粉尘，摆脱了一块黑板、一支粉笔上课的境遇。在这样优美的环境中，心情愉悦的我灵感迸发，带着学生们在学校里寻找春天，发现落叶，认领植物，这些使学生也产生了对学校的认同和归属感。在新校园的前三年，我遇见了最好的自己，班主任工作走向成熟，逐渐形成自己的带班特色。

在李老师的成长自述中，学校物理环境向教师传递着或温暖或冷淡的不一样的信息，包括教学楼的颜色、绿色植物的位置，这样一些细节的意义，并不仅限于"让学校的每一个墙壁都说话"的教育功能，而是使生活在这里的教师对学校产生了认同感和归属感。同时，L 学校先进的教室设备，则向教师传递着现代教学的具象化表达。对于年轻教师而言，在一体机和电子白板的教室环境中实施教学，既是对自己现代教学技术使用能力的检验，也是对自身工作环境的改善，另外，告别了粉笔的粉尘污染,教师由此产生了被尊重的感觉,对学校的信任感和归属感也由此产生。总之,物质环境的布局是与学校文化相匹配的,什么样的物质环境能够让教师产生归属感和认同感,是一个值得学校管理者和研究者深入思考的话题。

(三) 逆境中坚守

X学校是李老师作为交流教师的所在学校。学校始建于2008年,是一所市直属公办初中。因为是新建学校,在当时被誉为现代化学校的样板,但是随着校长的更迭,学校在生源质量下降的情况下举步维艰。X学校以管理严格著称,首任校长对学校实行精细化管理,教师和学生压力非常大。学生生源主要来自周边一些老新村,直接影响到学校的升学与录取率,但是新学校又特别重视这些,这可能就是学校严格管理的根源所在。

该校教师来源主要是两所因教育主管部门的远期规划而解散的学校,后来又吸纳了一些其他学校的优秀教师和部分高学历的应届毕业生。学校以中青年教师为主,女教师较多。因为教师来源不同,工作理念、处事方式、为人性格也各不相同,所以教师之间彼此缺乏认同感,关系紧张,互相倾轧,拉帮结派,特别是有志于走上领导岗位的教师,为了升职互相诋毁,偷偷到校长办公室打小报告的行为屡见不鲜,领导也喜欢用这种方式来了解下属情况。教师之间表面和气,其实心里各有一本账。再加上学校绩效分配存在不合理性,行政人员权力大,造成教师收入分配的不公平。这样的工作环境导致教师工作积极性普遍较低。学校工作极为繁多,但是往往重在形式;为了应付校领导的精细检查,教师常常花大量时间去做一些表面文章,严重损耗了研究教育教学的时间。2014年8月,X学校正式纳入L学校的集团校,为了帮助X学校发展,两所学校随之开展了教师交流。

> 在X学校的两年交流生活很是煎熬,这种困境集中体现为强烈的被排挤感。学校同事之间往往是外和内离,表面上关系不错,其实大家都不讲真心话。后来我了解到大家是不敢说真心话,因为在教师群体中有很多领导的"眼线"。一个教师白天在办公室说的话,中午领导就知道了,于是大家开始冷漠对待所有的事情,少言寡语以期明哲保身。这还不算什么,有一次我因为要参加电视台的拍摄,竟然找不到一个同事愿意帮我

制作课件,排练节目的舞蹈房借不到,有时我需要总务部门提供一些工具或材料都要历经千难万阻。年级组检查班级卫生路过我所带班级的教室,只听到外面检查的教师说:"他们不属于我们学校,不要去检查。"我至今仍记得,和我一起来交流的一位生物教师为了使用生物实验室大费周章,最后是找到了一同过来交流的一位副校长才得以解决问题。在年终绩效分配上,所有交流的教师都感觉受到了不公正的待遇,包括我在内。我感觉自己作为 L 学校的教师在 X 校园是不受欢迎的,在这里没有归属感,这两年甚至都没有认真地了解过班级常规管理的得分情况,满脑子都是想要回 L 学校的念头。

在李老师的自述中,我们看到 X 学校的人际关系紧张,学校中有一些人喜欢向领导"汇报"教师的言论,导致教师间互相诋毁猜忌。学校有这样的小团体存在,形成不和谐的风气也就不足为奇了。很显然,人际关系紧张的学校,青年教师在忙于业务学习的同时还要应付复杂的人际关系,严重影响他们的成长与发展。如果青年教师长期处于这种紧张和焦虑之中,和同事、领导之间不能相容,得不到来自集体和个体的支持与共鸣,对学校不能产生认同,很容易迷失方向。

学校里的人际关系是学校心理环境的重要组成部分。学校教育主要是通过师生间的人际交往和沟通来实现的,青年教师的成长则是通过同事之间,特别是与有经验的老教师、学校领导的人际交往和沟通来实现的。青年教师的个性发展与教育理念的升华,离不开对以上人际关系的适应。同事间人际关系的宽容、健康、和谐与否,直接影响到青年教师的发展意向、情绪状态和行为模式,进而制约着青年教师的个人成长。人际关系紧张的学校组织文化,一方面是由于学校历史发展的原因,另一方面,学校组织中人员的性别比例、年龄结构、学历差距、教师内部竞争、小团体的存在等都是影响人际关系的主要因素。当然,学校领导也难辞其咎,校长的领导方式、工作作风等因素都影响着学校组织文化中的人际关系。综上所述,不同的学校组织文化、学校内的人际关系等因素构成教师专业发展的软环境,无形中制约着教师的专业成长。教育改革只有诉诸文化的变革,才能具有持久的生命力。

第二节　顺应与抗拒：两位县域青年教师的底层抗争

一、背景呈现：县域教师的生存环境

吴老师和梁老师同在 C 县 T 中工作。C 县位于湘鄂赣三省交界之北麓，是湖北省东南部的省级贫困县，其地理位置素有"一脚踏三省"之称，是咸宁、岳阳、九江金三角中心交汇点，是湖北省的南大门。全县人口 60 万，人均耕地面积不到 0.8 亩，人口密度大，经济虽不发达，但交通还算便利，境内有杭瑞、武深高速，2 小时内可到达武汉、长沙。C 县人遍布全国各地打工经商，经济依靠"打工经济"，是湖北省劳务输出的第一大县，留守儿童居多。

T 中是市级示范高中，目前正致力于省级示范学校创建。学校位于城西郊区，总面积 342 亩，实行全寄宿制封闭式管理，现有教学班 67 个，学生 4 100 余人，在职教师 256 人，有编制教师 231 人，没有编制教师 25 人，占比近 10%。学校管理人员 47 人，占 18.4%。性别结构：女教师 92 人，占 35.9%；男教师 164 人，占 64.1%。年龄结构：60 年代出生的有 98 人，占 38.3%；70 年代出生的有 77 人，占 30.3%；80 年代出生的有 69 人，占 26.7%；90 年代出生的有 12 人，占 4.7%。来源构成：外地教师有 43 人，占 16.8%；本地教师有 213 人，占 83.2%。职称结构：其中特级教师 3 人；高级教师 107 人，占 41.79%；中级教师 86 人，占 33.59%；75.39% 的教师拥有中高级职称，近 25% 的教师为初级职称或没有职称。

在 T 中学，教师年龄结构很不合理，近一半教师年龄接近或者已经超过 50 岁，他们中的绝大多数人已经获得了高级职称，有高级职称的教师往往带课少，待遇高；与此形成鲜明对比的是年轻教师职称低，带课多，待遇低。分配制度的不合理导致青年教师的教学积极性受到了极大压抑。由于教师地位低，更多的教师向管理岗位靠拢，因此，学校管理岗位设置比例较高，造成人浮于事，管理效率低，干群关系紧张，难以调动教师的工作积极性的局面。在学校制度建设方面，很多制度不

规范,不透明,没有形成教师培养的支持性制度,例如,近20年来学校几乎没有给教师提供在职进修的条件和机会,年轻教师职称晋升和自我提升的道路几乎被堵死。在这样一种封闭落后、资源稀缺的县域制度环境中,绝大多数年轻教师为了自身的生存与发展,都要面对吴老师和梁老师这样一种"融入还是远离体制"的双重困境。

二、教师生活史自述

吴老师生于1983年,湖南人,2007年参加工作;梁老师生于1981年,四川人,2006年参加工作。两人身上有许多共同之处:都敬业爱岗,教学成绩优异,获得学生的尊敬和喜爱,都来自边远贫穷地区,来自底层,通过高考考上了名校;业务精湛,都有着良好的工作业绩。同时又有着太多的不同点:梁老师是"官方认可的骨干教师",教师能得到的荣誉他"几乎全有,任何事情都很成功"。吴老师是"学生认可的优秀教师",没有获得任何荣誉,连初级职称都没有,得不到官方认可,甚至被排斥和边缘化。从生活状态来看,梁老师穿着精致,时尚前卫,有房有车,家庭幸福;吴老师穿着朴素,无房无车,单身贵族,两人形成了鲜明对比。深入研究他们,是为了呈现县域青年教师的生存现状,从中发现基层青年教师与现有体制之间复杂的互动关系。

1. 童年理想:念好书为了"跳农门""娶媳妇"

在我的记忆中,自上学的第一天起,我妈妈就要求我好好学习,那个时候的社会风气还比较淳朴,我也乐意读书。小时候我比较贪玩,当然,爱玩是小孩子的天性。在村子里,我那些同龄的小伙伴都必须帮助家里干活。可能是我小学的成绩比较好吧,家里对我寄托的希望很大,都希望我"跳农门",成为"国家的人",当时年纪小,也不明白这是什么意思。我记得特别清楚的一次,我没有按时完成老师布置的作业,结果被我妈发现了,她狠狠地打了我的屁股,还罚我跪了半天。后来,我再也不敢不做作业了,我就老老实实读书吧!直到今天,我还是蛮感激我妈的,但是,我读了这么多书,也并不觉得有多好。我总觉得,人生在某个节点,遇到某个重要的人物，真的会影响自己的一生，改变自己的命运。比如我小时候有几个同学，和我的成绩差不多，可是，他们最终只读完初中，有的连初中也没有读完，其实在他们中间，我的成绩并不是最好的。他们的爸爸妈妈都不在家，是留守儿童。我妈妈为了让我好好读书，一直没有出去打工。一路下来，我读的初中是我们当地最好的中学，我读的高中也是最好的中学。我读高中的时候，我们当地人都在盖楼房了。可是，我家里却没有钱盖楼房，不过我妈妈很高兴。所以，从读高中第一天开始，我就要好好学习，一定要考上很好的大学，我也不知道什么是好大学，这就是我学习的动力，我从来没有懈怠过，我要好好努力，实现我的梦想。（吴老师）

在我儿时的记忆中，家里非常贫穷，就连我们那里的山都是光秃秃的，那个时候，尤其是我弟弟出生之后，家里的经济压力很大，我爸爸对我的要求就是好好学习，不然的话将来两个儿子娶媳妇的压力很大。我小时候成绩好，弟弟成绩差，爸爸和我说得最多的是，我必须依靠自己，他要为弟弟的将来做些准备。有一次，我逃学被爸爸逮住了，差点被打个半死，直到现在我还记得，我爸爸对我说："你要是不好好念书，你将来就像村子里某某，永远娶不到媳妇，打光棍的。"当时我也不怎么明白，我好好念书，和娶媳妇有关系吗？直到现在，我终于领悟到爸爸那质朴的话语，如果我没有好好念书，没有考上大学，说不定还真的娶不到媳妇。后来，我就将爸爸的话印记在脑海里，直到现在，我们村子里面还有很多和我同龄的人没有娶到媳妇。我弟弟不怎么会念书，爸爸就早点给他娶媳妇了。我从小学到中学，就一直这么努力下来，所有的动力来源于内心的恐惧，我害怕自己将来会成为一个光棍，成为找不到老婆的人。尽管当年也不知道找老婆的意思，但是我的动力就是来源于要好好念书，找个好老婆。就这样，我一直努力，我的成绩都是最优秀的，每次考试取得好的成绩，我知道离找到老婆的距离又近了一步；每次当我的成绩不理想时，为了自己的未来，为了找个好媳妇，我必须好好努力，将自己的功课赶上去。（梁老师）

对很多人而言,要改变自己的命运需要付出艰辛的努力。农村孩子走读书这条路更为艰辛,他们获得社会流动的机会并不轻松,当他们中的很多人还不明白"机会"是什么的时候,已经没有机会了。即使幸运获得"机会"的那一部分人,他们的亲人和他们自己都已付出很大的代价,失去了很多的东西。"留守儿童""父爱母爱的缺失",数十年如一日的坚守,对每个人而言,要做到这一点并不容易。所以,他们从小就背上了"沉重的十字架",绝不容许自己在学习上有丝毫的懈怠。而这些都在他们的童年时代留下了深刻的印记。梁老师好好念书的动力,来自将来不能打光棍,只有好好读书,才可以娶到好媳妇。多年后,他实现了儿时的理想,考上了理想的大学,大学毕业后,他找到了理想的工作和如意的伴侣,实现了童年的梦想。

一个人在人生最为重要的阶段,遇到生命中的"重要他人",再加上不断地努力前行,对自我有一种成功预期,这是人生取得成功的重要条件,这正是吴老师、梁老师走向成功的第一步。自我预期就是自我实现的预言,"一个人一旦形成了某种期待,他就会把这个信念当成真实的,从而朝着这个方向去努力,最终他的行动使信念变成了现实。"[①]

2. 长期背负学习的"十字架",负重前行

我一直是在家人对我的期待中学习的,幸好我的成绩总算让我的父母亲比较满意。每次我回家的时候(一个月回一次家),看着周边村里的楼房不断地建起来,可是,我家还是那个低矮的房子,我觉得很难受,就会有一种负罪感,我对自己说,我一定要考上好的大学,在这样的压力下,我就更加拼命地学习了。当时总是感觉自己的压力大,只要松懈下来,我就感到难受,就会有愧疚感,甚至罪恶感。我有时候想,要是我没有考上好大学,那我的学岂不是白上了。我家那低矮的瓦房也不允许我考不上大学,我即使不在意别人的眼光,也总是觉得我家瓦房在看着我,就这样,一直到高考,我都没有松懈。我是必须要考上好的理想的重点大学的,这就

---

① 章志光,金盛华,等. 社会心理学[M]. 北京:人民教育出版社,1996:560.

是我的信念。我一直坚信奋斗的力量,遇到任何困难,就告诉自己,我一定要坚强,好好挺过去。这种好的秉性和毅力让我在后来工作中遇到困难时,渡过了难关。比如我刚开始写公众号的时候,就特别艰难,但是我依然没有放弃,坚持下去,我几乎每天都要求自己写各种文章,最终成就了自己。(吴老师)

由于我的成绩一直比较好,也没有让父母为我操心,我弟弟的成绩一直不好,我父母的愿望,就是早点给我弟弟成个家。正是基于这样的原因,父母明确地告诉我,你必须好好努力,你需要对自己负责,我们是管不了你多少的。事实上,我明白,我的父母即使想管我,他们的确也没有这个能力。弟弟是很难把书读好的,我们全家都这样认为,即使弟弟真的可以把书读好,对我的父母来说,也不是什么好事,两个孩子读书,真的给他们太大的压力,这样弟弟成绩不好在父母看来也不是什么坏事。我知道自己已经没有退路了,所以,我几乎是每天都在学习。当我厌学的时候,当我倦怠的时候,我就告诉自己,一定要坚持下来,不然,我将来就会待在农村,我不像弟弟,弟弟尽管不会读书,可他是位劳动的好把手,他很会干活,在农村有自己的生存能力。而我就不同了,我过于文弱,待在农村的话,什么活也干不了,待在农村就是死路一条,一旦待在农村,那我就会加入村子里的光棍队伍,我甚至远远不如那些光棍。想到这些,我就会感到无比的恐惧,我必须好好努力。为了自己的未来,为了自己不至于成为一个光棍,我必须好好努力。如果我成为光棍,我弟弟也会娶不到媳妇的,反之,我好好努力,考上理想的大学,我和弟弟都不至于成为光棍。我肩负着家庭的重任。(梁老师)

对于他们而言,小小年纪就背上沉重的包袱,体会了生活的艰辛。他们永远不会让自己有丝毫懈怠,正常的休息都被认为是"犯罪",进而会无比的"愧疚",甚至有沉重的"罪恶感",在他们的个人奋斗史上承受着来自物质和精神上的双重煎熬。心理学研究表明,成就动机是一种重要的社会动机,对个体的工作、学习有着巨大的推动作用。成就动机并不是个体成功的唯一影响因素,除此之外,家庭的期待、社会的赞扬、个人的兴趣、他人的认可等都是个人获得成就的重要因素。"成绩好，就会有出路"，人生才不至于太黑暗，"考上理想的大学，不仅仅关系到自己的人生，还关系到家族的命运。"尽管高等教育不断走向大众化，但是对于农村孩子而言，高考的竞争依然很激烈，考上名牌大学的难度更大，必须从小努力学习，"除了学习之外还是学习"，所有的一切都围绕着"应试教育"，培养良好的"应试技能"，不能有丝毫的懈怠。

3. 报考大学和选择专业的盲目性

> 高考的时候，压力太大影响了我的发挥，但是，还算好，我没有马失前蹄，终于考上了大学。报考大学的时候，我高中的班主任叫我报考师范大学，这样花费就低一些。那个时候，还没有免费师范生，我的下一年就出现了免费师范生，什么都不需要缴纳。他们每个月还有生活补助，工作不但国家安排，也不用交学费。当时我家里为了我读书的学费几乎亏空了。考上大学后家里请客庆祝，亲朋好友都请来了，请客的目的主要是为了凑学费，请完客，我第一年的学费总算解决了。考上好大学，请客光明正大，别人也愿意给你送礼金，这样可以解决燃眉之急。后面的路就可以慢慢走，先把眼前的困难解决了，这才是最重要的。（吴老师）

> 我们四川人口基数大，我好不容易考上了大学，是中部地区一流的大学，当初对前途什么也不知道，就随便填了一个志愿。我打算将来从事教育工作，就填了一个教育学专业，后来到学校之后，才为自己的无知感到可笑，其实我应该填物理或者化学、数学，那样我后来的就业就会顺利多了。说白了，教育学，除非一直读到博士，本科的教育学还是比较空的。要想从事具体的学科教学，必须要选好专业，当然，我既然来了学校就必须好好学下去。我满怀梦想来到大学之后，就知道需要规划好自己了，然后按照自己的路一步一步走下去。我读高中的时候，物理成绩比较理想，我打算以后就从事物理教学工作。（梁老师）

农村的孩子压根就不知道专业为何物，周围很少有人能够给予他们指导，这为他们后来的职业生涯带来很多的阻碍,没有职业规划,必然要为此付出代价。梁老师选择了教育学,可是他的特长却是从事具体的学科教学,这一次无知的选择,决定了他未来的职业必然要走弯路。而所谓理想的大学在他看来就是重点、名牌大学。当他们历经千辛万苦获得了大学的"入场券"时,对他们而言,摆在面前的还有一道不小的坎,那就是学费问题。他们对大学充满了期待,有着过多的憧憬,但还没有享受到考上大学的喜悦,就必须面对新的困难和挑战。他们的思维过于单一质朴,大学的竞争除了个人努力外,还有学习背后的家庭"经济资本""文化资本",以及他们长期形成的文化惯习,可是这些,他们或许是不知道,或许是压根就意识不到。当进入大学之后,他们身不由己地要补上这一课。这个时候,他们感到深深的无助,可是几乎没有人能够帮助他们。

4. 大学面临着新的学习竞争压力

  我大学第一年就没有找家里要生活费了,我都是做兼职。后面三年学费都是贷款的。每当我懈怠或者不愿意兼职的时候,我觉得无法向父母开口要钱,我就自己去赚钱。什么都做过,家教、发传单、做杂工。没有做不到的,只要想得到。可是这样很辛苦啊,大学竞争真的很激烈,来的都是各地的高手,我又在课外花费了太多的时间。没有办法,我哪里都不能去。主要原因是我没有时间,更主要的是我没有钱,我还要去赚钱。其他同学到处去旅游,我哪里也不能去,我还必须兼职。我也不能谈女朋友,还是没有时间。直到今天,我看到异性同事都脸红,当初我可是在"女儿国"待了四年啊。没事的时候我就练笔,写写柔情的文章,这也为我日后的写作奠定了一定的基础。(吴老师)

  我在大学期间什么兼职都做过,家庭条件不好的同学都必须自谋生路,尤其是来自山区的同学。可能是从小立下的志向就是"考上理想的大学,就可以娶到好的媳妇",尽管从小没有怎么接触到女生,可是在大学看到女生不怎么害羞。也许我从小对这个问题想得比较多,相当于接种了疫苗,对女生不怎么害羞,这也是一个优势,这个优势还真的给我带来了很多的帮助,在感情上还走得比较顺畅。可是我们农村来的,由于花费太多时间做太多的兼职,本来自己的基础就不好,过多的杂事对学业有着很大的影响,自己又一向比较内向,也缺乏与同学足够的沟通,没有参加课外社团活动,这些都是短板,对自己以后发展有着很多的不利。(梁老师)

农村孩子考上大学之后,他们有着一系列的不适应。对他们而言,大学不只是有梦想,有文化,还有经济的压力。由于家庭的贫困,他们更多的课余时间都用在解决基本的生存问题上。而大学学习的压力很大,并不是当年别人所宣传的学习很轻松——事实上,重点大学竞争压力大,很多同学努力学习,依然感到力不从心,当他们面对经济和学业的双重压力时,一方面锻炼了自己的生存能力,另一方面也错过了更为重要的能力培养。当时他们或许还没有意识到,若干年之后,当他们走向职场,他们自身存在的很多劣势就显现出来。阶层的差别,经济上的压力,以及当年缺乏职业规划等,给他们的大学教育打上了"营养不良"的底色。

5. 人生无规划,无奈做教师

总算大学毕业了,我学的是法律专业,可是我从小就与人打交道不多,我也没有通过司法考试,没有获得律师资格证书。说起来,还是自己没有把握好机会,我很多同学都去做律师了,现在都混得很不错。我在慌乱中才明白过来,马上毕业了,我该怎么办,我到哪里去。还好,学校的名气不错,真的是沾了学校的光了。我还可以去做老师,我找了很多的工作,可是没有如意的,最后决定就当老师了。我是被这个学校骗过来的,当初的承诺一个都没有兑现。当我把工作的事情告诉爸爸妈妈,他们乐得合不拢嘴,当老师好啊,一年有三个月的长假,还有其他的假期,再说,现在已经成为"国家的人"了。可是他们哪里知道我的难处,现在的老师太不好当了。(吴老师)

我大学毕业之前,在找工作的时候专业不对口,好多学习其他专业的,比如语文、数学、物理、化学的同学都进入重点中学。我学的教育学,说起来是个比较空泛的专业,不怎么好就业。我们这个专业比较好的出路,就是一直读下去,读完硕士,然后读博士,再到大学去当老师。我家经济条件不好,再说,这是一个很漫长的过程,我也坚持不下去,所以,我想都没想就直接放弃了。后来找工作很不顺利,幸好还有所上的大学这张招牌,我就来到了 T 中学,先进去再说。我选择当物理老师,其实,大学里我一天物理也没有接触过,是没有物理专业素养的。这对专业发展是一个比较大的限制,幸好有教育学这个"万金油"的招牌,我不断地提升自己,刚开始几年,拿出自己高中的劲头,努力刷题目,经过一轮从高一到高三的循环,基本上还是站稳了脚跟。但是,我当初如果选择物理专业肯定有利些,可是当年十分懵懂,坦率地说,大学几年学习一个纯文科的专业,还是浪费了时间和精力,也浪费了青春。不过,现在都工作十多年了,专业对我的工作一方面是有影响的,物理专业知识不扎实,但是另一方面教育学也有有利的一面,就是学会从不同的角度分析问题。(梁老师)

一方面,农村大学生受到错误观念的影响,很多人觉得只要考上大学,万事大吉,大功告成了;另一方面,真正的更为激烈的竞争还在后头,他们却没有积累足够的各种资本。农村学生天然缺乏信息意识,几乎没有任何人脉,也没有社会资本的观念。他们缺乏社会资本,同样也没有足够的经济资本以及文化资本。市场经济的竞争,某种意义上就是资本的竞争,而农村大学生仅有的文化资本,实际上也不够雄厚。大学需要的重要能力如交际能力,他们不懂得社会交际,不敢与陌生人打交道,"更有甚者,见到异性都害羞",普遍缺乏找工作的意识,更不用说事先做好找工作的准备。所有的这一切,导致他们就业时很被动,最后到了毕业的时候才不得已随便将就。大学教育缺乏职业生涯规划,缺乏对职业的敏感性,只有到了工作之后才补上这方面的知识。

6. 职场生活:"抗争"还是"顺从"

工作之后我才发现,教师这个行业真的很复杂。可是我是农村的孩子,没办法,我还必须好好工作。我虽然爱好教学,喜欢和学生打交道,但是无论如何,我不愿意做班主任。我觉得学校对学生管得太死,他们对班主任也管得太死。我不喜欢这样的生活,即使我想做班主任,他们也不会给我的,领导总是觉得我不好管理,我也无所谓了。我坚决不做班主任,个人没有一丝一毫的自由,所有的时间都用在学校里,真悲催,也太无聊了。但是,我过于不在意太多的东西了,与我一起来的,都差不多是中级职称,有的快到高级了。我现在居然初级职称都没有,还有很多的外地教师通过与本地人成家找个"靠山"。现在让我欣慰的是,我的公众号总算可以给我带来收益了,大学时期在写作上下的功夫没有白费,我坚持这么多年,也不知道自己还可以坚持多久:是离开还是坚守,这是个很矛盾的抉择。我喜欢主持公道,为教师说话,领导找我谈话了,我直接对校长说,你把我开除好了。不久,这个校长调走了,又换了一位新的校长。我在领导心目中就是一个挑刺的刺头,他们对我没有好感,我对他们也没有好感。(吴老师)

工作之后,我踏实搞教学当班主任,我们来自农村,只有放低姿态。很多年轻教师都不愿意做班主任,我却努力做班主任,尽自己最大的能力提高学生的分数。我尽量和领导走近一些,获得他们的好感和认同,我的女朋友就是我的校友,还是学校副校长做的媒。在学校,你愿意也好,不愿意也罢,只有按照领导的意愿来做。我一个人任教四个班的物理课,一天下来,累得什么都不想做。领导也喜欢我,把我作为重点培养对象,做班主任,做骨干教师。我是一个不怎么说话的人,农村出来的,来到这个半生不熟的地方,要立足,就必须靠近体制,这样才不会被边缘化。我也获得了很多,自己买了车,我开车和妻子回到老家的山村,几乎引起了轰动。其实,有时候自己也不愿意这么做,可是不这么做,又没有办法,要取得好的成绩,必须搞应试教育,只有这样才可以获得领导的认可。获得领导的认可比获得学生的认可更为重要,唉,没有办法啊!表面上看,我已经获得了中级职称,正在准备高级职称,也被学校推荐为市里的骨干教师,其实我觉得这样的生活也很无聊。其实,我也不喜欢这样的生活,我不喜欢做班主任,可是不做班主任,在学校几乎就做不出成绩来,没有成绩就得不到学校的认可。只有牺牲自己的时间还有爱好。只要学生取得好的成绩,我就满足了,在应试教育,提升学生成绩方面我还是有一套的。

"成绩才是王道",没有成绩,几乎就没有一切啊。(梁老师)

教师在教育改革中作为一个弱势群体,"话语的弱势使得他们无力表达自己的声音,更无法向教育当局抗争以争取应有的教育权利","'替底层表述'是他们处理与底层群体关系的模式"。①吴老师的自媒体公众号的文章主题几乎都是关于教师权益的文章。吴老师以"底层教师权益维护者"自居,他不但为本地教师维权,同样也为外地教师维权,是一个典型的"底层教师代言人"。他写的"维权文章",属于典型的媒介抗争形式。"媒介抗争组织化是底层抗争主体借助媒介手段进行有组织性的仪式化抗争行为。它是抗争者基于个体维权无力的现实困境,转向通过在媒体上实施抗诉动员及舆论造势等行动,以集体有组织性的抗争化叙事方式表达诉求,达到维权效果。"②

正因为如此,几乎所有的领导都把他看作"危险分子",在领导眼中,吴老师是一位"顽固不化、执迷不悟、可恨又可怜的"教师。他被称为"刺头式的人物""带刺""添乱的人""有反骨""定时炸弹",甚至被打上更为显著的"标签",被当作教师中"怪异的教师""神经质的教师"。但所有领导对他又无可奈何。尽管领导想将他撵出教师队伍,可是又没有办法,毕竟他是学法律的,他没有违法乱纪,没有任何理由可以处罚他。吴老师因为没有融入体制,被学校当作不安分守己的教师,进而被边缘化了。梁老师领会了与领导交往的要诀,他能与领导恰到好处地相处,有自己的生存之道,获得了很多教师难以企及的"市级骨干教师"称号。梁老师被视为"优秀的骨干把关教师",在体制内获得了认可。

两位教师不同的生存境遇,取决于他们的文化融入程度。文化融入即认可当地的文化,懂得社会交往的基本法则,本身就是一种很重要的能力,尤其是在一个陌生的地方,更是需要这种能力。两位老师都感受到来自体制的压迫性力量,都想离开这里,可是由于各自不同的现状处境,又不得不留下,内心都遭受着煎熬。从他们身上,我们看到,即使在艰苦的生活环境中,每个人都有着自己独立的精神追

---

① 汤美娟.从代言到行动:教育底层研究的跃迁——弗莱雷对话教学思想的方法论启示[J].南京师大学报(社会科学版),2019(2):51-61.
② 李春雷,邹月华.底层青年群体媒介抗争组织化路径纡解[J].南昌工程学院学报,2015(2):51-56.

求,以及属于自己的心灵家园。吴老师虽然在体制内生存,但因为没有融入学校的组织文化,走的是一条艰辛的抗争路线;梁老师在体制内不断调整自己,适应了当地文化,进而获得体制内的成功。

三、体制化生存:乡村教师与体制的关系

对于乡村底层青年教师而言,他们面临着物质生活与精神生活的双重贫困,资源的匮乏决定了学校成为他们实现个人价值和社会地位升迁的唯一寄托,体制化生存成为他们生存状态的集中体现,个人对体制的依附性关系表现得尤为突出。体制化生存意味着得到校长的认可,获得体制给予的职称评定、评优评先,赢得同事和家长的认可,进而获得物质生活的满足和家庭生活的幸福。获得体制的认可,成为他们唯一的选择,尽管这意味着牺牲个人的时间精力、兴趣爱好,某种程度上甚至是一个人的人格尊严。

在与外界隔绝的封闭的县域学校场域中,组织的科层制成为学校文化的主体,教师工作的意义和价值不在教学本身,不是享受教师职业带来的职业幸福,而是能不断从体制中获益,包括职称、荣誉、获奖等。而能够进入科层化的学校管理体制,成为管理层的一员,进而摆脱日益繁重的教学压力,成为乡村教师追求的目标所在。从事教学获得高级职称,不是为了提升自己的专业水平,不断实现自身的价值,而是有望尽快脱离教学的牢笼,这成为教师职业最大的悖论。

从另外一个角度来看,个人与体制的抗争无疑意味着放弃体制内的所有利益,进而成为体制内的局外人或边缘人,教师所放弃的不仅是体制内的利益,还包括体制外的各种附加值,例如社会政治资本、经济资本和文化资本,这对于一名普通的乡村教师而言,意味着牺牲一切个人利益,无疑是需要一定的勇气的,例如,不计较个人的荣辱得失,坚定自己的追求,在专业方面的自信,等等。吴老师因为自己的专业发展优势,因为网络平台赢得了媒体的关注,既得到了经济上的回报,也因为主持正义和公道得到了网络媒体道义上的支持,赢得了与体制抗争的个人资本。与体制抗争,虽处境艰难,但仍能坚持走自己的道路,活出了自己的精彩,这样的教师虽人数不多,但在某种程度上改变着"被改革的教师"的宿命,改变着教师的生命存在样态。

第五章 惯习的力量：教学改革在行动

课堂教学是师生日常生活中最重要的组成部分，构成学校生活中最基本的存在样态，也是学校对师生进行规训的微观权力场域，知识与权力关系具体体现为用一整套被合法化的知识及其评价系统，实现着对"何谓好教师？何谓好学生？何谓好课堂？"的一系列从思想到行为的塑造过程，即师生的社会化过程。本章从知识与权力关系的视角出发，通过对新中国成立以来语文学科课程标准演变的历史梳理，历时性地呈现"好课"标准的建构过程。在此基础上，以大学与中小学合作背景下一所学校历时7年的课堂教学改革历程为研究个案，动态地呈现"对话合作探究"这一新课程改革理念下的课堂教学模式的诞生过程，以及在此项改革中教师的心态史，揭示出作为此项改革的意外后果——学生阶层再生产的发生机制。

第一节 知识与权力："好课"标准的历史演变

什么样的课是一堂好课，"好课"标准的建构决定着知识的存在样态以及教师、学生的生活样态，向来是教育决策者、教育研究者和教师关注的焦点问题。如果说"什么知识最有价值"是一个知识论的命题，那么，好课的评价标准则是一个价值论命题，可谓仁者见仁，智者见智。从评价的一般意义上来看，任何评价本质上都是价值判断的过程，教学评价就是评价主体在事实基础上对客体的价值所做的观念性的判断活动。由于评价客体（对象）的复杂性，以及评价所依据价值的多元性，评价标准呈现出纷繁多样的特征。而课堂教学评价标准的诞生，就是知识与权力关系的集中体现，这里涉及"什么知识最有价值""谁的知识最有价值"等知识社会学的根本问题。

新中国成立以来,我国基础教育领域先后经历过8次规模较大的课程改革,在课堂教学层面,不同时期也有相应的变化与调整,对于什么是好课以及好课的标准,在不同历史时期呈现出不同的特点,既受到大的社会和教育背景的影响,展现出国家对于教育的认识与期待。同时在细微处表现为对教师和学生的言语行为进行规训的权力控制过程。

以语文学科为例,语文学科在课程体系中举足轻重,担负着传承祖国语言文化以及历史文化传统的特殊使命,更是学校教育作为国家意识形态工具的重要体现。在世界不同国家的发展史上,语言的存与废常常与民族国家的存亡相关联。例如,法国作家阿尔封斯·都德的短篇小说《最后一课》被收入中学语文课本,为我们理解语言与民族国家的关系提供了鲜活的素材。下面将以语文学科为分析对象,从1949年后不同时期《课程标准》(大纲)对于语文课程(学科)性质和目标认识的变化,分析半个世纪以来语文好课标准的演进过程,把握新课标对语文学科提出的新要求,以及利益相关者在新课改背景下的博弈过程,从中洞察知识与权力关系的作用机制。

一、好课标准的历史演变

从1949年新中国成立到步入新世纪之前的近50年里,我国基础教育课程经历了7次重大改革,通过考察7次课程改革中语文课程标准的变化,剖析好课标准变化的内在逻辑,对当前和今后的课堂教学改革均有所助益。

1. 新中国成立初到"文化大革命"前:从工具性到政治性

新中国成立以来我国十分重视语文教学,1953年中央成立了语文教学问题委员会,同年该委员会向中央提出《关于改进中小学语文教学的请示报告》(以下简称《报告》)。针对语文学科的学科性质定位问题,《报告》指出,语文教学把语言和文学混在一起教的弊端是"语言教育和文学教育两败俱伤",出路则是实行"语言文学分科教学"。1956年国家颁布了第一部教学大纲,即汉语、文学分科大纲①。初中大纲对汉语、文学课程的性质是这样规定的:"汉语是对青年一代进行社会主

---

① 1956年6月,召开了全国语文教学会议,会上讨论了《全日制中、小学语文教学大纲草案(初稿)》,并决定实行汉语和文学分科教学,讨论通过了《小学语文教学大纲(草案)》《初级中学文学教学大纲(草案)》《初级中学汉语教学大纲(草案)》《高级中学文学教学大纲(草案)》。这是新中国成立以来最严谨、最详尽的大纲,在1958年停用。资料来源:卢永芳. 试论五十年代的汉语、文学分科教学[J]. 青年文学家,2011(13):61-62.

义教育的一种重要的、有力的工具","文学反映社会生活,是帮助青年一代认识社会生活的重要手段,是对青年一代进行社会主义教育的有力工具。"将语文学科的学科性质定位在"工具性","工具性"的内涵强调了对青年一代进行社会主义教育的作用。从对学科性质的这一认识出发,分别规定了汉语、文学的教养任务和教育任务。教养任务主要是教给学生汉语的基本知识、文学理论常识和文学史常识,提高学生理解汉语和运用汉语的能力,阅读、理解和欣赏文学作品的能力。教育任务主要强调了社会主义教育、爱国主义教育、辩证唯物主义教育和审美教育。在此基础上诞生了好课的标准:语文教学以教师讲解为主,追求知识的系统性,重视作品分析,是这一时期语文学科教学的一大特点。

1958年进入"大跃进"时期,在突出政治的社会背景下,上述几部大纲均受到批判,指责大纲忽视思想政治教育,宣扬封建主义思想,脱离社会主义现实,培养了小资产阶级感情,大纲开始实行便中途夭折。在极"左"思潮影响下,语文教学失去了大纲的指导,不顾语文自身的特点,忽视语文的基本训练,一味扩大语文课的政治服务功能,把语文课当政治课来教在当时相当流行。

随着"调整、巩固、充实、提高"八字方针的提出,"左"的思想和做法逐步被认识、被改正①,教育战线开始纠正"乱、糟、偏"。1960年4月中央发出"教学必须改革"的号召。② 1960年6月至7月,教育部召开新教材研究会,对语文教学的任务进行了热烈讨论。会议强调指出:"思想政治教育和语文教育是不可分割的统一体。"1963年公布了《全日制中学暂行工作条例(草案)》和《全日制小学暂行工作条例(草案)》。③

---

① 这是当时教育改革所处的经济、政治背景。毛泽东在1960年6月写的《十年总结》一文中说,对于社会主义时期的革命和建设……还有一个很大的未被认识的必然王国……要以第二个十年的时间去调查它,去研究它。11月中央发出《关于农村人民公社当前政策问题的紧急指示信》,要求全党用最大的努力坚决纠正各种"左"的偏差。1961年1月,八届九中全会正式决定对国民经济实行"调整、巩固、充实、提高"的八字方针。资料来源:王向清,石福梁.《十年总结》对社会主义经济建设经验的提炼[J].湖南第一师范学院学报,2012(1):1-5.

② 1960年4月9日,国务院副总理、中宣部部长陆定一在全国人大二届二次会议上做"教学必须改革"的大会发言。此发言稿经中共中央主席毛泽东审阅同意。资料来源:中国二十世纪通鉴编辑委员会.中国二十世纪通鉴(1901—2000)[第三册 第十二卷(1956—1960)].北京:线装书局,2002.

③ 1963年3月,中央同时颁布《全日制中学暂行工作条例(草案)》和《全日制小学暂行工作条例(草案)》。中小学工作条例是在总结1949年中华人民共和国建立后13年,特别是1958年以后中小学教育经验的基础上制定的符合中国国情的一整套中小学工作制度。条例对办好中小学做了具体而明确的规定,不仅在当时对恢复教育秩序发挥了重要作用,而且对新中国教育的发展产生了深远影响。资料来源:中国二十世纪通鉴编辑委员会.中国二十世纪通鉴(1901—2000)[第四册 第十三卷(1961—1965)].北京:线装书局,2002.

条例反映了"文道之争"的成果,总结了1958年以来教育工作的经验教训,提出了"以教学为主"的原则,明确了语文学科的基础工具性,明确指出"不要把语文课教成政治课"。这些原则成为这次教育教学改革的纲领性文件以及制定1963年语文教学大纲的重要指导思想。

还有两个事件影响到1963年语文教学大纲的制定,一是1957年11月国务院通过了《汉语拼音方案(草案)》,并于同年12月10日公布。1958年3月,教育部发出通知,要求全国中小学和各级师范学校教学汉语拼音。另一件是1958年辽宁省黑山北关实验学校进行集中识字教学实验,对当时识字教材的编写和识字教学的改革,有一定的推动作用。①

在总结经验教训的基础上,1963年教育部颁布了1949年以来第一个不分科的语文教学大纲。② 大纲将语文学科的性质确定为"是学好各门知识和从事各项工作的基本工具",与分科大纲相比,不再一味地突出思想教育作用,而是以务实的态度强调了语文是学习和工作的基本工具。"教学目的"主要规定了阅读、写作能力,没有专门规定思想教育的任务。大纲中特别指出,要让学生"多读多写",加强"基本训练","不要把语文课讲成政治课,也不要把语文课讲成文学课"。在教学大纲的思想指导下,语文课堂教学狠抓"双基"教学,对学生进行严格训练,课文讲求字、词、句落实,从字、词、句入手去理解内容,又从内容去强化字、词、句的训练。期间思想教育和文学教育有所忽视,能够抓好"双基"教学的课就是好课。

2. 新时期以来的好课标准:从知识型到能力型

1966—1976年,国家经历了"文化大革命"十年动乱,国民经济到了崩溃的边缘,文化教育到了毁灭的边缘,语文教学遭到新中国成立以来最严重的破坏。语文

---

① 1958年9月,北关小学开始进行"集中识字"教学改革实验,确定一年级一个班为实验班,县文教局派视导员进行指导,开始以看图识字和以歌带字的方法进行初步实验,接着又按同音归类的方法集中识字,收到明显效果,受到中宣部、教育部的高度重视。1960年4月,中共辽宁省委受中宣部、教育部委托,在黑山召开了有全国27个省、市、自治区参加的"教学改革现场会"。资料来源:与时俱进 再铸名校辉煌——记辽宁省黑山北关实验学校[J].人民教育,2011(24):2-3.陆定一.《小学语文教学新体系》序[J].汉字文化,1990(4):1-4.

② 1963年5月,教育部颁布《全日制小学语文教学大纲(草案)》《全日制中学语文教学大纲(草案)》,1966年停用。资料来源:教育部.《全日制小学语文教学大纲(草案)》《全日制中学语文教学大纲(草案)》.北京:人民教育出版社,1963.

大纲和教材遭到彻底批判,指责大纲"打着纯工具的旗号推行资产阶级政治,抹杀了语文的阶级性",诬陷教材塞满了封、资、修黑货,毒害青少年,大纲、教材被全盘否定。在经过相当长时间的"停课闹革命"之后,各地自编语文教材,要么语录进课堂,要么搞政文合一,编写政文教材。语文教材编成配合当时政治的读本,语文课上成了不讲语文、空喊政治口号的政治课,语文教学质量下降到新中国成立以来的最低点。

粉碎"四人帮"以后,中小学亟待恢复正常的教学秩序,急需新大纲、新教材。1977年7月、8月间,邓小平同志几次提出要编写全国通用的中小学教材,要求1978年秋季新生入学时能够使用新教材。在小平同志的直接关怀下,教育部决定以人民教育出版社的中小学教材编辑人员为基本力量,并向全国18个省、自治区、直辖市选借了一大批大中小学教师和教材编辑人员,以全国中小学教材编写工作会议的形式,于1977年9月开始进行编写工作,先大纲而后教材。1978年1月教育部颁发《全日制十年制中小学教学计划试行草案》;1978年秋季开始提供与之配套的语文教材。至此结束了十多年来语文教材、教学的混乱局面。大纲和教材的出版,对恢复正常教学秩序、提高语文教学质量起了重要作用。

1981年教育部根据邓小平"要办重点小学、重点中学、重点大学"的指示精神,颁发了《全日制六年制重点中学教学计划(试行草案)》。1988年国家教委颁发了《义务教育全日制小学、初级中学试行教学计划》,之后进行了修改,1992年颁布了《九年义务教育全日制小学、初级中学课程计划(试用)》,首次将"教学计划"更名"课程计划"。

1978、1986、1990、1992年的四部教学大纲,在语文学科性质上坚持了工具性的特点,具体表述为"从事学习和工作的基础工具"。[①]"教学目的"确定为听说读写四项能力,思想教育主要包括了道德品质教育、审美教育和爱国主义教育。随着时代的发展,1978年大纲开始由原先的读写能力扩展到听说读写能力,1986年大纲提出了"发展学生的智力"的教学目标。20世纪70年代末到90年代末,加强基础、培养能力、发展智力成为教学的主旋律,从"文化大革命"前的知识型发展到能

---

① 1978年《全日制十年制学校中学语文教学大纲(试行草案)》;1986年《全日制中学语文教学大纲》;1990年《全日制中学语文教学大纲》对前者进行修订;1992年《九年义务教育全日制初级中学语文教学大纲(试用)》。

力型,进而发展到智能型,体现了语文学科"从知向能"的转变,同时,语文训练与思想教育相统一、语言训练与思维训练相结合、听说读写相辅相成、课内教学与课外语文活动相结合,成为公认的四条教学原则,语文教学的规律正在为人们所认识。这一时期,加强基础、培养能力、发展智力成为评判好课的主要标准。

20世纪80年代中期以后,从社会背景来看,实用主义、拜金主义冲击着人们的思想,家长对孩子上重点校、考大学的期望值越来越高。应试教育悄然成为一种教育思潮,人们不同程度地受到为考试而教的思想束缚和影响。在这种背景下,语文学科工具性的砝码也就越来越重,考什么教什么,机械训练,题海战术,在沉重的学习压力与负担下,思想道德和审美教育被忽视,被冷落。在一些校长和教师眼里,教学质量好坏的唯一标准是升学率,好课的唯一标准是围绕着升学考试强化训练。许多教师想改革而深感压力、阻力重重,并形象地将此比喻为"戴着镣铐跳舞"。应试教育思潮的严重影响催化了素质教育的提出,但是面对强大的社会环境压力,当前素质教育仍处于艰难的发展中。

3. 新课改背景下的好课标准:工具性兼人文性

2001年7月教育部颁布了《基础教育课程改革纲要(试行稿)》,为了贯彻纲要精神,2001年秋季由教育部制定了《全日制义务教育语文课程标准(实验稿)》,既注重九年义务教育语文教学的连贯性,又注重其阶段性,把九年的语文学习分为四个学段,第一学段(1~2年级)、第二学段(3~4年级)、第三学段(5~6年级)、第四学段(7~9年级)。

2001年推出的课程标准是对2000年版语文教学大纲的发展,内容上的"创新之处"体现为四个方面:其一,系统地提出了知识和能力、过程和方法、情感态度价值观"三个维度"的课程目标,并具体体现在各个阶段目标之中;其二,大力倡导自主、合作、探究式的新型学习方式;其三,突出跨领域的综合性学习;其四,强调课程的现代性和创新性。新课程标准在形式上也焕然一新,它由三部分组成,第一部分为前言,在前言中增添了课程的基本理念、课程标准的设计思路;第二部分为课程目标,分为总目标和阶段目标;第三部分为实施建议,增添了课程资源的开发与利用。

2003年春季教育部制定了《普通高级中学语文课程标准(实验)》,与《全日制义务教育语文课程标准(实验稿)》相配套,在结构上具有一致性。与以前的语文教学大纲相比,主要有四个方面的变化:课程性质的定位由"唯工具"论到"工具—人文统一"论;课程目标由"知识能力"论到"语文素养"论;课程结构的设计由单一必修课到必修选修双课并行;学习方式由被动接受到自主、合作、探究。2011 年 12 月 28 日,教育部正式印发了《义务教育语文课程标准(2011 年版)》(以下简称"新课标"),从 2012 年秋季开始执行。

新课标在课程性质上明确提出:"工具性与人文性的统一,是语文课程的基本特点。"这比过去的工具性或工具性和思想性的定位更全面、更科学,它标志着在对语文课程性质和功能认识上达到的新高度。在课程理念上提出要"全面提高学生的语文素养",体现了素质教育的时代特征。在此理念下,新课标把"知识与能力、过程与方法、情感态度与价值观"作为课程目标设计的三个维度,比过去只强调知识、能力和思想教育的目标,更能体现 21 世纪对创新人才素质提出的新要求。

综上所述,新中国成立 70 年来语文教学改革的发展历程,集中体现在语文学科的学科性质以及课堂教学评价标准的演变。无论是工具性与政治性的讨论,还是工具性与人文性,以及知识与能力的讨论,归根结底在于语文的政治属性或文学属性的争论,换句话说,"文与道"的关系问题,在语文课程标准中得到了具体体现。

二、课堂教学评价标准的变化

课程标准(教学大纲)是国家对各科教学的统一要求,是以纲要的形式制定的各科教学的指导文件,是编写教材和教师教、学生学的根据。因此教师必须按照课程标准进行教学,保证学生牢固地掌握课程标准中规定的内容,达到课标要求的水准。只有认真贯彻执行课程标准所规定的各项内容,才能保证教师的教学工作和学生学习达到国家所要求的标准。所以,课堂教学评价标准的建立始终不能脱离课程标准,课程标准是建立我国课堂教学评价标准的重要依据。新课改前后构建出不同的课堂教学评价标准,形成了"以学评教"的课堂教学评价标准,体现出评价主体的多元化发展趋势。

1. 从"以教论教"到"以学评教"

"课堂教学评价,是以现代教育教学理念、现代课堂教学观为依据,运用可操作的科学手段,评价主体按照一定的价值标准,对课堂教学的各个要素及其发展进行价值判断的过程。"①传统的课堂教学评价是以教师的课堂教学行为为研究对象,这种以教师的"教"为中心的课堂教学评价,已经失去了对以"学生发展"为中心的当代课堂教学改革的导向与激励功能,甚至异化为教学改革的障碍与阻力。随着教学改革的不断深入,逐渐形成了以学生"学"为中心的"以学论教"的课堂教学评价理念,在一定程度上有助于学生素养的全面发展。

新课改以前的课堂教学评价指标体系,集中体现为对评价科学性的诉求,"科学可行的评价指标体系是提高课堂教学评价质量、增强评价有效性和可靠性的重要保证。建立评价指标体系的依据是:教育方针,教育总体目标,教育教学的理论和课堂教学的基本要求等。"②由此建立的课堂教学评价指标体系包括6项一级指标和21项二级指标。其中6项一级指标是:① 目标明确、要求适当(16%);② 内容正确、处理合理(16%);③ 教法得当,结构适宜(18%);④ 重视基础、加强双基(18%);⑤ 注重发展,培养能力(18%);⑥ 创造情境、提高素质(14%)。从中可以看出,这种评价体现出以教师为中心的"以教论教",评定一节课的教学效果也是从教师角度出发的。在新课改背景下,课堂教学评价标准开始逐渐实现由教向学的重心转移。"新的课堂教学评价标准应首先关注学生的学;强调教学内容与学生生活以及现代社会和科技发展相联系;倡导主动、合作、探究的学习方式;重视使学生学会学习和形成正确的价值观,培养创新精神和实践能力。"③课堂教学评价主要考察三方面的指标:

(1) 学生的课堂参与状态

学生的课堂参与状态是指学生是否主动、积极地参与学习过程,可从以下4个方面来衡量:① 学生参与的时间和广度;② 学生独立思考和个别学习的时间;③ 学生参与高水平的认知活动,在解决问题中学习;④ 学生参与过程中有情感因素的投入,学生被学习内容和学习过程所吸引。

(2) 对学生创造性的培养

可从两个方面加以衡量:一是看教师有没有在教学过程中贯彻创造性思维教

---

① 王建."以学论教"的语文课堂教学评价标准理论探索[J].教学与管理,2007(18):56-57.
② 侯光文.教育评价概论[M].石家庄:河北教育出版社,1996:426-427.
③ 金娣,王钢.教育评价与测量[M].2版.北京:教育科学出版社,2007.

学的基本原则；二是看学生回答问题以及学生自己的提问有没有独创性。可从以下 7 个角度加以考虑：① 教师提出了哪些开放性的问题？② 对于开放性问题，学生提供了哪些答案？教师提供了哪些答案？③ 学生回答问题有创意的人次是多少？④ 学生主动提问的次数多少？⑤ 课堂教学中有多少时间用于集体自由讨论？⑥ 课堂教学中有多少时间用于学生独立思考、独立学习或研究？⑦ 教师提出一个问题后，容许学生思考的时间平均是多少？教师批评学生或否定学生的次数是多少？

（3）教师的教学设计

学生在课堂教学过程中的学习效果和参与程度，不仅取决于学生自身的主体意识和活动能力，还取决于教师的教学观念和教学设计，教师对学生发展水平的了解程度，教师对教学内容、方法的整体把握，教师能否为学生提供主动参与的时间和空间等。

2. 评价主体的多元化趋势

评价主体是指参与教育评价活动并按照一定的标准对评价客体进行价值判断的个人或团体。传统的课堂教学评价由"每个评价者按照实事求是的原则，秉公办事，在课堂教学评价表中填写评价意见。"评价表的设计主要有两种方式，一是分数分配到一级指标为止，二级指标仅供评定时参考；二是把分数直接分配到二级的 21 项指标中，逐项评定。表 5-1 便是采用第一种方式编制的评价表。[1]

表 5-1 课堂教学评价表

科目_____	课题_____	学校_____		班级_____
执教人_____	评价者_____	日期_____年___月___日		
指 标	分 值			
	优秀	良好	一般	较差
A_1 目标明确、要求适当	16、15、14、13	12、11、10	9、8	7、6
A_2 内容正确、处理合理	16、15、14、13	12、11、10	9、8	7、6

---

[1] 文中的评价表均出自侯光文. 教育评价概论[M]. 石家庄：河北教育出版社，1996.

续表

指标	分值			
	优秀	良好	一般	较差
A_3 教法得当、结构适宜	18、17、16、15	14、13、12	11、10、9	8、7
A_4 重视基础、加强双基	18、17、16、15	14、13、12	11、10、9	8、7
A_5 注重发展、培养能力	18、17、16、15	14、13、12	11、10、9	8、7
A_6 创设情境、提高素质	14、13、12	11、10、9	8、7	6、5

主要优缺点：
优点：
缺点：

执教人员对照标准进行自我评价，并对评价小组评定结果提出意见，供评价小组参考。最后由评价小组做出评价结论，根据表5-2的标准以及执教人员的得分定出等级，在相应的等级下面画"√"；填写课堂教学评价结论表，参照"具体意见"栏目各个项目评价结果，对该课做定性分析；提出主要优缺点，指明今后改进方向。

表5-2 课堂教学评价结论表

科目_____	课题_____	学校_____	班级_____
执教人_____	评价者_____	日期___年___月___日	

等级	优秀 (100~83)	良好 (82~70)	一般 (69~60)	较差 (59~38)

具体意见：

由此可以看出，传统意义上的课堂教学评价最主要的特点是：强调他人评价，评价人员并不包含学生；教师自评难以体现；关注课堂教学过程，量化评定为主，分数的高低代表教师课堂教学水平的高低。新课改背景下的课堂教学评价方法更加关注教师的自评与学生评价，评定以促进教师专业发展为目的。具体内容如下：

(1) 强调教师自评

教师自评的内容包括：基本教学能力、教学过程中的创新、对教学内容的熟悉程度、是否注重学法培养、课堂气氛、学生参与的积极性等。具体内容如表 5-3 所示：

表 5-3 课堂听课自我评价表（供执教者用）

指导语：此表供执教者参考，帮助教师在课后讨论中确定本节课的优点和缺点。在每一个标题下列几个题目供参考，教师自己也可以根据实际增减内容。

题 目	答 案
1. 你如何确保学生能够把握教学进度 （1）你是否准备了教学参考资料并将资料散发给学生？ （2）你的讲解清楚吗？学生是否能够充分理解？	
2. 你如何鼓励学生取得好成绩 （1）你是否正确地对待所有的学生？ （2）你是否花时间关心学生个人或每个学生小组？ （3）作业是否适合不同能力水平的学生？	
3. 你如何鼓励学生了解自己的水平 （1）下课前，你是否做了小结或者做了讲评？ （2）你对这节课的收尾工作满意吗？ （3）学生对这节课感兴趣吗？ （4）你对这节课感兴趣吗？	
4. 你对下一节课是否有了进一步的考虑？	

(2) 重视学生评价

学生评价的内容包括：对自己掌握情况的反馈、对教师行为的评价、对教师行为的建议等。如表 5-4 和表 5-5 所示：

表 5-4 课堂教学调查表(供学生用)

为了改进教学、提高教学质量并取得客观的评价,请你根据任课教师教学和你自己的学习情况认真回答下列问题。

问　题	答　案
1. 老师的讲解你都能听懂,完全明白吗?	
2. 老师所讲的内容能使你举一反三,具有启发性吗?	
3. 老师的讲课很有趣吗?	
4. 上课时老师让你参加一些有趣的活动吗?	
5. 上课时老师让学生去解决一些比较复杂的问题吗?	
6. 在课堂上,你和其他同学认真讨论、交流意见吗?你是否从同学的观点中得到启发?	
7. 下课后,你还有兴趣思考老师在这节课中讲到的内容或题目吗?	
8. 你能独立完成老师这节课布置的作业吗?你能说出这节课的内容和实际生活的联系吗?	

表 5-5 "建议性"学生评定量表

项　目	非常赞成	同意	一般	不同意	非常反对
1. 我希望老师上课多注意我的反应					
2. 我希望老师多提问我					
3. 我希望老师更和善一些					
4. 我希望老师多给我一些鼓励和赞赏					
5. 我希望老师讲课时更生动					
6. 我希望老师讲得更浅显明白些					
7. 我希望老师讲课时更富有激情					
8. 我希望老师在课堂上多一些活动					
9. 我希望老师多给我一些个别辅导					

(3) 指向教师专业发展

长期以来基础教育中存在着两种不同的教师课堂评价目的观,一是考核教师的资格与能力,为教师的聘任、晋升、加薪、解聘等提供认识决策依据的奖惩性课堂评价;二是用以提高教师课堂教学专业水平,促进教师职业发展,保证教育教学质量的发展性课堂评价。新时代的课堂评价提倡将奖惩性评价与发展性评价结合起来,并以发展性评价为主。发展性评价可以促进教师需要和学校需要的融合;促进"机械性组织"(机械性组织把员工看成机器的配件,认为员工只能服从管理人员的权力,按照管理人员的命令、指使干活)和"有机性组织"(有机性组织重视人的因素,把人看作有进取心的人,激发人的内在动力,自觉地发挥能量达到组织的目标)的融合;促进教师心态和学校氛围的融合;促进教师现实表现和教师未来发展的融合;促进教师受益和学校受益的融合;促进教师正式组织和非正式组织的融合。① 无论是奖惩性评价,还是发展性评价,都为教师制造了一个什么是"正确的"课堂教学行为、什么是"好教师"的评判标准,而标准的生产是知识—权力关系的集中体现。

综上所述,课堂教学评价集中体现了在课堂教学的微观场域中权力主体的作用方式和目标指向,从"以教论教"到"以学评教",从评价中的教师中心到评价主体的多元化,从对教师和学生的奖惩性评价到发展性评价,均体现了社会民主化的进程,以及社会治理方式的变革。这一评价重心的转移对于教师而言意味着什么?在课堂教学过程中,除了官方知识的作用之外,还有哪些力量作用其中呢?

第二节 结构的力量:课堂里究竟发生了什么?

新课改为课堂教学改革指明了方向,但是从新课程的理念,到教师课堂行为的转变之间,仍然存在着很大的距离。对于专家学者而言,教师教育教学观念的转变

---

① 侯光文.教育评价概论[M].石家庄:河北教育出版社,1996.

势在必行、理所当然,但将观念落实到教师的教育教学行为,不仅受制于教师自身的素质,还在很大程度上受到课堂教学评价标准,以及背后的教育观、人才观、知识观等多种因素的制约;教师行为背后有着强大的社会结构性力量在发挥着重要作用。因此,将基础教育改革的关键指向教师素质和观念的转变是有失偏颇的,这就意味着教师成了教育改革的"替罪羊"。这里我们将以大学与中小学合作背景下一所九年一贯制学校的课堂教学改革历程作为研究个案,分析该校课堂教学模式的诞生过程;面对学校借助专家力量推进的课堂教学改革,教师有着怎样的心态史;以及作为课堂教学改革的意外后果——学生阶层再生产的发生机制。通过分析,揭示制约着教师课堂教学行为背后的结构性力量如何转化为"惯习"的力量并持续地发挥着作用,进而产生了"教学改革永远在路上"的生存样态。

一、行动研究:大学与中小学合作下的课堂教学改革

(一) 学校背景介绍

山东省青岛市崂山区汉河小学(以下简称汉河小学)始建于1967年,2005年在现址重建,现占地面积17 468平方米,建筑面积6 690平方米。现有学生721名,19个教学班,教师48人。其中,中学高级教师5名,各级名师名校长4人,省优秀教师1名,省数学教学先进工作者1名,省、市、区级骨干教师9名,市教学能手2名,市优秀专业人才3名,区级优秀教师、优秀班主任近20名,区教学能手4名,区专业人才3名;1人获得全国数学优质课比赛二等奖,1人获得市优质课比赛一等奖,5人获得区优质课比赛一等奖,15名教师举行市级公开课、研究课,近20人举行区级公开课、研究课;多名教师的论文获国家级、省级、市级奖项,20余人次的论文在不同级别的刊物上发表。学校2012年挂牌"南京师范大学青岛附属学校(小学部)"(以下简称小学部)。

崂山区第五中学(以下简称崂山五中)始建于1987年。2003年在上级政府和汉河集团的支持下,按照省规范化的标准新建校舍,学校现有建筑面积8 276平方米。现有教学班15个,实行小班化教学;教职工70人,本科学历62人,学历达标率100%;中级以上专业技术教师44人;获得市级以上荣誉称号的教师7人。学校2008年成为青岛市首批标准化学校,2010年创建为山东省规范化学校,2012年成

为青岛市首批现代化学校。2011年在汉河集团的扶持下,学校成立了"汉河集团教育基金"。2012年成功实现与南京师范大学(以下简称南师大)的联合办学,成为南师大省外第一所附属学校,被命名为"南京师范大学青岛附属学校(初中部)"(以下简称初中部),为学校现代化建设与发展注入了活力。汉河小学与崂山五中两所学校能够成为南京师范大学青岛附属学校,除了得益于崂山市教体局的重视之外,还得益于汉河集团教育基金的资金支持,以及两所学校校长的改革意愿,三者可谓缺一不可。

南京师范大学青岛附属学校的建立,是大学与中小学伙伴关系的产物。在为期7年的合作办学历程中,对于课堂教学改革的研究与探索始终是合作办学的核心内容。大学教师与中小学教师的深入互动与交流,是在课堂中发生、并围绕课堂展开的。对课堂教学的深入介入,意味着大学与中小学合作的深度与广度。众所周知,课堂教学是学校教育教学的生命线,学校的发展与教学质量的提升,教师的专业发展以及学生生命潜能的激发,无不依托课堂教学展开。教师的专业成长是以课堂为载体的,教师的教育思想与理念,教师对于教育教学活动的理解、对于生命意义和价值的体悟,都在课堂上得以充分展现。基于这样的理解与认识,南师大专家团队始终关注课堂、研究课堂,抓住课堂教学这一学校教育的生命线,充分发挥高校教师的学术资源优势,与一线教师之间建立起一种新型的伙伴合作关系,在共同开展课堂教学研究的同时,不断创生出教学管理的实践智慧。

(二)"合作·对话·探究"课堂教学模式的诞生

学校自2012年6月挂牌成立以来,南师大专家团队坚持每月到学校指导工作三天,他们深入课堂,围绕课堂、基于课堂、通过课堂开展深度研究与合作,通过课堂教学变革引领教师专业成长,探索并创生了一种新的教师专业成长模式——"复讲复评"听评课模式与教师专业发展模式。"合作·对话·探究"的课堂教学模式,"复讲复评"的听评课模式,以及由此延展的教师专业发展模式,成为合作办学的三个最有代表性的成果。其中,"合作·对话·探究"的课堂教学模式的诞生过程大致经历了如下三个阶段。

1. 自上而下式的改造

崂山五中的课堂教学改革始于对课堂教学中一直沿用的导学案的变革。6年前,学校派出了主要领导干部和教学骨干到山东某地外出考察,考察的主要目的是学习当地的导学案,出发点是将学生的学习行为或预习前置,充分发挥和调动学生的学习积极性,减轻教师课堂教学的压力。无论是时任学校领导还是一线教师,都认为6年前的导学案学习是很不成功的,因为考察时间短,并没有学到导学案的精髓,只是停留在对于别人的课堂教学经验的简单模仿,结果是不仅没有减轻教师的压力,反而增加了教师的备课负担。以前备课只需要关注教材,现在则要事先布置学生在家学习的内容,既要有教案,还要有学案;课堂教学因此陷入一种被动状态,教师疲于应付却无力改变。导学案无疑成为鸡肋,从学校领导到主要学科教师明知道这一做法存在很多问题,但却不知道如何去改,何时发生变化。课堂教学改革失去了目标和方向。其中数学学科教师还参与了导学案教学辅导资料的编写工作,如果要他们自己推翻自己,有点说不过去。似乎这一切都只能依靠惯习的力量,课堂教学改革急需一个契机。

正当学校课堂教学举步维艰、面临已有课堂教学模式存与废的现实困境时,学校迎来了合作办学项目的专家指导组。他们把这一棘手的问题交给了专家团队,希望他们在做出科学诊断的同时,能够给出具体的实施建议:即将导学案的存与废的主动权交给了专家组,即借助校外专家的力量推动课堂教学改革,这才是大学与中小学合作的目的所在。

在专家组看来,已有课堂教学模式的存与废问题不是简单的一句话,而是需要建立在调查研究的基础之上。从9月份新学期开始,专家组首先对学校教学工作进行了为期3个月的深入调研。专家们通过深入课堂听课、师生座谈、查阅相关材料等,对现有课堂教学模式和教师的教育教学水平进行了全面了解和评估。一方面肯定了学校在推进教学改革方面所做出的努力,另一方面也指出了当前学案导学存在的一些显性问题,并针对这些问题提出了切实可行的整改意见。专家组提出对于导学案加以必要的改造,删减知识的重复和简单搬用(从教科书到备课本再到导学案),以提高课堂教学效率为目的,课堂教学的组织形式要为教学内容服务。通过为教师"减负",激发和调动教师课堂教学的主动性和积极性。从学校实际出发,立足于教师立场,寻求适合学校发展的课堂教学模式,通过改革课堂教学的组织方式,引发教师教学观念和行为的变化,是高校专家推行此项改革的目的所在。而经过改造后的课堂教学需要用一个标识来凸显改革前后的不同,这就需要对新的课堂教学模式加以命名,于是,"合作·对话·探究"的课堂教学模式应运而生。

2. 可操作化的教学流程

专家团队在推进课堂教学变革之初,更多是发挥自己的专业优势及理论优势,不断地通过一系列的专家报告、读书指导这样一些大学学术场域里习以为常的方式,试图引发教师思想观念的变革。通过观念变革促使教师的课堂行为变革,但这样一些先进的理念、观念并不会自发地转变为教师的课堂教学行为。

对于一线教师而言,先进的教学理念必须付之于一系列操作化的教学流程,以及具有导向性的课堂教学评价指标体系。只有这样一些实践性知识,才能引发教师教育教学行为的转变。从长于理论、观念的生产,走向程序化、规范化、流程化的知识生产,这样一种知识生产方式的变化,体现了实践场域对知识存在样态的作用,对于大学与中小学合作关系中处于优势地位的大学教师而言,这本身也是一种社会建构过程。它具体而现实地回应了"什么知识最有价值"这一知识社会学的根本命题。

具体而言,"合作·对话·探究"课堂教学模式是以生生互动、师生互动为基本组织形式,强调生生、师生之间的有效对话,以探究来促进学生的知识理解和整体发展的完整教学形态。该模式的基本理念是调动每个学生的积极性和内在潜力;关注学生的知识建构过程;让每个学生都能在课堂上获得发展、取得进步。通过改变教师的课堂教学组织方式,引发教师教学思想观念、教育教学行为的转变,进而促进学生素质的全面提升。在提出这一课堂教学模式的同时,围绕"合作·对话·探究"三个关键词,设计了具有可操作性的教学流程,例如"对话"包括:组内对话、组间对话、师生对话;"探究"分为"低挑战度探究与高挑战度探究"等。围绕这一课堂教学模式,小学部和初中部根据不同年龄阶段学生身心发展的不同特点,分别开展了丰富多彩的课堂教学实验与研究,形成了"合作·对话·探究"课堂教学模式的不同变式:

小学部以打造"童心课堂"为目标,细化了"合作·对话·探究"的课堂教学流程,将课堂教学分为 5 个步骤:① 研究儿童,设计教学;② 创设情境,激发童趣;

③小组合作,张扬个性;④展示交流,欣赏多元;⑤总结拓展,走向共生。着力营造具有"生命化"和"真实性"的课堂教学生态,以服务于儿童成长和发展。初中部以打造"生本课堂"为目标,将"合作·对话·探究"的课堂教学模式在内涵上做了深化和细化:关注三个目标维度,知识体系、深度思维、正向人格;实现三种对话方式,表达性对话、思辨性对话、共识性对话;实践三种探究方式,原理性探究、结构性探究、操作性探究;分为三个不同阶段,课前自学、课上合作对话探究、课后体系化与逻辑化。

这样一种将课堂教学模式予以体系化、概念化、规范化的表达,既体现了专家的理论优势,又对教学实践发挥着一定的指导作用。这样一种知识存在样态适应了学校场域的需求,体现了大学与中小学之间的深度合作。学校管理者借助专家的知识权威,依靠学校的行政权威,自上而下式地引发了此项改革的诞生。总之,"合作·对话·探究"课堂教学模式的提出,为学校的课堂教学改革以及学校办学水平的整体提升指明了方向,教师的教学观念、课堂行为也逐渐从迷茫走向清晰,进而调动和激发了教师课堂教学改革的积极性。对于教师而言,这一改革方向是符合新课程改革的理念的,方向是正确的。在具体实践过程中,"合作·对话·探究"教学模式遇到了三个不可回避的现实性问题:时间限制(科目多、课堂时间少)、空间限制(不能保证所有人参与所有的动手操作)、评价限制(成绩至上)。鉴于以上问题,专家团队在原有的"合作·对话·探究"教学模式基础上,提出以高效课堂为目标,通过推行"学本课堂",实现学生学习方式的转变,进而全面提升学校的教学质量和办学水平。

(三)"合作·对话·探究"课堂教学模式的生成机制

"合作·对话·探究"课堂教学模式的诞生过程,体现了理论与实践的双向互动。首先,课堂教学改革的动力究竟来自哪里?是专家学者的个人意志,还是一线教师的客观需求?在大学与中小学合作关系中,惯常的模式和做法是,专家学者从自己的研究专长出发,将已经成熟的理论原封不动地或稍加改造后套到具体的教育实践中;作为实践者一方,因为处于知识生产的弱势地位,只好被动接受这一现成模式,至于是否符合本校或本人的实际则另当别论。俗话所说,鞋子是否合适只有脚知道,理论与实践之间违和感的普遍存在,从多如牛毛的教改或课改项目无疾而终、并没有指向实践的改造和教育品质的提升这一现实中可以推论出来。"合作·对话·探究"课堂教学模式顺应了学校课堂教学改革的现实需要,是在破解学校已有课堂教学模式的实施困境中产生的,目的是为了解放教师、为教师减负,引导教师将注意力转移到研究教材、研究学生、研究课堂教学组织形式上来。一定程度上解决了教师参与课堂教学改革的内驱力问题,因此能够一直延续至今,并且取得了一定的教学效果。

二、教师在场:从听评课模式到教师专业成长模式

课堂教学改革的最终目的是成就教师、发展学生。在"合作·对话·探究"课堂教学模式的探索中,专家团队与教师之间建立并形成了交往性关系,即围绕课堂教学开展的一种新的听评课研究方式,将其命名为"复讲复评"。

1. "复讲复评"听评课模式的创生

"复讲复评"是一种基于事实、基于合作、基于研究的教师研修与培养模式。该模式有四个要素,即"合作备课""初讲初评""复讲复评""反思提升"。旨在通过"复盘"的方式,还原教学事实,做出价值判断,其中,既有对教学活动过程的真实再现,又有对教师教学活动与行为的全面反思;既有对当下教学过程的清晰审视,又有对未来教学改进的深度思考;全面客观地呈现了教师的设计意图、课堂的真实面貌,以及执教者、听课者和评课者在议课、辩课过程中相互促进,共同成长的动态过程,体现了课堂教学研究的开放性、交互性。

"复讲复评"包括五个环节:初研初备—初讲初评—复研复备—复讲复评—反思提升。具体操作流程是在教师个人备课、教研组集体备课基础上由教师上一节开放式的研究课,接下来围绕这节课展开深入研讨:首先由授课教师介绍备课思路及教学反思,备课组成员反馈意见,专家加以点评指导(初讲初评);在此基础上,授课教师消化吸收专家及备课组同伴的意见与建议,第二次备课上课,专家再加以指导(复讲复评),最后形成教师新的教案和教学反思。

"复讲复评"听评课模式的关键是"复盘式评课",即以学科组为单位,以"复盘"的方式还原教学事实,在集体研讨基础上做出全面分析与判断。其主要目的是关注课堂教学的各个环节,主要包括教学目标的实现、教学过程的还原、教学效果的反思等。帮助教师在反思中关注教学目标与教学过程、教学活动的统一,从而不断改进教学实践,促进课堂有效教学的开展。对教师而言,采用这种方式评课,可以交流教学经验,探讨教学方法,更新教学观念,促进教学水平的提高,成为教师提升自身专业能力的有效途径和方法。

与传统学科教研活动最大的区别是,"复讲复评"听评课模式的互动过程具有多元性和交互性。对于授课教师而言,虽然是一个人上课,但其备课过程是经过了备课组的集体研讨,体现了集体的智慧的所有参与备课的教师都受益。而传统学科教研活动或由教研员参与的评课活动,评课的目标主要指向教学任务的达成度,注重考试和评价,而高校专家的评课活动更关注教学活动本身,在教学过程中学生的参与度、获得感以及过程性评价。这种听评课模式实现了从关注教师如何教转向关注学生如何学,从教师立场到学生立场的转变,对于长期处于应试教育环境下的教师而言,这样的评课活动是具有颠覆性的,用教师的话来说,原来课还可以这样上。专家看问题的视角对他们是有启发和指导作用的。

总之,"复讲复评"作为一种新型质性教师专业发展与研修模式,集教学叙事、理性分析、行为指导与实践重构于一体,克服了传统的经验式听评课的主观随意性,改进了定量式听评课的烦琐机械,实现了从"技术性实践"向"反思性实践"的范式转换,从"评价性独白"向"研究性对话"的文化转型,对改变现有的低效听评课方式、构建新型的合作教研文化有着理论意义和现实意义。

2. "复讲复评"教师专业发展模式的延展

在"复讲复评"这一新的听评课模式刚开始实践时,参与其中的授课教师大多是被动卷入的,由校长决定谁来开课,谁被作为重点培养对象,谁将被专家团队精心打造。在这样一种自上而下式的课堂教学改革进程中,很多教师都经历了恐惧与排斥、矛盾与焦灼、困惑与顿悟的浴火重生过程,进而收获了意想不到的成功与愉悦,这样一种巅峰体验是教师在常态教学环境下很难经历的。正是这样一种历练过程,促进了教师对学科教学的理解以及自身专业素养的提升。在5年时间里,初中部先后有10人次在全国优质课评比中获得一、二、三等奖,42人次获市级优质课评一、二等奖,78人次开过区市级公开课、研究课,76人次获得区级以上荣誉称号;教师有102篇论文、案例在区级以上刊物发表、获奖。教师的专业自信和职业幸福感得以提升,学校在合作办学过程中社会美誉度大幅提高。

在此基础上,专家团队并没有满足于已经取得的成绩,而是不断反思与探索。"复讲复评"听评课模式之所以能取得意想不到的良好效果,是因为它打破了教师个人备课—教研组集体备课的单一模式,为课堂教学研究与评价注入了新的元素:即专家团队站在局外人的角度,跳出当下应试教育背景下以知识点的学习与记忆为主要任务的习惯思维,将先进的教学理论与鲜活的课堂教学实践有机结合起来,通过对听评课过程中教师的教学思想与观念、教学方法与手段、学生的全面素质提升等诸多要素加以全面诊断,发现与创生新的研究问题,进而提出有针对性的改进对策与建议。这样一种结合具体的课堂教学案例进行的深入细致的指导胜过空洞的理论说教,授课教师心悦诚服,参与听评课的其他教师也能从中受益,进而达成了带动教师队伍整体素质提升的目的。其中,对于授课教师而言,在专家团队的指导下,在同伴的互助学习中,逐渐形成对教育教学的主动反思与自省意识,由此获得了专业成长。

总之,大学与中小学伙伴关系的建立既是理论与实践的对话过程,也是大学教师与中小学教师所栖身的两种不同文化之间的碰撞与交流的过程,可谓一场静悄悄的文化变革。大学教师与中小学教师在长期的文化互动过程中,逐渐形成一些共同的思维方式、话语模式和交往模式,进而成为一个学习—实践共同体。从最初"合作·对话·探究"课堂教学模式的构建,到"复讲复评"听评课模式下对骨干教师队伍的打造,进而延伸到全体教师的专业发展,实现了"研究—实践—再研究—再实践"的螺旋式上升。"复讲复评"作为一种新的教师专业成长模式的构建,意味着大学与中小学伙伴关系进入一个新的发展阶段,其中蕴含着丰富的研究资源和发展空间。

三、课堂教学改革中的教师心态史

在合作办学的 7 年时间里,学校全体教师除了聆听大量的专家报告,还研读了专家推荐的十几种有关教育方面的专著,每人写出几万字的读书笔记、教学反思和教学案例。在专家团队的指导下,教师读经典、辩思维、廓思路、解疑难,通过参与展示、交流、评比、提炼总结等活动,教师的教学技能得到提高,自主研训能力得以提升。除了专家来校听课指导之外,还采取了走出去请进来的多元化教师专业发展模式,分期分批地选派学科骨干和德育骨干教师到南京、苏州等地名校挂职学习,自 2018 年开始在各个学科中开展"同课异构"教学研讨活动,邀请来自南京、苏州、连云港等多地名师与本校教师同上一节课,这样一种教研方式对教师产生了极大触动,在与外地教师的比较中,教师们发现了自己存在的问题和差距,进而激发了不断改进教学的内驱力,教师队伍建设进入良性循环状态。

(一)课堂教学变革的"三重门"

体现新课改理念的"合作·对话·探究"课堂教学模式,要想真正内化为教师的教育教学观念并落实到行为层面,需要依托于一个宽松的学校教育教学文化,从当下中国课堂教学的实际来看,需要一个漫长的过程。在 7 年的课堂教学改革实践中,参与改革的教师在专家团队的外力推动之下,一定程度地跳出升学主义的惯常思维和行为模式,审视自己的教育教学观念和行为模式,经历了一个艰难的蜕变过程。我们把这一历程比喻为课堂教学改革的三重门:即成绩、形式与理念。

在今天的学校场域中,无论是站在学校立场还是教师立场来看课堂教学改革,都必须遵循一个重要的生存法则,即考试成绩就是硬道理,一切先进的教育教学理念都不得不服从或服务于这一教学目标。教师在面对来自各个方面的改革诉求时,例如来自教育主管部门以及教研室的各种评估检查,来自大学与中小学合作关系中专家学者对课堂教学改革的诉求,以及来自学校领导对于教学成绩的量化考核指标时,教师的第一选择是对于分数的现实考量。而任何改革都是需要付出一定代价的,例如对于课堂教学模式的探讨在短期内不仅无法见到成效,还可能会影响到考试成绩等。尽管学校与大学的合作项目通常以 5 年为期,但对于教师而言,课堂教学改革必须把风险降低到最低限度,在残酷的生存法则面前,教师对于教育改革往往采取"阳奉阴违"或"软抵抗"的生存策略,课堂教学改革停留在做表面文章,教师追求的是课堂教学形式上的变化,即追求"形似","合作·对话·探究"的课堂教学模式首先诉诸一些外显的行为变化,例如课堂教学组织方式从秧田式到小组合作式,以及具体的促进学生发展的课堂教学行为。即使是追求"形似"这个过程,对于很多教师而言依然是非常艰难的,多数教师的课堂停留在传统的教的层面,表现为走流程,完成具体的教学任务。教师最大的困惑是一节课里需要讲的东西太多,时间总是不够用,担心任何知识点如果教师讲不到位,考试时学生便答不上来,进而影响了所教班级在整个年级的排名以及自己的教学业绩,影响了学校对于自己的评价。基于这样一些现实的考量,教师在课堂教学过程中只是从自身出发,很少站在学生的角度思考学生在课堂上究竟学到了什么,学习是如何发生的,小组合作学习的过程是怎样的等问题。

(二)教师转变:从观念到行动

学校以往推行的导学案的做法是,教师将教材、教参上的内容简单机械地复制到课件或学生学案上,这一做法无疑增加了备课的负担,教师对此心生抱怨却无力改变。"合作·对话·探究"的课堂教学模式意在解放教师,解放学生,改变教师的教育观念和教学行为。这一举措既是从学校实际出发,又符合新课程改革的要求。这一课堂教学模式对于教师而言,听起来并不陌生,但实际要求却提高了,它要求教师在教育教学观念和行为层面都要发生变化,因为这项改革是得到学校领导的高度认可并大力推进的,参与改革的教师或主动或被动地卷入其中。

在这一自上而下式的课堂教学改革中,学校的推进策略首先是从语、数、外三门主要学科抓起,专家团队成员每人负责一门学科。希望能够以点带面,将三门主要学科的成功经验和做法延伸到其他学科。具体做法是:每个学期重点听三门主课一到两位教师的课,接受指导的教师名单是学校提供的,主要是学校希望重点打造的年轻骨干教师。在持续几个学期的听评课基础上,专家团队逐渐明确了"合作·对话·探究"课堂教学模式的基本构成要素以及课堂教学流程,进而将其转化为教师的课堂教学行为以及课堂教学评价标准。其间经历了一个长期而又复杂的摸索过程。

1. 由被动变主动:教师行为改变策略

课堂教学改革的前提是教师观念的转变。为了促成这一转变,专家团队主要借助两种力量加以推进:首先是发挥专家的理论引领作用,通过专家讲座、专题研讨、推荐阅读、教师读书分享等形式开展;其次是借助优秀教师的实践智慧与经验分享,主要采取走出去、请进来的方式,实现两地之间、多地之间的教师交流,例如常见的"同课异构"式的教学研讨。从实施效果来看,教师对于专家讲座或报告本能地存有畏惧感或畏难情绪,认为从个人遇到的问题出发,采用课题研究的方式加以探讨,比学习理论更有用。而采用同课异构的方式,通过课堂教学的具体实例,对比自己的课与别人的课之间的差距,通过榜样示范,发现自己的问题所在,这样一种建立在同行之间平等对话基础上的课堂教学研究,对于教师而言,要比抽象的理论和概念更有说服力。在改革实践中我们发现,无论是"合作·对话·探究"的课堂教学模式,还是复讲复评的听评课模式,话语权都掌握在专家手里,很难改变教师在其中的被动状态。而"同课异构"式的教学研讨,将授课教师推到了前台,在同上一堂课的对比中发现自己身上存在的问题,以及别人的优势所在,促进了教学反思的发生;那些先进的教育理念不是由专家讲给他们的,而是通过自己和别人的课堂实践发现的,它实现了教师由被动向主动的角色转变。因此,同课异构成为教师专业成长中一种重要的行动改变策略。

面对这一自上而下式的课堂教学变革,教师有着怎样的心态史? 7 年的课堂教学改革对教师的课堂行为带来了哪些影响?这是合作办学以来专家团队始终关注和思考的问题。具体体现为,每年一次的课堂教学质量评估,更多地关注教师对本次课堂教学改革理念与目标的认同,以及教师是否适应课堂教学改革的问题。其中,对"您认为本次课堂教学改革的理念与目标是否实现"的调查结果显示,认为完全可以实现和基本可以实现的比例在 80% 左右,认为暂时不能实现的比例不到 20%,而认为完全不能实现的不足 2%。由此可见,随着课堂教学改革的持续推进,教师的心态由被动变主动,对改革的认同度以及目标的达成度也在不断提高。

在教师访谈中 L 教师谈道:"这几年南师大联合办学对我们学校促进挺大的。但我们更喜欢同课异构,你们给我们带一些好的教师来,或者我去你们那里,其实我们很想去江苏的一些学校听课。" H 教师谈道:"想要出去学习,这个社会必须得多人合作,自己一个人在这闷着是不行的,你必须去和别人合作,哪怕他课上得再差,但是他总有优点。希望抓住机会出去学习,如果能够引进一个先进地区的人来讲,就会很好。说实话,个人成长也不怕出丑,个人去学,再针对一些课题去探讨,比学习那些理论更有用。专家讲了以后,我们不是不想学,但是实践起来,实在不知道从哪里下手。就拿同课异构来说,这是最直接的。说实话,我们这些人在理论上是肯定不行的,要不我们也就不可能在一线当老师,我们也写不出什么论文来。"

问卷调查和访谈资料显示,在推进课堂教学改革过程中,无论是学校管理者还是教师的观念都发生了明显的变化。首先是校长、教师对自身专业性的认识发生了变化,学习、研究与探索已从外力推进转化为校长、教师的内在需求,他们认识到,要想很好地实现新课程的要求,需要不断学习和补充新知识、新技能,特别是需要更新观念。在调研中我们还发现,在推进课堂教学改革过程中,校长们的角色也发生了变化,为了更好地发挥示范引领作用,他们开始自觉地写读书笔记、不断学习、研究新问题,而不是停留在常规管理层面。

在教师座谈中,教师一致认为,课堂教学改革给教师提供了很好的平台和契机,促进了不同思想的交锋,以及教育观念的转变。一位教师感慨:"教了二十多年的书,到现在才知道怎么教书。一是教师的课程观发生了明显的变化。多数教师能根据学生和情境需要活用教材;二是教师的教学观和学生观发生了很大的变化。教师努力将课堂变成民主的学习和交流的场所。"

学生在开放性问题"现在的课堂和老师跟以前有变化吗"中谈道:"现在的老师对我们来讲好像换了个人似的,以前上课,整节课都是老师讲,学生做错了题目就要受到批评,现在每节课老师大约讲半节课,学生讲半节课,学生回答问题时,即使我们答错了,老师也不批评,不但不批评,反而积极鼓励我们,让我们对学习越来越有信心,越来越感兴趣。"

调查发现,虽然专家和学者介绍了很好的理论,但是将这些理论转化为实践,还需要更多的专业支持,专业支持就是将先进理论付诸实践的能力。教师普遍认为,自己当前最缺少的就是来自专业方面的支持。如何在兼顾考试成绩的同时,尽可能体现先进的教育教学理念。在教师观念中,升学考试成绩与先进的教育教学理念成为两张皮,口头上都能接受或认可新课程的理念,但在行为层面仍然停留在依靠简单机械的行为训练达成考试分数提高的传统做法上。在此背景下,课堂教学改革大多停留在单纯追求形式上的运用,例如,有的课堂教学虽然表面上气氛活跃,学生也积极展开讨论,但是往往过于看重形式上的东西,追求活跃的课堂教学气氛,学生并没有得到实质性的发展和提高,缺乏教学的有效性。新课程提倡的教育教学理念、专家介绍的先进教育理论,与教师的课堂行为之间存在着较大的落差。

2. 批判反思意识的形塑

"复讲复评"听评课模式带来全体教师的深度卷入:专家团队持续一个学期听一位教师的课;被听课教师都要经历独立备课—学科组集体备课—专家听评课—再次说课或上课的历练,而这样的经历是他们从未有过的。在7年的合作办学中,中学部共有37位教师参与了复讲复评活动,接受专家指导讲课次数共计87次,涉及学科包括语文、数学、英语、历史、地理、生物、物理、化学、道德与法治,以及班会课等。其中,有5位教师的4次公开课得到了备课组以及专家团队的指导。

对于参与"复讲复评"听评课活动的教师尤其是上公开课的教师而言,连续数次上课不断被打磨的过程无疑是一场痛苦的炼狱般的经历,而经历了这样的阵痛之后,教师们逐渐发生了一些变化。为此研究生团队对参与复讲复评活动的教师进行了访谈。①

(1) 及时总结的必要性

> 复讲复评只经历过一次,但是收获还是很大的。最大的收获就是之前上完课我没有总结和反思,有了复讲复评这样一种短时间内的评价,我现在认为经验的东西需要及时总结出来,不然容易遗忘,我们之前大多数都是重复重复,没有进步。在复讲复评过程中确实一开始比较辛苦,以前的公开课你准备了上完了就没有了,复讲复评的好处是在最短时间内做出反思,还要结合专家的意见做出修改。专家指导下的复讲复评上升了一个高度,以前都是我们一个层次的老师在研讨,所以没有什么进步。专家有高屋建瓴的理念,所以我们收获了很多。还有一个好处,就是别人在讲的时候其实就像我们在讲,他现在的问题我也在反思,还有结合专家的意见,以后我上自己的课肯定不会犯类似的错误,虽然站在讲台上的不是我,但就像自己讲了一遍。

——X老师(八年级语文,10年教龄)

---

① 访谈人:南师大教科院2015级硕士研究生包志梅,程晓莉(2016年10月28日).

（2）对教师、学生角色的认识

收获最大的是教学过程中对教师和学生角色的思考，觉得老师不能随便说，因为其对学生而言还是有一定的权威性，所以我现在不是直接教授给学生什么，而是让他们自己先回去查，这样他们就知道这件事本来就是这样的，老师之所以这么说是有他的理论依据的，这样学生就不会认为老师说什么都是对的，而这些对的事情不是老师凭空臆想出来的。

——L 老师（八年级地理，3 年教龄）

首先是理念的转变，以前是学生说了开头，我就会抑制不住地去引导学生到我备课的内容里边去，特别担心他们说得不全面，刚开始主导过多，都是牵着学生走。现在理念改变了，能够放手让学生去说去讲。老师起的就是补充、引导作用，这是我收获最大的，理念变了，其他实践方面就会跟着变。其次，对一节课的设计和构思发生了改变，现在学会了用设置主问题的方式去把控整个课堂，让学生自主地去学习。

——H 老师（八年级语文，6 年教龄）

（3）痛并快乐着：改革的心路历程

把自己之前的备课思路推翻，这个过程比较痛苦，收获是心理的承受力增强了。在复讲复评过程中受到学校、教授们的关注，自己压力很大，经历了之后自己的心理承受力变强了。在教学方面，现在知道要增强讲课的趣味性，提高学生的积极性。

——X 老师（七年级历史，6 年教龄）

过程很痛苦，像是破茧成蝶、凤凰涅槃一般。就是之前付出了那么多时间，那么多精力，一下被推翻了，感觉没有成就感，像被打击了一样。但是，教授们提出的问题确实是从理论高度上高屋建瓴，感觉确实是这样。

——Q 老师（九年级语文，9 年教龄）

感悟是每一次讲课和之前都会有很大差别，进步了很多，也收获了很多。举个最简单的例子,第一次自己上课的时候,对于某些问题我只看到了表面,但是专家指点以后,问题可以看得更深,或者说我的方法有了很大的改进,学生能更加适应我的方法,这个层面上是不一样的,站的角度更高了。我很喜欢别人听我的课,也喜欢出去学习,我自己不知道哪个地方不足,给我提出的问题越多越好,下次上这个课的时候我肯定有所改进,专家指点也好,指出问题下一步我就可以用了。

——Y老师(八年级数学,12年教龄)

一开始的时候,老师比较茫然,对这个模式也不太了解,所以半信半疑。但经过一段时间,深入了解了复讲复评模式之后,发现这种模式对我以后的教学有很大裨益。我会想这个课该怎么设计,怎样才能符合学生的发展思维,在某些问题上我应该追问什么……第一次参与复讲复评时,是我主动参与的,所以我主要在忙着怎样做好。现在其他老师也参与,我便置身事外,看看人家在复讲复评中有什么做得好的地方,我在做的时候有什么不够,通过别人讲我可以学到些什么。我觉得最大的改变就是在课堂上关注学生,而不是关注这节课本身,更加关注学生成长的连续性和可塑性。

——J老师(九年级数学,12年教龄)

通过上述教师访谈我们发现:在这场持续时间长、涉及教师人数多、影响全面深刻的课堂教学改革中,教师由最初的被动卷入,到后期从观念到行动的转变经历了一个长期的渐进式变革过程,多数教师从中受益。参加"复讲复评"的教师大多在各种赛评活动中获奖,少数教学骨干已经脱颖而出,成长为学科带头人,有些则被其他学校作为人才引进。当教师在改革中获得专业成长,成为改革的最大受益者时,教师自身的改革动力和潜能便被激发出来,教师成长与学校发展之间的良性互动因此得以建立。

第三节　学生再生产：课堂教学改革的意外后果

任何教育改革如果缺失了学生立场,那就只有形式意义而失去了实质意义。在"合作·对话·探究"课堂教学模式建构过程中,学生的主体地位是否得到了体现?以新课改倡导的教育观念,到专家团队基于新课改理念构建的课堂教学模式,再到教师的课堂教学行为,其间经历了怎样的定义流变和行为变化呢?

一、课堂教学改革:形式意义与实质意义

在小组合作学习中,学生之间的合作、交流机会明显增多了,这无疑给课堂教学带来了清新的空气,但一些教师更多地关注小组合作学习这一形式,而对于小组合作学习的目的、时机及过程并没有进行深入思考和精心设计;只要学生有疑问,无论难易,都要在小组里讨论;讨论时间并没有得到保证,有时学生还没有进入合作学习的状态,就在教师的要求下草草了事、被迫结束了。或者说小组合作学习仅仅具有形式意义,而不具有实质意义。教师在小组合作学习中不是作为引导者而是仲裁者,按照既定的教学计划和教学设计,把学生带到预先设计好的教学框架里;小组学习演化为应付式、被动式的讨论;学生之间缺乏深层次的交流与碰撞,导致成绩好的同学的意见和想法代替了小组其他成员的意见和想法,学习成绩差的学生则成为小组学习的陪衬,更多时候在做听众,即使他们发表了意见也不会受到重视,在小组汇报时成绩差的同学的意见往往被忽视。小组合作学习处于一种自发和随意状况,教师在应用这一组织形式时偏重于形式,缺乏对其内涵的认识和反思。

新课程强调的对话合作探究课堂教学模式,是建立在教师对于教学内容的深入理解,以及对于学生学情的全面把握基础之上的。目前课堂教学的现状是,教师在备课时的主要关注点是知识点或考点,即每一项内容在考试中所占的比例或分量,正所谓考什么教什么,教师教学最大的困惑是担心哪一个考点没有讲到,学生

在考试时答不出来,课堂教学呈现出满堂灌、满堂讲,而教学时间总是不够用。只是迫于课堂教学评价中对于对话合作探究教学组织形式的要求,以及每个月专家到校指导工作的硬性要求,教师不得已地采用了这一教学组织形式。

教师对于课堂教学改革的理解与认同,在很大程度上决定着教学改革的成败。对于推进本次改革的专家团队而言,从对话合作探究教学模式的提倡,到研制课堂教学模式的操作流程,要求各个学科从自己的实际出发,研制不同学科的课堂教学流程,再到制定体现这一模式的课堂教学评价体系,其出发点和落脚点在于将"合作·对话·探究"的课堂教学模式转化为教师的课堂教学行为。从观念、理念到操作流程,再到课堂教学评价标准,这一"操作化、流程化"的知识生产方式是由注重考试评价的教学场域以及教师的课堂教学实践建构起来的。不可否认的现实是,专家的到校指导毕竟是短暂的、非常态化的,而日常的课堂教学评价,尤其是升学主义的评价是长期的日常化的,对于教师而言更具有当下的现实意义。在现实与理想之间,在当下的苟且与远方的诗意之间,更多的教师选择的是当下的生存,存在决定人的思想意识,这一切决定了教师对于课堂教学行为的选择。在教师眼里,这一模式并不能直接带来学生考试成绩的提高,反而因为学生的参与影响了教师的教学进度安排。出于现实的考量,教师对这一教学组织形式的理解和认识更多地停留在工具理性层面,因此,"合作·对话·探究"的课堂教学改革,形式意义远大于实质意义。

二、意外后果:学生分层与文化再生产

1. 小组合作学习是怎样发生的?

"合作·对话·探究"的课堂教学改革进行到第六年时,笔者在听课时意外发现,教师在课堂上普遍实行一种将学生进行编号的小组学习形式。具体做法是:学生每6人一组,分别标为1~6号数字,按小组内总成绩和各科成绩排序,数字号越小意味着最近一次考试成绩在组内排名越靠前;1~2号同学是好学生,3~4号为中等生,5~6号则是"差生"。考试成绩成为对学生进行编号的依据;教学过程中,教师提问时并不直接叫学生的名字,而是表述为"请每个组的1号同学回答这个问题"。个体意义上的学生已不存在,而代之以成绩作为标签的几号同学。这样一种

用分数对学生进行分层的做法竟然是与"合作·对话·探究"的课堂教学改革相伴而生的,进而成为课堂教学改革的意外后果。

对于这样一种对学生进行分层的方式,教师们有着怎样的觉察呢?通过对教师的访谈,笔者印证了该课堂现象,并获得了教师对于这种做法的理解与认识。

问:咱们现在课堂实行小组合作吗?您怎么看?

师1:既然分小组,肯定一个组内的学生是有差异的,但这个编号不是说你是5号我就看低你或者怎么样,现在不是倡导分层教学吗?就是说同样一篇英语课文的话,1号孩子和6号孩子的接受能力可能确实是不同的,1号孩子可能早早就背过了,但6号孩子可能26个英文字母都认不全。其实按号分组就是便于教学,难度大的题,5、6号同学就可以不做,其实就算布置给他,他也不会,与其浪费这个时间,不如让他做一些简单的基础性题目。

师2:我觉得小组合作,尤其是初一、初二的学生,他们比较活泼,可能效果比较好。初三在复习课时再用小组合作效果不会太好,因为学生之间相差太大了,一个小组内,好学生要考高中,如果把他们都弄到一块,好学生不行,稍弱一点的可以。

问:分层教学在布置作业的时候也会有差异吗?

师3:对,就包括背诵历史,6号和1号背的不一样,那么两个同学的任务就不一样。6号可以背一个稍微简单一点的,人家背4句你只需要背两句,那人家也得4分,你得2分总比零分强。

问:1号和6号的区别一下子就看出来了,那么以什么样的标准来给他们编号呢?

师4:如果说站在学科老师的角度来看,还是以成绩。有时当然也会做一些调整,每次考试之后有什么大的变化的话,就会做一些调整。有上进的,有学生原来是3号,这次变成了2号,他就觉得自己进步了。

问:就是每个学科老师的编号都不一样是吗?

师4:不一定,有的以班主任为主导,根据全班整体的情况来划分,可能有老师觉得不太合适,他会根据自己的学科来进行调整。

问:就是每个学科都有自己分层教学的方法是吗?

师4:对,基本上是。

从上述对话中可以发现,教师们对这种分组方式并没有觉得有不妥之处,仅有一位教师提到了它的弊端,还是基于"影响好学生的中考"这一角度。这个现象引起的思考是,当专家们把关注的目光投射到学生在课堂上的投入以及参与合作学习的状态时,作为授课教师所关切的问题是,这样的小组合作学习是否会影响到好学生的中考成绩,在应试教育背景下,不仅是教师,而且教育行政部门对学校的关注也仅仅是升学考试中学校的排名,甚至有的领导公开说,除了年级前几名的可以考上名牌大学的少数学生外,其他同学都是可以忽略不计的。面对这样的教育评价体系,教师们的担心和顾虑在所难免。在传统的课堂教学模式下,教师面对全班同学进行知识点的讲授,便于照顾到那些"最有前途、最有希望的好学生",而在小组合作学习中,教师不得不关注那些编号为4、5、6号的学生,除了考虑他们能否跟上教学进度之外,特别关心的是他们是否会给小组学习,尤其是1、2号学生带来不良影响。正如我们在课堂上所看到的,在小组学习中,1、2、3号同学积极参与讨论,而4、5、6号同学则置身事外、冷眼旁观,有的则干脆拿1号同学的作业来抄写。对学生进行编号的依据可能只是某一次或几次考试时的名次,但当用编号把它固定下来,尤其是在小组内或小组间进行交流时,或者教师直接叫到每个小组的4号同学站起来发言时,自己在班级所处的位置便一目了然了。当学生的成绩不再是个人的隐私,而成为教师对学生加以区分或识别的标志时,看似仅仅出于组织课堂教学的便利方法,甚至是作为成功经验的分层教学,便自然而然、合情合理地成为对学生进行分类或等级化的依据,学生阶层的再生产就这样发生了。因为教师对此的习焉不察,使得学生分层现象在经历了7年的"合作·对话·探究"课堂教学改革的学校场域中悄然发生着、蔓延着,场域以及惯习的力量得到充分体现,进而成为教育教学改革的意外后果,引发我们对于教育教学改革复杂性的进一步认识与思考。

2. 实践与反思:惯习的力量

在经历了长达7年的"合作·对话·探究"课堂教学模式探索之后,在每月一次的听课活动中我们意外地发现,我们在努力追求课堂教学组织形式变革的同时,忽略了教师思想观念的变革。例如,教师在完成课堂教学任务这一硬性指标下(教师总感觉课堂上的时间不够用,教学任务无法完成,进而只有采取满堂灌、填鸭式以及教师一言堂的方式,如果增加课堂互动,势必影响教学进度)所采取的教学组织方式变革,只能是任务驱动下的效率优先原则。当效率与公平发生矛盾冲突时,教师的第一选择是追求效率,牺牲公平。在小组合作学习中按照成绩给学生进行编号并加以区别对待的结果是,同学之间的差距不仅没有缩小,反而加大了。

也许是某一学科的偶然一次或一段时间的考试成绩,却变成了学生身份的象征,并予以标签化,进而不断生产和固化这一等级差异。形式变化的背后隐藏着实质的不变,那就是对于课堂教学效率的不懈追求,为了完成预期的教学任务,只有不断地对学生进行分层,不断制造和再生产新的学生阶层,让那些能够顺应教师教学流程的学生成为组内的领跑者,并通过付之于信息技术的即时评价手段不断给那些表现优异的学生以及所在的小组加分,并将其可视化,以激励同学之间的竞争。"合作·对话·探究"课堂教学模式探索的结果是:促进了组内以及小组之间的竞争而非合作;组内学生之间的差距越来越大,优者更优,劣者越劣。意在通过小组合作学习促进更多学生积极参与的教学模式变革不仅没有解放学生,而且不断制造和生成了新的学生阶层差异。这一改革的意外后果背后是作为惯习的教师的区隔意识和技术,即无论怎样改革,总是要将学生区分出高低,无论是引入三维教学目标,还是学生核心素养的教育理念,在整个社会的人才选拔机制和学校的升学考试制度没有发生根本变化的前提之下,变化的只有形式,不变的却是不断为学生制造差异的教育观念和理念系统。这就是为什么看似先进的教育教学理念,一旦进入学校教育系统,就变成了新的催生教育功利和绩效成绩的手段。这一实践性知识的生成机制正是教育作为阶层再生产工具的功用价值的具体体现。

布迪厄视文化为一种象征权力,文化是再生产社会关系的重要机制。文化最主要的作用是极大化或合理化宰制阶级的利益,稳定社会秩序与维持日常生活,并进一步将某些后天、建构的文化差异解释为先天的自然差异。学校制度正是操纵分类和级别分化的机制,尽管具有各种表面上的中立性,不断再生产着先前存在的社会等级分类。①

一个原本是增强学生之间合作学习的"合作·对话·探究"课堂教学模式,在教师的课堂教学实践中演化为追求高效课堂的组内分级分等,小组学习演化为组内的分层与分级,在片面追求升学考试成绩的绩效式考核评价体系下,教师得心应手地运用各种区隔技术,不断生产着学生之间的阶层差异;构成学生阶层的核心是"学业资本"。谁拥有好的分数,谁就拥有了话语权和发展权,而广大的"中等生""差生"则被教师排斥在课堂教学之外,沦为"课堂里的看客"或旁观者。换句话说,课堂是为少数佼佼者而准备的;阶层的再制在课堂里随时随地发生着,课堂在某种程度上演化为一场没有硝烟的战争。

三、教师立场:课堂教学改革的行动逻辑

对于改革者而言,课堂教学改革的意义在于发声,即教师发声、学生发声,课堂里能够听到真实的声音。对于师生而言,课堂教学改革的内在生命力在于唤醒,唤醒教师和学生的生命意义和价值。通过教师主体意识的觉醒,唤醒学生的自我意识,帮助学生树立观念:每个人都是自我发展的主体,每个个体的生命都是有意义和价值的,每个人应该成为自我创造的主人。因此,教师对于学生身心发展水平和规律的把握显得尤为重要。教师的作用不是道德说教,而是唤醒与激发学生的发展潜能,体现对学生生命的理解与尊重。具体体现在,教师对于学生多样化表达的耐心倾听,以及基于个人生命体验的真实对话,实现教师生命与学生生命之间的同生共长。

课堂教学改革并不是发生在道德的真空地带,任何改革理想都不得不面对来自现实生活的挑战。在当前应试教育的大环境下,一线教师迫于来自学生家庭、社会舆论、网络媒体等各方面的压力,以及教学生活中各种考核与评价的羁绊,有时不得不对自己习以为常甚至得心应手的管理方式和教学模式进行一定的改变,但这些改变很少出于教师的自觉,更多的是迫于外界的压力,例如教育主管部门或教研员的教学督导和检查,学校整体改革的需要,大学与中小学合作中的专家指导

---

① 张盈堃,等.谁害怕教育改革?——结构、行动与批判教育学[M].台北:洪叶文化事业有限公司,2005:121.

等。但是这些变化大多停留在形式层面,形式层面的改革相对而言是比较容易做到的,即通常人们所说的"作秀",公开课成为一种公开的表演,而深层次的思想观念的变革则非常艰难,因为思想观念是现实存在的主观反映。

对于一线教师而言,他们面对的主要是两种不同力量的较量,一方面是来自教育主管部门、学生家长以及社会舆论对学生升学成绩不断提升的诉求,这不仅与教师的个人生存有关,更与学校的利益息息相关,即使教师个人对于这样的升学制度和评价制度心存不满,但是也不得不做出适当的妥协与让步。改革并不意味着一直在进步,很多时候是进一大步退一小步,即使这样也是非常艰难的。另一种力量是来自教育理想的感召,在教师心目中,对于什么是好的课堂,什么是好的教育,他们在思想认识上是有一致性的。因此,对于汉河小学与崂山五中的教师而言,当面对每月一次的专家到校指导时,他们大多抱持一种非常矛盾的心理,一方面认同专家所秉持的先进的教育理念,另一方面则心存怀疑,这样的课堂教学效果会怎样?学生成绩能提高吗?在经历了江苏与山东两地教师的同课异构这一教研方式后,多数教师看到了南北方教育观念与理念的差异,发现自己教学中存在的问题,逐渐萌生了对自己的课堂教学行为进行改变的想法,其中一些主动顺应课堂教学改革的教师则从中受益,逐渐成为学校的教学骨干,并在本地区以及大市级的课堂教学展示活动中取得了优异成绩,得到了学校和教育主管部门的高度认可,实现了自我专业成长中的蜕变。

作为课堂教学改革的设计者和实施者,我们的思考是,教育教学改革如何才能触动教师思想深处的观念变革?教师参与课堂教学改革的动力究竟来自哪里?从教师立场出发,我们认为,教师作为一种现实的存在,教育改革的动力无疑来自教师对于自己当下生存状态的判断以及对于个人利益的考量,即自己从改革中可以获得怎样的利益。改革只有与其切身利益之间建立起联系,解决教师的生存与发展的根本问题,才能激发教师参与改革的主动性和积极性。教师对于教育改革的行动逻辑如下:

1. 推己及人

根据费孝通先生对于差序格局的理解,中国人的人际关系和社会交往关系的建立遵循着由己出发,由内而外,推己及人的方式。当面对课堂教学改革时,教师的态度同样是从自我出发的,即"我"在改革中是否能够受益?在某种意义上,改革都是有一定风险和代价的,例如可能导致教学成绩的暂时下降,因为教师对于新的教育教学方式的掌握需要一定的时间,学生适应教师的改变同样也需要时间,但是当下的教学评价关注的是每一次,客观上不允许任何的退步或成绩下降,课堂教学改革被比喻为"戴着镣铐跳舞"是有其深意的。

如果这样的改革对于教师自己很有难度,对教师自身素质提出了更高的要求,按照惯习和已有的教学模式进行教学,无疑是更安全或更保险的,那么,教师就会自然而然地对改革保持消极或抵制的态度。面对扑面而来势不可挡的课堂教学改革的发展趋势,教师通常的托词是:"我们也知道传统的满堂灌有问题,学生学习的积极性不高,但是要想改变很难,教学任务完不成,我们也没有办法。"由此从教师立场出发,我们可以预期的行动逻辑就是推己及人:假如现在的班级或课堂里的学生就是自己的孩子,你希望他们如何学习?如何生活?是希望他们有着更加美好的未来,还是重复自己的故事?帮助教师认识到,这样的课堂教学方式再也无法延续下去了,不论出于自己对当下发展的现实考量,还是从下一代的未来发展考虑,教育教学改革势在必行。只有这样,才能打破教师的心理舒适区,以及由此引发的职业倦怠感,激发教师专业发展的内驱力。

2. 同伴效应

在7年的课堂教学改革实践中,专家团队通过理论引领、指导教师读书、开展课题研究等方式,不断为教师事业发展注入新鲜血液,同时,采取走出去、请进来的方式,安排教师到外地挂职学习,不断拓展教师的视野和眼界。在所有这些方式中,教师收获最大的是江苏、山东两地教师之间开展的同课异构,即两地教师同上一堂课,面对同样的教学内容,同样的学生,教师的教学观念、教学方法以及教学效果的差距立即显现出来,那些平日里在教师看来空洞的教育观念,在课堂上一见高下,对于本地教师产生了极大的触动和影响,由此激发了教师进行教学改革的动力。同行之间相互观察学习的效果胜过专家报告或理论讲座。这样的触动来自比较,即同样是教师,他们为什么可以做得更好?进而引发了教师的自我反思。而专家报告或理论讲座之所以难以触动教师,是因为教师认为,专家学者与自己不在一个层面上,因此很难产生对话与交流。而同行之间则没有这样的距离感,更容易产生学习之间的迁移。

3. 超越名利

对教师专业发展动力的考量还来自笔者主持的"随园夜话"班主任沙龙的十年发展历程，其中有一大批年轻班主任获得了很好的专业发展，他们已经成为自己所在学校以及区域的德育学科带头人，引领更多班主任的专业发展。沙龙活动是大家牺牲了自己的休息时间自觉自愿参加的，不带有任何行政的色彩，因此可以断定，参加沙龙的班主任教师是有着自我发展愿望的，作为一种"体制外的生存方式"，沙龙是由高校专家发起，义务为一线班主任搭建的专业发展平台，沙龙活动是自由开放的，因此，它从根本上解决了教师专业发展的动力问题。虽然没有外部的压力和评价的作用，教师参加这样的活动或多或少也是带着自己的功利目的的，例如认识一些高校的专家学者，对于普通的一线教师而言，这样的机会是难得的；认识一些班主任领域的同行，结交更多的朋友；获得更多的发展机会和平台等。其实，班主任、教师带着这样一些个人的想法和诉求是非常自然的，对少数人而言，这里也是一个权力场和名利场，也确实有一些人利用这里的资源，达到了个人成名的目的，满足了他们对于功利的需要。也有一些自我感觉良好的人，因为这里平等自由的交流氛围，感到自己的虚荣心和满足感受到了挫伤，从此不再出现。因为是一个自由交流的平台，这一切都显得非常正常。作为一种体制外生存形式，更容易看到教师的自然状态，他们不需要像平日里在领导同事面前那样掩饰自我，可以发发牢骚、吐吐苦水，发泄一下怨气，这里成为他们可以安全地释放自我，因此更加喜欢并且依恋的场所。这也是这样一个来自民间的自发组织得以延续至今的重要原因。

引领班主任教师的专业成长，是南师大班主任研究中心发起这样一个活动的初衷。进而为班主任老师提供了发表论文、一起做课题、编写教材、制作慕课课程等多样化的发展机会和平台，但是，在沙龙成员中，真正能够坚持不断学习写作的始终是极少数。那么，如何改变这种现状呢？那就是不断进行体制机制的创新，例如，建立兼职研究员制度，组建一支稳定的研究队伍，让那些不写作的人产生一定的危机感和紧迫感。

从随园夜话班主任沙龙十年的发展历程中我们得到的启示是，对于中小学教师的专业发展而言，外部环境越是宽松，教师较少受到体制内的压迫，来自教师自身的专业发展动力越大；对于教师个体而言，教师个人的功利目的越少，自我学习提升的目的越纯粹，越是能够体会到专业学习以及职业发展带来的幸福。虽然说教师都是现实生活中的人，都有着对于物质利益的追求，但教师职业更多的仍然是一种精神性的存在，一个教师对于自己的职业理解越深，就会因职业发展和学生发展的需要，产生源源不断的学习动力和需求，越是能够体会到教师职业的幸福。因此，教育改革的动力来自教师自我发展的需要，或者说改革越是能够与教师自身的专业发展需求之间建立联系，越是能够激发教师参与改革的内驱力。

综上所述，围绕课堂教学评价标准问题，国内专家学者见仁见智，教研员和中小学校也纷纷制定出自己的评价标准，进而呈现出多元评价标准体系。当我们将好课的标准置于特定的历史时空下，深入考察特定时期政治、文化等因素的作用，就会发现好课的标准在不同历史时期是各不相同的，主要受到特定时期国家推行的课程改革的影响。以语文学科为例，从1949年新中国成立以来，我国基础教育经历了8次重大改革，中小学语文教学标准（大纲）同样经历了8次变化，总体来看，语文教学改革主要集中在语文学科的学科性质以及课堂评价标准的演变，无论是新中国成立初期关于工具性和政治性的讨论，还是新时期关于工具性与人文性的讨论，以及新课改以来关于知识与能力的讨论，归根结底，是对于语文的政治属性还是文学属性的争论。直到2011年，《义务教育语文课程标准》提出语文课程具有"工具性与人文性"统一的性质，是一门学习语言文字运用的综合性、实践性课程，是以"熏陶感染"为教学特点的课程；新时代衡量语文好课的标准代之以《义务教育语文课程标准》，这从诸多教育研究者关于好课标准的研究中可见一斑。因此，虽然存在众多关于好课标准的设计，但从根本上讲，受到特定历史时期政治文化因素的作用与影响，因为在本质上，它们被定义和被规定着。

课程改革的直接结果之一是课程标准（大纲）的确立，由课程标准（大纲）规定的课程性质和课程目标直接决定着教师教学目标的确定，影响课堂教学评价标准的走向。当前，"以学评教"的课堂教学评价标准是在以教师课堂教学行为为中心的传统课堂评价基础上的进一步发展；同样，学生与教师参与到课堂评价中来，突破了评价主体单一的诸多弊端,是课堂评价方式方法的进步。从中可以看出,国家层面推行的新课程改革是课堂教学评价改革的主要动力,同时也在一定程度上限制了课堂教学评价的发展。新课改后,教育研究者致力于建构一套符合新课程改革理念的课堂教学评价标准及评价方法,既体现了新一轮改革的教育观、学生观、教师观,又为进一步的教育决策与教育实践提供了理论指导。无论是课程标准,还是课堂教学评价标准,总的来说,在理念层面与国家政策层面是一脉相承的,紧密围绕国家新课程改革而展开。

从上述课程改革、课程标准、课堂评价之间的关系,可以洞察国家权力在整个课程实践中的运作机制。评价标准问题的实质是知识与权力关系的集中体现。从宏观角度分析,教育改革主要遵循"自上而下"式的改革路径,从政策决策、理论论证到教育实践的过程往往是异常艰难的,其中不仅涉及教育自身的知识体系建构问题,更为重要的是受到来自教育外部各种力量的制约,包括社会的人才观、用人观等。处在教育实践层面的教师只能是"戴着镣铐跳舞"。在这场涉及诸多利益相关者的新课程改革以及与之相应的课程标准、课堂教学评价的改革实践中,究竟存在着那些制约因素?这些制约因素在实际的课堂教学中是怎样发挥作用的?教师与学生又有着怎样的回应?

在对课程评价标准变化的历史梳理基础上,第二、三节深入到中小学课堂教学实践,从知识与权力关系的微观场域,分别探讨了"结构的力量:课堂里究竟发生了什么",以及"学生再生产:课堂教学改革的意外后果"。通过对大学与中小学合作背景下学校的课堂教学改革历程的回顾与反思,动态地呈现了"合作·对话·探究"课堂教学模式的诞生过程,此项改革对于教师意味着什么?它给教师的生活世界带来了怎样的影响?以及作为此项改革的意外后果,学生分层现象以及文化再生产是如何发生的?进而揭示出:从新课改倡导的教育理念,专家学者提倡的先进教育理论,转化为教师的课堂教学行为之间的复杂性,以及实践场域中长期存在的惯习的力量,如何使得新课改的教育理念、评价标准的导向作用难以落实,进而增强了对于实践场域复杂性的理解与认识。在此基础上,本章最后试图从教师立场出发,揭示教师在课堂教学改革中的行动逻辑,进而探讨基础教育改革的动力机制问题。

附 录

教师问卷

1. 在此之前,您对教育领域和学校大规模开展的课堂教学改革有怎样的看法?

2. 当听到您所在的学校开展课堂教学改革,您有怎样的看法?

3. 您是如何参与到课堂教学改革(复讲复评)中的?主动争取,听从校长安排?当时的心态是什么样子的?

4. 参与过程中您的心态是否发生了变化?有怎样的变化?对课堂/教学/学生/教师职业/专业发展/专家团队/教研员/学校/校长管理人员等有什么变化?

5. 参与过程中您有什么困惑和困难吗?是如何解决的?

6. 参与过程中您有怎样的收获和专业上的发展?

7. 其间您有写过一些随笔和感悟吗?内容大致包含哪些呢?可以和我们分享一下吗?

8. 如果让您给这次课堂教学改革提一些建议和意见,您想说些什么呢?

9. 现在,您对教育领域和学校大规模开展的课堂教学改革有怎样的看法?

第六章 话语实践：基础教育改革中的学生

当我们将教育从单纯的理性知识的传输转向知识和价值教育并重的时候，需要清醒的是：在多样性价值观并存的今日世界，单一价值观的灌输并不能必然带来我们所希望的学生良好价值观的形成……教育价值是任何教育制度的灵魂而不是"奢侈品"。

——斯蒂芬·J.鲍尔《教育改革：批判和后结构主义的视角》

第一节 培养目标的话语建构

话语由那些掌握权力的人提供，他们建构起我们生活于其中的现实世界。鲍尔认为，话语涉及"哪些问题能够用来谈论和思考"，还涉及"谁、何时及谁允许有资格发表观点"之类的问题。[①] 学生话语始终是教育改革绕不过的话题。

培养什么人，为谁培养人，怎样培养人的问题，始终是教育的核心问题。自新中国成立以来，学校教育的培养目标经历了从"为无产阶级政治服务"，到"为社会主义建设服务"，再到"为社会主义现代化建设服务"，从培养建设人才、劳动者再到建设者和接班人的发展演变，教育的任务、培养目标既有经受住时间考验沿袭下来的部分，也有随着时代变迁而流变的内容。在变与不变中，围绕培养什么样的人，学校教育建构了怎样的话语体系？这样的话语体系又是如何建构起来的？在当下学校教育中，以学生为本的教育理念究竟是空中楼阁般的理想追求，还是

[①] 斯蒂芬·J.鲍尔.教育改革:批判和后结构主义的视角[M].侯定凯,译.上海:华东师范大学出版社,2002:7.

有落地生根的现实土壤？在这一节中，我们将结合政策文本、时代背景、国家领导人讲话等材料，历史地呈现教育改革中"谁"在说话、怎么说、说什么、为什么而说的话语实践过程，进而解读基础教育改革这一历史实践背后的思想轨迹。

一、背景分析：破旧与立新

1949年新中国的建立，人民民主专政的共和国取代了"封建买办法西斯专政的国民党反动统治"，起到临时宪法作用的《中国人民政治协商会议共同纲领》（以下简称《共同纲领》）对教育提出了两大任务。教育的首要任务是在思想上破旧立新，肃清教育中国民党政府遗留下来的"封建的、买办的、法西斯主义的思想"，代之以新民主主义思想，发展"民族的、科学的、大众的文化教育"、树立"为人民服务"的思想，其主要目的是打破国民党遗留下来的基础教育体系，为新中国确立党对教育的实际领导扫清道路。因此，《共同纲领》中的文化教育政策表现为明显的革命话语：不仅对教育提出了革命工作的需求，同时也提出了国家建设的需求。新中国成立伊始，各项事业百废待兴，国家建设离不开人才，发展教育事业的重要任务便是"提高人民文化水平，培养国家建设人才"。

虽然《共同纲领》中并未明确提及"德育""智育""体育"的概念，但第四十二条的提倡公德，第四十三、四十四条的普及科学知识及提倡科学的历史观点，第四十八条提倡的国民体育无疑是这三育的具体体现。三育中德育排在首位，首要是"爱祖国"，体现了新生的共和国政权对于人民的国家认同的重视。"普及科学知识"和提倡"科学的历史观点"，则是服务于"工业农业和国防的建设"及"研究和解释历史、经济、政治、文化及国际事务"的目的，基于国家建设的需求而对受教育者提出的智育要求。"提倡国民体育"也是基于现实的考量，1949年之前，我国人口平均预期寿命仅有35岁[①]，国民健康状况堪忧，无论是出于社会主义建设还是国防的需求，对国民体育的提倡都刻不容缓。同时，"提倡国民体育"也符合毛主席一贯的"文明其精神、野蛮其体魄"的观点。

1952年3月，教育部以《共同纲领》和《关于改革学制的决定》为根据，制定了

---

① 郭玉玲.中国人均预期寿命时空变化及影响因素分析[J].中国卫生政策研究,2018(8):44－49.

《小学暂行规程(草案)》《中学暂行规程(草案)》,两部规程明确地提出了基础教育阶段的培养目标,小学阶段"根据新民主主义的教育方针和理论与实际一致的教育方法,给儿童以全面的基础教育,使他们成为新民主主义社会热爱祖国和人民的、自觉的、积极的成员"。我国尚处在新民主主义社会向社会主义社会的过渡时期,这一阶段的教育方针还是新民主主义的,其中"理论与实际一致的教育方法"是对《共同纲领》中第四十六条"中华人民共和国的教育方法为理论与实际一致"的延续,具体体现在《小学暂行规程(草案)》的第二十一条第一款"教师应根据学科系统,正确地结合儿童生活经验以及社会自然实际,并适当地运用实际事物进行教学"的内容中。

　　《共同纲领》中关于教育的论述体现了对德育、智育、体育的提倡,在此基础上,两部规程提出了智德体美全面发展的教育,提供给儿童"全面的基础教育"。其中《小学暂行规程(草案)》对智育、德育、体育、美育方面的培养目标提出了更细致、明确的要求。以智育为例,小学阶段的智育目标是"使儿童具有读、写、算的基本能力和社会、自然的基本知识"。考虑到新中国成立初期识字率不高的现实状况,1951年9月的第一次全国工农教育会议明确提出开展识字教育,逐步减少文盲。这一思想在《小学暂行规程(草案)》中的智育方面得到了体现。同年11月,在全国范围内开展了大规模的扫除文盲运动。《小学暂行规程(草案)》中并未明确提出劳动教育,也未将劳动列入教学科目,但提出了"广泛吸收工农子女入学并便利参加家庭劳动"的具体措施,并规定"劳作在各科教学的实验、实习中和课外另定时间教学"。

　　中学阶段的培养目标是"用马克思列宁主义的理论与中国革命实践相结合的毛泽东思想和普通文化知识教育年青一代,使他们的身心获得全面发展,以便为升入高等学校或参加建设工作打好基础"。《中学暂行规程(草案)》对中学生在思想上提出了更高要求,即用"马克思列宁主义的理论与中国革命实践相结合的毛泽东思想"来武装学生的头脑。在这一培养目标之下,《中学暂行规程(草案)》明确提出了智育、德育、体育、美育的要求,是对《小学暂行规程(草案)》中关于智育、德育、体育、美育话语的有效衔接。

正如社会学家福柯所说:"重要的不是话语讲述的年代,而是讲述话语的年代。"①1952年两部规程的出台有其特定的时代背景:1950年人民解放军解放海南岛,1951年和平解放西藏,1952年镇压反革命即将进入收尾阶段,国家重心逐渐从革命转向建设。这两部规程把智育调整到德育之前,也是服务于国家建设的需要。随着社会主义改造的进行,教育的培养目标也随之发生了变化。1953年11月,《关于整顿和改进小学教育的指示》中小学教育的目标是"使之成为新中国的健全的公民",从新民民主主义社会的"成员"转变为新中国的"公民",从"成员"到"公民"的转变,意味着新中国成立以后人民当家作主的意识开始觉醒。

1953年,《关于朝鲜军事停战的协定》的签署标志着抗美援朝战争的结束,随着国内外局势的逐渐稳定,社会主义建设成为这一时期的主旋律。1953年第一个五年计划的出台,体现了国家对于生产建设人才的需求变得更加迫切。学生毕业后主要还是参加劳动生产,成为投身于国家生产建设的新生力量。这既是出于国家建设的需要,也是受到教育发展水平的制约。考虑到当时学校对前一级学校毕业生的吸纳能力,学生能否升学并不只是看学生个人的需要和意愿,主要还是"根据国家需要升学"。

二、培养目标的话语表达

1. 红与专

清末和国民政府时期的屈辱历史,使人们深信"落后就要挨打",只有国家强大,才能在国际社会占有一席之地。新中国成立以来,国家从未放松过经济建设,依靠上下一心、艰苦奋斗,我国在短时间内发生了巨大变化:1956年三大改造基本完成,社会主义制度在我国初步建立;1957年"一五计划"超额完成了任务,国民经济实现快速增长。在国际上,1957年11月社会主义大家庭在莫斯科召开会议,苏联刚刚发射的第一颗人造卫星促使社会主义国家形成"社会主义正在上升,资本主义正在衰退"的共识。②苏联提出要用15年时间赶超美国,毛泽东认为,未来可能

---

① 但昭彬.话语权与教育宗旨之共变——中国近现代教育宗旨的话语分析[D].武汉:华中师范大学,2005.

② 程天君.教育改革的转型与教育政策的调整——基于新中国教育60年来的基本经验[J].北京大学教育评论,2012(4):33-49,185.

有10年或更长时间的和平时期,因此我国应当抓住这个发展机遇,用15年时间赶超英美。1958年第二个五年计划开始,国家对于建设人才的需求愈加迫切。为了尽快改变我国经济文化落后的局面,中共八大二次会议提出了"鼓足干劲、力争上游、多快好省地建设社会主义"的总路线。1958年开始了"大跃进",教育事业不免受到"左"的思想影响。中共中央、国务院将"反对右倾"写入《关于教育工作的指示》中,并以中共八大提出的总路线为范本,对教育提出了"鼓足干劲、力争上游,多快好省地扫除文盲,普及教育,培养出一支数以千万计的又红又专的工人阶级知识分子的队伍"的任务。围绕培养"有社会主义觉悟的有文化的劳动者"这一教育目的,我国首次提出了教育要与生产劳动相结合,培养学生的"劳动观点即脑力劳动与体力劳动结合的观点",要与"轻视体力劳动和体力劳动者""劳心劳力分离"的观点进行斗争。基于这一培养目标,《关于教育工作的指示》要求学校必须把生产劳动列为正式课程,要求学生必须参加一定时间的劳动。这一时期的全面发展也有了新的内涵,从前一时期的智育、德育、体育、美育全面发展,变成"既有政治觉悟又有文化的、既能从事脑力劳动又能从事体力劳动",又红又专、劳心又劳力,是这一时期对于人的全面发展的理解。这一时期的教育对于劳动十分推崇,劳动不仅是一门正式课程,劳动本身就是教育的过程,是培养全面发展的新人的一条正确道路。劳动教育具有多重教育的承载性、承载机理和承载机制,具有强大的开放性、包容性和兼容性。[①] "参加生产劳动对学生来说,不论在德育、智育或体育方面都有好处",这与现在提倡的"以劳树德、以劳增智、以劳强体、以劳育美、以劳创新"[②]的提法有异曲同工之处。同时,劳动也是马克思主义的理论基石。劳动除因其对教育有着深远的、积极的、不可取代的作用外,也因其作为无产阶级政党的意识形态属性而被推崇。2013年之后,习近平总书记多次强调劳动和劳动教育的重要性,劳动教育被赋予新的时代内涵和新的时代使命。

叶澜教授指出,尽管我国教育改革中涉及大量的经济需求、文化需求等其他需求,但在政府层面,国家政治利益是率先的和根本的。这里所指的"政治"并非直接与政治权力之争相关,而是与巩固政权、国家利益相关。[③] 这在"大跃进"期间的

[①②] 徐长发.新时代劳动教育再发展的逻辑[J].教育研究,2018(11):12-17.
[③] 叶澜.当代中国教育变革的主体及其相互关系[J].教育研究,2006(8):3-9.

教育改革中体现得尤为明显。"大跃进"是极"左"路线的运动,"左倾"的一大特点是对意识形态的强调、对阶级斗争的重视。《关于教育工作的指示》中强调马克思列宁主义的政治教育、思想教育,强调教育中阶级观念、社会主义觉悟的培养。教育培养的人要又红又专,不能只专不红。其中,围绕谁来培养人的教育领导权问题,其话语表达是:"教育是人民群众的事业……办教育需要依靠专门的队伍,没有强大的专门队伍是不行的。但是,教育工作的专门的队伍必须与群众结合,办教育更必须依靠群众。把教育工作神秘化,以为只有专家才能办教育,'外行不能领导内行','党委不懂教育','群众不懂教育','学生不能批评先生',那就是错误的。这种迷信,只能妨碍教育成为人民群众的事业,妨碍教育工作为我国的社会主义革命和社会主义建设服务,因而也妨碍教育工作的发展和进步。"①

这段话的话语建构策略体现在关系定位与价值定位上:"教育是人民群众的事业",自然应受人民群众的领导,而中国共产党代表中国最广大人民的利益,通过人民群众定位了党与教育的关系。而"只有专家才能办教育""外行不能领导内行""党委不懂教育""群众不懂教育"等观点其实是"把教育工作神秘化"的表现。通过这样的表述,《关于教育工作的指示》定位了这些观点与迷信的等同关系。我国是由中国共产党领导的社会主义国家,有着对马克思主义、唯物主义的坚定信仰。封建迷信在我们的价值体系中是受到批判的,对封建迷信的价值判断通过已经完成的关系定位迁移到一系列以专业为由将党排斥在教育以外、只专不红的思想上。封建迷信是错误的、是要受到批判的,因此,只专不红的思想也是错误的,是要受到批判的。这一话语建构策略通过价值建构与关系定位完成了又红又专与只专不红之间的价值对立,特别是对后者进行了批判。那么对于教育中的专业性又是怎样表达的呢?在这段话中特别提到了教育"需要"依靠专门的队伍,同时又用坚决的话语表述教育立场:"必须"与群众结合,"必须"依靠群众。由此可见,这段话语隐含了另一层意思是:先红后专、重红轻专,即在凸显教育的人民性的同时,体现了教育的去专业性或弱专业性。

---

① 中国共产党中央委员会、国务院关于教育工作的指示(1958年9月19日).//关保英.教育行政法典汇编(1949—1965)[M].济南:山东人民出版社,2016:325.

2. 建设者与接班人

1995年颁布的《教育法》中,将"教育为社会主义建设服务"提升为新的目标"教育必须为社会主义现代化建设服务",沿袭了以往政策文本中"与生产劳动相结合"的内容,提出教育要培养"德、智、体等方面全面发展的社会主义事业的建设者和接班人"。随着社会的不断发展,官方话语中的"建设者"和"接班人"前后有着不同的修饰、限定词语,但"建设者"和"接班人"这两种称谓却始终没有变化,并一直沿用至今。

从语用学的角度分析,"建设者"是一个经济学用语,而"接班人"则是政治学用语,这两个概念本身并不属于教育学的范畴。"建设者"是为社会主义现代化建设服务,"接班人"是为无产阶级政治服务,培养"建设者"和"接班人"的培养目标均体现了国家利益及其价值诉求,并没有关注到教育本身的诉求以及人的发展诉求。从教育"为无产阶级政治服务"到"为社会主义建设服务"再到"为社会主义现代化建设服务",教育在它自身之外存在着其他的社会目的。既然教育是为社会主义现代化建设服务、是为无产阶级政治服务,那么教育培养为经济、为政治服务的"建设者""接班人"也就不足为奇了。

叶澜教授将教育改革的主体分为利益主体、决策主体和行为主体三大类。① 国家既是教育改革的利益主体又是决策主体,在教育改革政策制定过程中,比起个人利益,国家利益必然是高于一切的,因而被置于首位,政策文本中关于培养目标的话语必然会围绕国家利益而不是人的发展展开论述。当然我们用"国家利益""个人利益"这样的词语来表述,并非是将"国家利益""个人利益"二者对立,实际上这两者并非是对立的,正如国家进步与个人发展并不矛盾一样,国家利益与个人利益在社会主义国家是和谐统一的,在培养目标中教育话语的缺失一定程度上反映了教育性的缺失。

三、学生话语的实践历程

1. 破坏与纠偏

1963年,中共中央总结了"大跃进"时期教育事业中的经验与教训,出台了《全

---

① 叶澜. 当代中国教育变革的主体及其相互关系[J]. 教育研究,2006(8):3-9.

日制小学暂行工作条例(草案)》与《全日制中学暂行工作条例(草案)》,沿袭了"大跃进"时期"教育为无产阶级政治服务、教育与生产劳动相结合"的教育方针。中小学的教育任务都是"为社会主义建设事业培养劳动后备力量,和为高一级学校培养合格的新生"。生产劳动在教育中依然占有较高地位,但对学生的培养不再片面强调"多快好省",而是提出"适合儿童少年(中学为'少年青年')的年龄特点,研究和改进教育方法"。在美苏冷战不断加剧,中美关系不见缓和,中苏关系逐渐恶化的60年代,为了反对两个超级大国的霸权主义,新中国必须团结广大亚非拉国家,因此《全日制中学暂行工作条例(草案)》中除了提出培养爱国主义精神,还提到了国际主义精神的培养。

1966年5月,毛泽东发动了"文化大革命",其出发点是为了防止"资本主义复辟",指导建设中国自己的社会主义道路,然而"文化大革命"被反革命分子利用,造成了国家长达十年的动荡。"文化大革命"期间的教育革命是以"大跃进"时期的教育革命为范本的,教育中对智育的片面推崇及对分数的强调使得工农子弟被拒于校门之外,这两次教育革命实际上都表达了对于教育公平的诉求。虽然"大跃进"时期的教育改革被称为"教育大革命",但总体而言还是通过体制内的方式和途径寻求变革,仍然属于改革的范畴;而"文化大革命"则是对旧有体制的"推倒重来",其革命意味更浓;其教育诉求都是用"反修""防修""保证社会主义江山永不变色"之类高度政治化的话语出现,并通过政治批判、政治运动推行的,以至于"文化大革命""教育革命"给人们留下的记忆,只是打砸抢之类的"造反",学生打老师的"革命",政治运动和政治斗争,以及整整一代知识分子和青年学生的苦难史。[①]比如,"文化大革命"期间中小学的根本任务不是对学生的培养,而是"复课闹革命",开展"革命的大批判""大联合""三结合""各单位的斗、批、改"。

在这样的背景下,1975年的《中华人民共和国宪法》中关于教育的条款做出了较大修改:"无产阶级必须在上层建筑其中包括各个文化领域对资产阶级实行全面的专政。文化教育、文学艺术、体育卫生、科学研究都必须为无产阶级政治服务,为工农兵服务,与生产劳动相结合。"

---

① 杨东平.中国教育公平的理想与现实[M].北京:北京大学出版社,2006:41.

"文化大革命"结束后的很长一段时间,教育改革有不少都属于对"文化大革命"期间教育领域所受种种浩劫与延误的"拨乱反正",带有"纠偏"与"恢复"的性质。① 1978年《中华人民共和国宪法》中关于教育的条款修改为:"国家大力发展教育事业,提高全国人民的文化科学水平。教育必须为无产阶级政治服务,同生产劳动相结合,使受教育者在德育、智育、体育几方面都得到发展,成为有社会主义觉悟的有文化的劳动者。"1978年9月出台的《全日制小学暂行工作条例(试行草案)》以及《全日制中学暂行工作条例(试行草案)》,恢复了1963年的规定,强调为社会主义现代化建设培养人才打好基础,为实现新时期的总任务服务。② 1977年,华国锋提出"要在二十世纪最后四分之一时间内把我国建设成为伟大的社会主义的现代化强国,迫切需要培养和造就大批又红又专的建设人才。这就要从教育入手,要真正搞好无产阶级教育革命。"1978年邓小平在全国教育工作会议上提出"教育事业必须同国民经济发展的要求相适应",从这一时期党和国家领导人的讲话以及国家出台的政策文本中关于教育的一系列话语可以发现,我国的教育观发生了一次重大转折,从把教育简单当作阶级斗争的工具,转而承认学校教育培养人才的主要功能,承认教育在科技发展和现代化建设中具有重要的作用。③

2. 话语权的博弈

20世纪80年代,为了适应新时期总任务的需要、迎接新的技术革命的挑战,我国对于科学技术人才的需求愈加迫切,由于教育资源的短缺,我国教育一度出现了以"英才教育"为主导,重智育,轻德育和体育,重知识轻能力等功利偏向,以及学生课业负担过重、片面追求升学率等应试问题。④ 1985年中共中央推动了教育体制改革,其根本目的是"提高民族素质,多出人才、出好人才"。中共中央《关于教育体制改革的决定》中再一次重申了教育是为社会主义建设服务。"文化大革命"十年中,教育事业遭到了毁灭性的破坏,《关于教育体制改革的决定》用"社会主义建设必须依靠教育"的话语重新建构了教育的重要性,但也暗含了教育改革作为经济改革工具的思维。邓小平提出,国际竞争的本质是人才的竞争,针对"四个现代

---

① 吴康宁.教育改革社会学研究的兴起及发展路向[J].教育研究与实验,2009(6):1-5.
② 邱芳婷.新中国小学阶段培养目标的历史变迁及其启示[J].教育探索,2016(12):22-26.
③ 项贤明.新中国70年教育观变革的回顾与反思[J].南京师大学报(社会科学版),2019(2):15-29.
④ 杨兆山,时益之.素质教育的政策演变与理论探索[J].教育研究,2018(12):18-29,80.

化"的建设目标,我们应培养面向现代化、面向世界、面向未来的能够坚持社会主义方向的各级各类人才。"解放思想,实事求是"不仅适用于经济建设,在教育中也得到了体现:"大政方针必须集中统一,具体办法应该灵活多样,决不可一哄而起,强制推行。"教育应该具体问题具体分析,出于这种考虑,发展基础教育的责任被下放给地方,学校办学自主权得到了扩大,作为实践主体的校长的话语权得到了保障。

1985年邓小平在全国教育工作会议上提出:"我们国家,国力的强弱,经济发展后劲的大小,越来越取决于劳动者的素质,取决于知识分子的数量和质量。"随着改革开放的不断推进,教育的关注点从提高人们的科学文化知识水平转移到提高国民的整体素质。提高劳动者素质、培养大量合格人才不仅仅关系到"科技的发展""经济的振兴",还关系到"整个社会的进步"。1986年我国出台了《义务教育法》,结合邓小平1980年给《中国少年报》和《辅导员》杂志的题词,以及对于教育培养人才作用的认识,《义务教育法》提出:"义务教育必须贯彻国家的教育方针,努力提高教育质量,使儿童、少年在品德、智力、体质等方面全面发展,为提高全民族的素质,培养有理想、有道德、有文化、有纪律的社会主义建设人才奠定基础。"

自从"素质"这一概念提出以来,学界对于"素质教育"产生了极大的关注。1987年《贵州学院学报》首次在文章的标题中使用了"素质教育"一词,1988年刊载于《上海教育(中学版)》的《素质教育是初中教育的新目标》一文明确提出,"把素质教育作为初中教育工作的一个基本目标来抓"[1]。到20世纪90年代,学界围绕素质教育的讨论已经取得了许多理论成果,包括素质和素质教育概念、素质分类、素质教育目标、"应试教育"与素质教育的关系、素质教育理论基础以及素质教育实施过程和评价标准等。[2] 1994年《中共中央关于进一步加强和改进学校德育工作的若干意见》,是首次明确提到"素质教育"概念的中央文件。1999年出台的《关于深化教育改革,全面推进素质教育的决定》标志着"全面推进素质教育进入新阶段"。与以往历次自上而下式的教育改革不同,素质教育改革是由社会文化精英倡导,由社会政治精英实施的对社会底层文化的改革,然而素质教育改革在推进

---

[1] 言实. 素质教育是初中教育的新目标[J]. 上海教育(中学版),1988(11):2-27.
[2] 杨兆山,时益之. 素质教育的政策演变与理论探索[J]. 教育研究,2018(12):18-29,80.

过程中依然遇到了较大阻力。这一时期,国家层面出台了一系列政策,如《面向 21 世纪教育振兴行动计划》(1998 年)、《关于深化教育改革,全面推进素质教育的决定》(1999 年)、《基础教育课程改革纲要(试行)》(2001 年)、《国务院关于深入推进义务教育均衡发展的意见》(2012 年)等。

杨正联认为,一个语法逻辑上完整的公共政策表述可以概括为:现实事态为 A,它符合价值标准 B,因此应当采取行动 C 以及遵从与否的后果 D。这样,就可把这一复句进一步分解为四个相对独立的语句形式,分别称之为"实是"语句、"评价"语句、"行动"语句和"后果"语句。[①] 举例说明,美国教育改革政策文本中的"实是"语句如下:"将近 70%的城区四年级学生在国家阅读测验中未达到基本的阅读水平。在国际数学测验中我们的高中学生落后于塞浦路斯和南非的学生。将近三分之一的大学新生在他们能够开始正常的大学课程前却不得不参加补习课程。"与之相比,我国教育改革政策文本中的"实是"话语鲜有使用数据,更为务虚。在素质教育改革中,政治精英、决策主体以政策文本作为其意志的体现,文化精英、理论主体通过论文著作等作为其主张的阐发,教育实践主体则一直处于"失语"状态,其话语权无法得到保障,无论是一线教师还是学生,一直是被改革的对象。"实是"话语虽然务虚,但是对国家教育现实的宏观反映,因为一线教师、学生的"失语",具体而微的情况究竟如何,决策主体自然也就无从得知。代表决策主体对于现实事态进行价值判断的"评价"语句中,虽然也有"促进学生的全面发展和健康成长"这类从教育自身出发、从人的发展出发的价值判断,但更多的是国家意识形态层面的价值判断。

素质教育改革政策文本中的"行动"语句最多,但这些"行动"语句更偏向于宏大叙事,缺少具体的教育实践主体可直接操作的指南。考虑到我国幅员辽阔,不同地区间教育、文化、经济发展情况差距较大,几乎没有一种具体举措能够适用于全国各地,作为全国性的改革纲领,政策话语自然会偏向宏观。教育决策主体、教育理论主体和教育实践主体在互动中相互理解并相互误解着,不管是理解还是误解,两两之间都需要对方的解释,解释成对方易于理解并实施的话语类型。[②]教育决策

[①] 杨正联.公共政策文本分析:一个理论框架[J].理论与改革,2006(1):24-26.
[②] 王晋.基础教育改革话语的社会学分析[J].教育学术月刊,2011(4):3-6.

主体、教育理论主体与教育实践主体的话语是不一致的,前者是学术性的、规范性的、程序性的精致编码,而实践主体的话语是情境化的、叙事性的局限编码。两种不同的话语方式使得主体间的误解很大,由于对素质教育的理解不到位,一线教师、学生可能把素质教育片面地等同于对应试教育模式的纠正,进而简单地等同于减负,等同于少考试甚至不考试,这样可能会导致"学业不精、负担不轻"的局面。素质教育确实应当完成对应试教育的纠正这一任务,但这并非是素质教育的全部意义。素质教育改革还有着更高的战略目的和意义,即通过全面提高民族素质来促进社会进步和中华民族的伟大复兴。①

综上所述,通过对素质教育改革的政策文本分析,我们发现我国基础教育改革政策文本中"后果"语句的缺失。"不得随意提高课程难度,不得挤占体育、音乐、美术、综合实践活动及班会、少先队活动的课时",倘若提高了、挤占了,谁来问责?问谁的责?后果如何?"后果"语句的缺失必然会导致违规现象的出现。例如:南京很多名校推进素质教育,而很多兄弟城市的学校高一就补课②,结果南京市的高考成绩年年都排在江苏省内其他大市之后。在多年的"高考之痛"后,南京市痛定思痛,在一定程度上又重新强调对学生应试能力的训练。这导致了教育改革场域中的"劣币驱逐良币"现象。

第二节 "减负"在行动——多方利益群体的博弈

党和国家非常重视中小学生学习负担过重的问题,自新中国成立以来,上至教育部,下至基层教育行政部门都非常看重此问题,并且颁布了一系列政策性文件,以缓解或改变学生负担过重这一现状。但是不容忽视的现实是,虽然减轻学生负担的呼声日益高涨,但是实际上学生的负担却越来越重,这正应了"素质教育轰轰烈烈,应试教育扎扎实实"的说法。中小学生课业负担过重是一个不争的事实,已

---

① 项贤明.新中国70年教育观变革的回顾与反思[J].南京师大学报(社会科学版),2019(2):15-29.
② 于英杰.追问南京"高考之痛"[J].教育发展研究,2004(10):75.

成为政府教育部门以及全社会关注的焦点,"减负"也成为当前推进素质教育的一个突破口,尽管党和国家以及各级各类教育行政部门对此问题高度重视,但是,"减负"却没有从根本上解决学生负担过重的问题。因此,中小学生课业负担重已不仅仅是一个教育问题,而是一个复杂的社会问题,是现代社会飞速发展导致的诸多社会矛盾和社会问题在教育中的集中体现。为此,有必要对新中国成立以来的减负政策做一梳理,进而揭示其背后的制度逻辑及其问题所在。

一、新中国成立以来"减负"政策的发展演变

"减负"作为一个教育问题自 1949 年之后就被提出来了。从历史的角度出发,把减负作为一个社会历史现象,通过梳理相关的减负政策,意在发现,党和国家是在怎样的背景下提出减负问题,又采取了哪些相关政策或举措,以及取得了怎样的效果。进而有助于我们站在当下的历史的角度,更好地理解和看待减负这一社会问题。在借鉴相关文献资料基础上,本文把新中国成立以来的"减负"历程分为以下三个阶段。

1. 关注身心健康:新中国成立初期的"减负"政策(1949—1966 年)

新中国成立初期,百业待兴,教育事业也是如此。由于举国上下全盘学习和借鉴苏联经验,与新中国教育的实际情况相脱离,除了带来课程过难,教师水平不相适应之外,中小学生还要参加许多政治性活动和社会活动,过重的课业负担加上较少的休息时间,压得学生喘不过气来,加上当时艰苦的自然环境和物质生活水平低下,学生的身体素质普遍下降。为了减轻学生过重的学习负担及身体负担,国家颁布了一系列减负政策。

新中国成立初期,中小学生课业负担过重问题突出,学生的身心健康受到很大影响,此现象受到党和政府特别是毛泽东主席的高度关注。他曾两次亲笔写信给教育部部长马叙伦,在 1950 年 6 月 19 日的书信中指出要各校注重健康第一、学习第二,营养不足,宜酌增经费,学习与开会时间宜大减;在 1951 年 1 月 15 日的致函中。提议采取行政措施,具体解决学生健康问题,认为健康第一、学习第二的方针是正确的。基于对学生身体健康与学习效率两方面的考虑,1951 年 8 月 6 日,政务院颁布了《关于改善各级各类学校学生健康状况的决定》,指出许多学校的功课过

重、社团活动过多等因素,影响了学生的身体健康。为了改变这种状况,周恩来总理指出,重点应"放在减轻课程负担和减少社团活动方面",切实改善各级学校的学生健康状况。1952年,为了减轻学生负担,压缩了中小学部分教学内容,如停开了初中的外语课等。然而,各校由于对于提高教学质量和学习质量的要求过急,采取了一些不切实际的做法,比如"要求多教、多学",教学随意超出教科书和教学大纲的范围,随意增加上课时间等,使得学生更加接受不了。① 1953年6月30日,毛泽东在接见青年团第二次全国代表大会主席团时提出,"要使青年身体好、学习好、工作好"的三好要求,并指出青年时期是长身体的时期,他们学习和工作的负担都不能过重,现在初中学生上课时间多了一些,可以适当减少。一方面学习,一方面娱乐、休息、睡眠,这两方面要充分兼顾。② 可见国家非常重视学生在学习过程中负担过重,除了思想上的重视,也出台了相应政策。

1955年7月1日,教育部发布《关于减轻中小学生过重负担的指示》,认为目前学生负担过重,主要是课业负担过重,提出:"解决学生负担过重的基本办法是改善教材,提高教师水平,改进学校领导。"同时指出,减轻学生过重负担不是降低教育质量,而是为了学生学习得更好,不提倡学习上的马虎、偷懒、取巧。1955年9月2日,教育部发出《关于小学课外活动的规定的通知》,明确规定了课外活动的内容、时间和实施细则,该文成为一个课外活动的指导文件,引导和促进了课外活动的开展。1957年3月7日,毛泽东主席在七省中小学教育问题座谈会上谈到学生负担问题时指出:教材减轻,课程减少,课程不要多、不要高,八门足矣。在谈到教育方针时,特别强调要使学生德智体等全面发展,要从根本上扭转学生课业负担过重、影响身心健康、全面发展的问题。1957年4月,在全国人大常委会举行的第六十五次扩大会议上,教育部领导董纯才在会上报告了学生负担过重问题以及改进工作的思路。可以看出,这一时期的"减负"主要针对课程多、教材难、教学水平低、不重视学生身体健康等方面而采取措施。③ 除了上述政策外,1960年5月15

---

① 徐敏.小学生减负的教育政策设计——以规范教育行政部门管理行为为视角[D].上海:复旦大学,2008.
② 黄幼岩.打好素质教育的攻坚战——中小学减负的理论与实践[D].桂林:广西师范大学,2001.
③ 徐敏.小学生减负的教育政策设计——以规范教育行政部门管理行为为视角[D].上海:复旦大学,2008.

日,中共中央、国务院发出了《关于保证学生、教师身体健康和劳逸结合问题的指示》,要求学生每天的学习时间(包括自习和劳动时间在内)中等学校不得超过8小时。1960年12月21日中央又发出了《关于保证学生、教师身体健康的紧急通知》,再次重申要减轻工作学习负担,增加睡眠和休息时间。

1964年党和国家对减负工作更加重视,2月13日,毛泽东召集刘少奇、邓小平、彭真、陆定一、郭沫若、黄炎培等16人在人民大会堂召开专题座谈会(即后来所说的春节教育工作座谈会),毛泽东严厉批评了学校课程多、考试方法怪异的现状,指出教育的方针路线是正确的,但是方法不对,"我看课程可以砍掉一半,学生要有娱乐、游戏、打球、课外自由阅读的时间","现在的考试方法是用对付敌人的方法,实行突然袭击。题目出得很古怪,使学生难以捉摸,还是考八股文章的办法,这种做法是摧残人才,摧残青年,我很不赞成,要完全改变。"怎样改变呢?毛泽东给出了意见:考试题目公开,出二十个题,学生能答出十个题,有创见,可以打一百分,平平淡淡,没有创见的,二十题都答对了,给五十分、六十分。书要读,读了要消化,不要成为书呆子、教条主义者。3月10日,毛泽东在给北京铁路二中校长魏莲一的来信"关于减轻中学生负担问题的意见"做了《批示》(即后来所说的《三一〇批示》),全文如下:"现在学校课程太多,对学生压力太大,讲授又不甚得法。考试方法以学生为敌人,举行突然袭击。这三项都不利于培养青年们在德、智、体诸方面生动活泼地主动地得到发展。"5月4日,中共中央、国务院批转教育部临时党组《关于克服中小学负担过重现象和提高教学质量的报告》,报告中指出,造成中小学生过重负担的主要原因是片面追求升学率的思想;为了减轻学生负担,提出一系列的"减负"措施,包括大力宣传党的教育方针,克服片面追求升学率的思想,学校把思想政治教育放在首位,教育学生正确对待升学和劳动;各级各类学校以教学为主,全面提高教学质量;明确考试目的,改进教学工作;并适当组织指导学生开展课外活动;注意劳逸结合,增进师生身体健康。7月14日,教育部发布《关于调整和精简中小学课程的通知》,指出:"需要对目前中小学课程门类过多的状况加以改革","课程的彻底改革要与学制改革统一考虑"。调整课程的原则是"适当减少课程门类,能集中一年学完的就不学两年";"适当减少每周上课总时数,使学生有较多的课外活动时间";等等。8月19日,国务院批转了教育部、国家体委、卫生部

《关于中小学学生健康状况和改进学校体育、卫生工作的报告》,提出要上好体育课,坚持认真做早操或课间操,广泛开展学生的课外体育活动。

1965年7月3日,毛泽东在看了《北京师范学院一个班学生生活过度紧张,健康状况下降》材料后,给中央宣传部长陆定一写了一封信,信中说:"学生负担太重,影响健康,学了也无用。建议从一切活动总量中,砍掉三分之一。请邀学校师生代表,讨论几次,决定实行。如何请酌。"毛泽东的上述意见、指示,指出了学校教育中存在的问题,可谓击中要害。他特别强调要使青少年生动活泼地主动地得到发展,对于纠正教育教学上的弊端,减轻学生学习负担过重,培养学生的创造精神、独立能力有着深远的指导意义。这就是之后所说的"七三指示"。1966年1月17日,《关于减轻学生负担,保证学生健康问题的报告》分析了造成学生负担过重的原因,提出了减轻学生负担的措施。

2. 反对片面追求升学率:新时期"减负"政策(1977—1999年)

"文化大革命"爆发后,学校正常的教学秩序被打乱,学校"停课闹革命",高等学校统一招生考试被取消,改为推荐上学,学制缩短后普通高中迅速发展等。这些因素使得学生的课业负担没有了,但是教育质量却下降了。"文化大革命"之后,基础教育教学秩序逐渐恢复正常,1977年高考制度恢复,我国教育事业渐入轨道,但是在追求升学率的情况下,中小学生以知识为主的课业负担越来越重,实践活动越来越少,逐渐陷入"应试教育"的怪圈,学生负担过重问题再一次引起党和国家领导人的关注,于是开始了新一轮的减负计划。

1978年,邓小平同志在全国工作会议上指出,学生负担太重不好,今后要采取措施防止和纠正。要认真研究、实验、改进考试的内容和形式,使它完善起来。对于没有考好的学生,要鼓励和帮助他们继续努力,不要因此造成不必要的精神负担。1979年12月,教育部、卫生部发布《中、小学卫生工作暂行规定(草案)》,要求学生每日学习时间与课外活动,小学不超过6小时,中学不超过7小时。1980年8月,张承先同志在全国重点中学工作会议上做了题为"贯彻全面发展方针,提高教育质量"的讲话,批评了片面追求升学率、学生负担过重的倾向。10月,教育部发布《关于分期分批办好重点中学的决定》,指出:教育部门和学校应采取有效措施,坚决改变当前存在的违背全面发展的方针,不按教育规律办事,单纯追求升学率的错误做法。1981年4月,教育部发布了《全日制六年制重点中学教学计划(试行草案)》《全日制五年制中学教学计划(试行草案)的修订意见》,提出要改革学制、修改教学计划,在指导思想上明确提出,要注意防止和克服学生负担过重问题,并针对不同学制做出相应教学要求,对学生作业量和考试次数、学生的假期时间都做出了具体规定。1981年教育部发布了《中小学数学教材改革座谈会纪要》,内容包括:适当调整教材内容,大力提高教师水平,对准备升入高等学校文科各专业的学生和进入对数学知识要求不高的生产部门的学生,删减一些以往规定必学的内容。

1983年12月13日,教育部发布了《关于全日制普通中学全面贯彻党的教育方针、纠正片面追求升学率倾向的十项规定(试行草案)》,要求减轻学生过重的课业负担,保证学生的睡眠、休息和课外体育、文娱、科技活动时间,不要频繁考试,要求全国各地不得举办全日制升学补习班等,规定各级教学研究机构不得组织任何名义的猜题、押题、模拟考试等活动。1984年,各大报刊纷纷发表文章,列举"片追"危害,提出纠正措施。十项规定在当时起到了一定的积极作用,随后几年国家很少发布关于"减负"的文件。1988年,《人民教育》在7—8月号开辟了"减轻学生过重负担,全面提高教育质量"的专栏,主要目的是为了纠正违背教育规律的做法,保证学校的正常教育秩序,使儿童健康活泼地成长。80年代的学生负担过重有如下两个特点,第一,与片面追求升学率紧密相连;第二,由于课程难、深、重和高考压力,学生负担过重。相应的"减负"措施就是严格执行教学计划,不加班加点,不以考试论英雄。

虽然之前有众多的"减负"政策,但"减负"问题并未真正得到解决。由于学生课业负担过重问题在一些地方仍然严重,国家教委于1990年2月15日发布了《关于重申贯彻(关于减轻小学生课业负担过重问题的若干规定)的通知》。1991年4月16日,国家教委发布了《关于加强中小学学生用练习册、寒暑假作业、辅导材料编写和使用管理的规定》。为了有效贯彻实行这一时期的"减负工作"要求,国家教育行政部门连续下达一系列文件,采取了一些具体的"减负"措施。

除此之外,还有一些来自地方的声音,1990年1月11日时任国家教委主任李铁映在北京市某小学学生家长写给他的一封信上批示:"要减轻学生的负担,应有措施";1992年,张家口三位小学生家长给李铁映同志写信,反映小学生负担过重问题;2月2日时任国家教委副主任刘斌受李铁映委托,在新闻发布会上强调,各地教育部门要坚决贯彻有关规定,把小学生的课业负担降下来,使孩子们能够全面发展、健康成长;2月22日《人民日报》以"国家教委强调减轻学生负担,坚决禁止给学校下达升学指标"为题做了报道。1993年2月13日,中共中央、国务院印发《中国教育改革和发展纲要》,第一次将基础教育中普遍存在的通过增加学生学业负担达到片面追求升学率的办学倾向称为"应试教育",并明确要求:"中小学教育要由'应试教育'转向全面提高国民素质的轨道,面向全体学生,全面提高学生的思想道德、文化科学、劳动技能和身体心理素质,促进学生生动活泼地发展,办出各自的特色。"①1993年3月24日,国家教委发布了《关于减轻义务教育阶段学生过重课业负担,全面提高教育质量的指示》,从10个方面对学校和教师提出了减负的要求。1993年4月,霍懋征等政协委员在全国两会期间就减轻学生负担、防止片面追求升学率提出议案,并成为"两会"代表的热点话题。1993年10月4日,国家教委办公厅发布了《关于加强普通中小学教学用书管理的紧急通知》。1994年7月6日,国家教委发布了《关于进一步加强中小学生竞赛、评奖活动管理的通知》。1994年11月10日,国家教委发出了《关于全面贯彻教育方针,减轻中小学过重课业负担的意见》,指出"解决中小学生课业负担过重问题的关键,在于转变教育思想,更新教育观念。……解决中小学生课业负担过重问题的根本出路在于改革"。②1995年1月,在京津沪冀辽五省市部分教育工作者座谈会上,李岚清同志就如何减轻中小学生过重课业负担发表讲话,提出了"六管齐下"的措施,提出"把减轻中小学生过重课业负担作为今年的一项重要工作",强调今后每年新学期开学都要抓减轻学生课业负担的工作。在当年的全国人大三次会议上,"减负"被列入政府工作报告。2月9日,国家教委、中国科协下发了《关于停办各级各类学科奥林匹克学校(班)的紧急通知》,强调要严格控制各类竞赛、评奖等活动,继续落实《关于进一步加强中小学生竞赛、评奖活动管理的通知》中的有关规定。2月27日,国家教委发布了《关于加强中小学生复习辅导资料管理的意见》。1997年,国家教委发布了

---

① 邓成琼.中学生学业负担态度量表的编制及其相关问题的研究[D].昆明:云南师范大学,2001.
② 吴敏.初中生学业负担现状调查与对策研究——以上海X中学为例[D].上海:华东师范大学,2009.

《关于当前积极推进中小学实施素质教育的若干意见》,指出应试教育妨碍学生生动、活泼、主动地学习,使学生负担过重。1998年2月6日,国家教委发布了《关于推进素质教育,调整中小学教育教学内容,加强教学过程管理的意见》,1999年中共中央、国务院印发了《关于深化教育改革全面推进素质教育的决定》,指出:"减轻中小学生课业负担已成为推进素质教育中刻不容缓的问题,要切实认真加以解决。各级政府都要建立健全减轻学生课业负担的监督检查机制。"这些文件从不同方面提出了一系列减轻学生负担的举措,一定程度上缓解了当时学生课业负担过重的问题。

3. 新世纪"减负"政策(2000—2019年)

新世纪以来,我国重视基础教育的发展,在素质教育上做了很大努力,其中减负更是重中之重。2000年1月3日,教育部发布了《关于在小学减轻学生过重负担的紧急通知》,提出了减轻中小学生过重负担的具体措施:① 严格规范中小学生学习用书,加强教学用书和教学用具的管理,中小学开设的每门学科只准使用一本经审查通过的教科书;② 严格执行国家规定的课程计划,要求学校严格按照规定的课程计划实施教学活动,不得占用学生的节假日、双休日和寒暑假补课,更不得进行有偿上课和收费上课;③ 严格控制学生作业量,严禁用增加作业量的形式惩罚学生;④ 严格控制考试次数,除中考和高中会考外,各级教育部门一律不得组织统一考试;⑤ 严格控制各种竞赛活动;⑥ 严格执行素质教育的评价制度。《通知》要求各个教育行政部门按照规定严格执行"减负"措施。

2000年1月7日,时任教育部部长陈至立在"减轻学生过重负担工作"电视会议上发表《切实减轻学生过重负担,全面推进素质教育》的电视讲话,要求进一步在全国中小学全面开展减轻学生课业负担的有效行动。各项政策法规的不断出台,一方面反映了国家对学生课业负担过重问题的高度重视,从另一个侧面反映了学生课业负担问题并没有从根本上得到解决。减轻中小学生的过重课业负担几乎成为每届国家领导人和教育主管部门领导面临的难题。2000年2月1日,江泽民针对学生负担过重等问题发表了《关于教育问题的谈话》,明确指出,过重的课业负担"不利于青少年学生的健康成长",课业负担过重和思想品德教育薄弱是导致中小学生心理和思想出现问题的重要因素,是影响教育发展方向的重大问题,其根源在于片面追求升学率;要求全党全社会"都要注意做工作,把家长希望子女成才的迫切愿望、教师教书育人的心情和学生学习的积极性,引导到正确的方向上来,全面提高青少年的素质"。

2001年6月8日,教育部印发《基础教育课程改革纲要(试行)》,指出要改变学生已有的状态,从死记硬背向鼓励学生自主探究转变,培养学生分析、动手、解决问题等能力,从而培养学生的综合能力。2004年6月,时任教育部长周济提出素质教育全面实施背景下"减负"的"五坚持、五不准",从评价、考试、课程、课外活动等方面来落实减负。2006年教育部再一次提出坚决反对片面追求升学率的做法,落实好减轻中小学生过重课业负担的五项要求。

2007年提出树立正确的教育思想和观念,关心学生学习,注重学生全面发展,克服片面追求升学率的错误倾向,切实减轻中小学生过重的课业负担。中共中央、国务院发布《关于加强青少年体育增强青少年体质的意见》,指出:"中小学要切实纠正片面追求升学率的倾向,减轻学生过重的课业负担。深入推进基础教育课程改革,提高课堂教学的质量和效率,使学生有更多的时间参加体育锻炼。"同年4月,教育部发布了《教育部办公厅正式发出关于不受理义务教育阶段学生参加英语等级考试的通知》,指出:"近几年,一些地方中小学生特别是小学生参加全国英语等级考试(PETS)的人数有所增加,影响了学校正常的教学秩序,实际上加重了学生的课业负担,不利于素质教育的实施,也不符合英语等级考试的目标要求。"同时要求"各地教育行政部门和学校要严格执行《义务教育法》关于义务教育阶段学校实行免试就近入学的规定,不得以各种形式的考试、考核、测试选拔学生,不得将各种竞赛成绩和全国英语等级考试等各种公共考试成绩作为招生依据","全国英语等级考试不面向义务教育阶段学生,各地考点不得受理义务教育阶段学生集体或个人报名参加全国英语等级考试"。10月,党的十七大报告将"减轻中小学生课业负担"列为在"以改善民生为重点的社会建设"中,可见减负问题已上升到关系民生问题的高度。

2008年2月20日,教育部基础教育司发布年度工作要点,称中小学生减负、提高学生综合素质仍是今年的工作重点,将大力推进中考改革,推行中考和综合素质评价相结合的招生制度。

总之,20世纪90年代以来,对学生负担过重问题的关注是与素质教育在全国的推广相伴随的,从全面贯彻党的教育方针、培养德智体全面发展的人的角度开展"减负"工作。在2009年政府工作报告中,时任总理温家宝再次提到减负问题,指出推进素质教育,"各级各类教育都要着眼于促进人的全面发展,加快课程、教材、教育方法和考试评价制度改革,把中小学生从过重的课业负担中解放出来,让学生有更多的时间思考、实践、创造。"同年,教育部发布《关于当前加强中小学管理规范办学行为的指导意见》,要求科学安排作息时间,切实减轻学生过重课业负担,坚决纠正各种随意侵占学生休息时间的做法,切实把课内外过重的课业负担减下来,依法保障学生的休息权利。① 2010年7月《国家中长期教育改革和发展规划纲要(2010—2020年)》第十条指出,减少作业量,为学生减轻负担,不要因为作业量的压力影响学生身心的健康发展。2011年,教育部召开"减轻学生课业负担,保障学生睡眠时间"工作座谈会。2013年3月11日,教育部研究部署义务教育阶段"减负"工作,时任教育部副部长刘利民主持座谈会并讲话,会议听取了部分省份义务教育阶段"减负"工作报告,研究了深化"减负"工作的具体措施,部署了"减负万里行"活动。

2013年9月,教育部公布《小学生减负十条规定》第二次征求意见启事,明确指出:"一至三年级不留书面家庭作业,四至六年级要将每天书面家庭作业总量控制在1小时之内。要积极与家长互动,指导好学生的课外活动。"② 2014年9月3日,国务院发布《关于深化考试招生制度改革的实施意见》,此次改革的总体目标通过启动考试招生制度改革试点并全面推进,从而建设中国特色的现代教育考试招生制度。具体措施有五方面十八条,其中通过提高中西部地区和人口大省高考录取率、增加农村学生上重点高校人数、完善中小学招生办法破解择校困难来改进招生计划分配方式。通过完善高中学业水平考试、规范中学生综合素质评价、加快推进高职院校分类考试、深化高考考试内容、改革考试形式;减少和规范考试加分、完善和规范自主招生、高校招生选拔机制、改进录取方式、拓宽社会成员终身学习

---

① 石锦.减负背景下中学生语文学习负担问题研究[D].扬州:扬州大学,2011.
② 教育部.《小学生减负十条规定》第二次征求意见启事.[EB/OL]. http://www.moe.gov.cn/jyb_xwfb/s248/201309/t20130905_156983.html,2013-09-05/2020-03-01.

通道,以此改革招生录取机制;通过加强信息公开、制度保障、加大违规查处力度改革监督管理机制,并通过改革考试科目设置、改革招生录取机制、开展改革试点等具体措施启动高考综合改革试点。考试招生制度是国家基本教育制度,这一制度总体上符合国情,但也存在一些问题,主要是唯分数论影响学生全面发展,一考定终身使学生学习负担过重,区域、城乡入学机会存在差距,中小学择校现象较为突出,加分造假、违规招生现象时有发生。

2018年2月12日,教育部发布《教育部办公厅关于规范管理面向基础教育领域开展的竞赛挂牌命名表彰等活动的公告》,公告指出,对未经批准、违规举办的此类活动将发现一起、处理一起,对一些"山寨社团""离岸社团"举办以营利为目的的所谓"国际""全球""大中华"赛事坚决查处。面向基础教育领域开展的竞赛挂牌命名表彰等活动的结果只能视为荣誉,不得作为中小学招生入学依据。公告明确强调六方面的具体措施:完善管理权限、重新登记核准、严格组织实施、强化日常监督、约束结果使用、推动社会共治。

2018年2月13日,教育部、民政部、人力资源社会保障部、工商总局四部门联合发布《教育部办公厅等四部门关于切实减轻中小学生课外负担开展校外培训机构专项治理行动的通知》,此通知被称为"史上最严减负令",针对校外培训机构应试培训、违背教育规律、造成学生课外负担过重等问题,四部委联合要求整顿校外培训,并部署专项治理工作,严禁校外培训机构组织中小学生等级考试及竞赛。[①]

2018年3月16日,教育部部长陈宝生在两会上接受记者采访时提出,努力让每个孩子都能享有公平而有质量的教育。一是从学校教学减负;二是校外减负,主要是规范教育秩序,治理整顿各类培训机构;三是考试评价减负;四是老师教学减负;五是家长和社会减负。将减负的主体从学校扩展到校外、家长与社会,体现了减负工作的全面性、系统性。

2018年12月28日,由教育部、发展和改革委员会等九部门颁布了《中小学生减负措施》(以下简称"减负30条"),针对中小学减负工作进一步明确并强化了政府、学校、校外培训机构、家庭等各方责任。2019年,减负作为教育政策的大方向

---

① 江露.从两会"减负"看基础教育改革之特征[J].科教文汇(上旬刊),2018(7):110-111.

依然没变。除了校外培训整治,学校内、政府部门的减负工作都被列入工作要求,接受国务院督导。"减负30条"规定,2019年5月底前,各地中小学生学业负担情况必须完成摸底分析,省级实施方案要于2019年6月底前上报教育部。

2019年3月12日,教育部部长陈宝生在谈"减负"时指出:过去的一年教育部也在重拳打击校外培训机构,校内负担减轻了,却出现了学校减负社会增负,校内减负,家长增负问题。这涉及学校、老师、政府、家长等利益相关者。学校要坚持正确的办学方向,严格控制课程门类和总课时,老师严格依照大纲和课程表教学,严控作业数量和难度,政府主要在质量标准、课程教材、考试招生、评价体系以及素质教育引导等方面深化改革,推进城乡教育均衡发展。家长要有科学的教育理念,对孩子要有合理预期。减负作为一个多因一果的"综合征",一定要系统治理,落实好"减负30条"。在2019年两会上,学生减负问题的重点在于整治校外培训乱象,向综合治理"线上培训"出重拳。

综上所述,新中国成立以来,针对"减负"制定的政策林林总总,共计四五十项之多,每一次都会掀起轰轰烈烈的减负浪潮,尽管党和国家做出了很大努力,仍然无法撼动学生负担过重的根源,不仅学生负担没有减轻,社会、学校、家长的负担还有所增加。由此可见,"减负"已不再是学校教育本身的问题,而是演化为复杂的社会问题。由此需要深入探究减负问题的行动逻辑以及内在机制。

二、减负政策的实施现状

1. 自上而下式的推进策略

从减负的实施路径来看,减负政策都是采用自上而下式的行政推动。这里的"上"是指国家教育行政部门,"下"是指各级各类学校或者教育机构。从减负的实施者来看,主要是各级各类学校或教学机构承担着"减负"重任。从频发的"减负令"来看,其反映了国家对我国中小学生学习生活的关注以及希望解决这一难题的迫切愿望,而从减负效果来看却收效甚微。面对上级频发的行政命令,出于自身利益的维护,很多学校并没有真正落实减负。有的学校仅仅是盲目"跟风",行政命令一过,便恢复原来的一套,致使"旧病复发";有的学校则采用"上有政策,下有对策"的方式,认为这些政策与命令仅仅是一种上传下达,并不会触及学校升学主的根本问题,进而采取一些形式主义的做法,导致"减负令"的失效或无效。仅仅依靠"自上而下式"的"减负",无法达到预期的"减负"效果。

2. "减负"内容的全面性

在对新中国成立以来减负政策进行梳理的基础上,将减负政策及减负措施的主要内容概括如下。

新中国成立初期(1949—1966年)为减负的第一个时期,由于过重的学习任务以及频繁的政治性活动,这一时期的减负主题相对单一,基本主题是改善或保证师生的身体健康。这一时期包括国家领导人讲话、全国代表大会、座谈会、教育部发布文件共19条,其中教育部门发布的"减负令"9条,关于改善学生健康状况的明文规定有5条,其他4条关于精简课程、教学质量、课外活动、改善教材等。另外10条内容表达了国家对学生身心健康的关注,提出健康第一、学习第二的方针。

在减负的第二、三时期(1977年至今),片面追求升学率、课程多且难,以及应试教育的盛行,造成学生负担过重现象普遍,减负主题丰富,减负措施更加全面,具体包括:时间、作业量、考试及评价方式、课程内容、竞赛活动、教学计划、校外培训等。

中小学生的时间包括学习、娱乐和休息时间,在"减负令"中,这些时间都是有硬性规定的。比如1979年12月,教育部及卫生部下发的《中、小学卫生工作暂行规定(草案)》,要求学生每日学习时间与课外活动,小学不超过6小时。关于作业量也有相应规定,严格控制学生作业量,严禁用增加作业量的形式惩罚学生。《小学生减负十条规定》中要求一、二、三年级不留书写形式的家庭作业,四、五、六年级各科家庭作业的总量在60分钟之内。关于考试、评价方式,2000年1月教育部下发的《关于在小学减轻学生过重负担的紧急通知》中,提出严格控制考试次数,除中考和高中会考外,各级教育部门一律不得组织统一考试。在课程方面,要求降低教材的难度,精简课程。除此之外,在国家的减负政策中,明文规定严格控制各种竞赛活动,停办各类奥数班;要求学校和教师要按照教学计划、教学大纲组织教学,不能随意增加或减少教学内容,增加学习难度。针对校外培训机构,四部委联合要求整顿校外培训,并部署专项治理工作。

3. 循环往复的"减负"怪圈

伴随着减负政策的不断颁布,学生担负的各种压力却呈上升趋势,呈现出"减负"政策出台—学生负担加重—"减负"政策再颁布—学生负担愈重—继而又下发"减负令"的循环往复的"减负"怪圈。面对教育行政部门屡发文件却又难以执行的减负现象,学生和家长已经见怪不怪又无可奈何了。

政策规定各级各类学校需要在学习时间、作业量、课程、教学计划等方面做出调整,但是由于片面追求升学率或教师素质等多方面原因,政策执行力度欠缺,学生的负担没有真正减下来,或许有的学校能够认真贯彻"减负令",但由于家长的抵抗,社会压力的逼迫,学生从课内校内减轻的压力,转移到课外培训班的额外负担,不仅造成了学生的学习负担和心理负担,甚至加剧了家庭的经济负担,国家颁布的学校"减负"政策演变成了家庭、社会的"增负"效应,造成学校为了应对国家政策做一些表面工作、家长支付孩子培训班的经济压力、学生面对"一考定终身"的精神压力等现实问题,其中受影响最大的还是中小学生,"一切为了学生"的减负政策,最终受伤的也是他们。

综上所述,由教育行政部分下达的"减负令",数量之多,内容之广,时间之长,一方面它构成了减负工作的持久战、攻坚战,给人们传递的信息是,减负工作不是哪一届政府短期内能够解决的,也不是单纯依靠学校能够完成的,而是需要举全社会之力。从行动逻辑的角度,涉及的对象越全面,时间越长,对于具体责任人的要求也就越低,进而越发难以落实。另一方面,国家教育主管部门频发减负令的初衷是希望中小学生能够愉快地学习,健康地成长,这与日益加剧的就业压力和社会竞争压力是相背离的,进而导致教育行政部门越是减负,家长心理压力越大、群体性焦虑越大的反弹现象。

三、共谋与软抵抗:减负政策失真的原因分析

"减负"永远在路上,说明了减负政策的失真以及"减负"政策的有限性。是什么原因导致了"减负"—回潮—再"减负"—再回潮的怪圈?下面将从社会学视角分析当前中小学课业负担过重的深层次原因,进而探析"减负"政策失真的原因所在。

(一) 博弈:不同利益主体的价值诉求

当代社会是一个利益冲突激烈的社会,政策执行过程也就成为各种利益主体

的角逐过程。在"减负"政策的大背景下,不同利益主体都会站在各自利益的角度选择合适的行动;如果政策危及自身利益,他们可能会无视政策或在执行过程中将政策"改头换面""歪曲执行"。不同利益主体之间的博弈势必导致教育目标的异化以及素质教育流于形式。减负政策执行中涉及的利益关系主体包括:

1. 政府与学校

为了从根本上解决"学生负担过重"问题,我国提出了素质教育的战略方针。教育部门提出具体的减负要求,并在时间、课程设置、作业量等方面做出了明确规定,通过层层下达的方式,要求学校、教师执行相关的减负令,现实中却出现了"减负"政策流于形式,难以全面执行的现象。

面对教育部颁布的减负令,作为政策实施者的各级各类学校,考虑到自身利益的维护以及学校生存发展的需要,很不情愿地"减负"。首先,政府以及行政部门对一所学校的评价,社会对一所学校的认可,主要是看升学率,如果升学率有了保证,就能扩大学校的名声,就能引进名师与优生,进而促进学校的良性循环。这种功利主义思想,致使学校在执行减负政策时总以自己的经济利益和声望地位为前提。其次,就是教师不支持"减负"。减负政策要求教师"减负增效",要求他们付出的时间更多,教师也会更加辛苦,比如:政策规定要控制作业时间,考虑学生的差异性,这就要求教师改变教育教学观念,在提高教学能力和水平上下功夫,而这一切又是在短期内难以见到成效的,对于教师而言减负给他们带来了不少麻烦,意味着打破学校既有的利益格局,即学生的成绩与教师职称、评优等挂钩,盲目减负,学生成绩会受到影响,教师自身利益会受到威胁,并且新的利益格局也不明确,付出与回报不成正比,所以学校和教师自身会本能地抵制减负。

2. 学校与家长

从整体上看,教育部门下发的减负政策与学校实施的减负措施代表了国家的全局利益和长远利益,与家长利益在本质上是一致的。学校在响应国家减负政策的同时,本着对学生负责的态度,也会提出一些具体措施并做出一些改变。然而学校试图做出的努力往往会遭受家长的抵制。原因如下:

第一,传统文化观。一些家长仍然存有"万般皆下品,唯有读书高"的旧观念,"头悬梁,锥刺股"的典故更是深入人心,在家长心中,学业负担过重是不可避免的,为了"成才",这些牺牲是必需的,如果学校减少学生学习时间和作业量,学生成绩肯定会受到影响,不能满足家长对孩子升入好的大学的希望,不利于子女成才及未来发展。

第二,对于文化资本的渴求。文化资本是以受教育资格的形式被制度化的,而制度化的文化资本通常以文凭形式显现。由于现阶段优质教育资源的稀缺,家长千方百计让孩子参加课外补习来获得相应的文化资本,通过课外补习累积文化资本,能够提高学业成绩和发展特长,比较容易取得文凭。由于减负政策主要针对学校和教师,对社会和家长没有约束力,家长不希望自己的孩子输在起跑线上,对孩子不断施压,加之"影子教育"——校外培训的迅猛发展,满足了家长对于提升子女文化资本的渴求。

3. 家长与子女

随着我国社会经济的发展,家庭结构也在发生变化,独生子女比例增多,他们身上承担的责任、家长对他们的期望也愈来愈大。所以家长对孩子要求严格,在教育理念和教育方式上比较严苛。现代社会要求人的全面发展,学生希望参加一些课外活动或实践活动,获得更多的主动发展、培养创新意识和实践能力的空间,家长却认为孩子参加这些活动是浪费时间,学生最主要的任务是学好书本知识,两耳不闻窗外事、一心只读圣贤书,迎接中高考。在现代社会,只会读书的学生市场越来越小,家长却浑然不知。孩子无力抵抗父母,只能接受,不仅学习负担加重,心理压力也会加重。家长很无奈,他们也希望孩子能够轻松些,无奈社会竞争激烈,不敢轻易给孩子减负。沉重的学习压力衍生出巨大的精神压力,由此造成许多心理疾病或心理障碍,导致一些学生抑郁、厌学、辍学,甚至走上违法犯罪道路。家长对于孩子当下的过度关注和过度焦虑,导致许多孩子失去了美好未来。因为学业问题导致的亲子关系紧张状态非常普遍。

(二)"减负"失真的政策因素

1. 政策能力有限

国家层面年年在提减负,年年出政策,学生学业负担越来越重,身体素质越来越差,学习兴趣越来越小。除了减负问题本身的复杂性之外,政策本身也存在一定的能力限度。

首先,教育问题不仅仅是教育问题,还关系到社会、家庭等多方面因素,与国家的经济、政治发展水平紧密相连,国家只是将中小学生负担过重问题界定在教育领域,只对学校和老师进行约束,导致学校和老师为减负所做出的努力往往被社会和家长消解,比如:政策规定减少在校时间,家长就把学生送到补习班;政策规定减少作业量,家长会到书店买各种复习资料,让学生自己加量"补回"。其次,减负令的方案和措施不够具体合理,没有具体的实施方案和时间表,给实施者造成困扰,并且国家只要求对实施现状进行上报,没有惩罚或奖赏的具体规定,学校只是做做样子,敷衍或排斥减负。在减负过程中面对来自家长、社会以及培训机构等多方面因素,学校单打独斗、孤立无援,逐渐失去减负的信心和决心。

2. 配套措施缺失

由此可见,仅仅局限于教育领域的减负措施是有限的,不能从根本上撼动问题的根源。从表面上看来,学生负担过重的原因是学业压力,从深层次上来看,社会的人才观、劳动人事制度,国家的评价制度、招生考试制度等都是重要影响因素。

素质教育轰轰烈烈,应试教育扎扎实实,已成为一个不争的社会事实。教育一直笼罩在应试模式下,学校为了提高升学率,家长为了孩子的将来,学生为了能考上重点初中、高中、大学拼命学习,社会更是对人才提出严苛的标准,每一个环节都对"分数"及其背后的文化符号有着疯狂的迷恋与追求。顾明远先生认为,学生负担过重的原因源于高考指挥棒的导向,为了高考,学生成为刷题的机器,老师和家长不断向学生施压,一切向分数与成绩看,将学生打入分数的牢笼,违背了素质教育的宗旨和全面发展的教育方针。中高考招生制度不变,学生和家长没有真正的自主选择权,学生无法按照自己的意愿选择适合自己的教育,一切只是为了迎合现存的中高考制度。进一步分析学生负担过重的深层次原因,由于我国经济结构的调整,就业形势严峻,许多用人单位都倾向于选择名牌学校毕业生和高学历者,大学生就业压力大已是不争的事实。有人认为,大学拥有自主招生权利,不断扩大招生规模,导致毕业生急剧增加,而社会对大学生的需求有限,致使就业形势严峻。家长和学生心目中形成了"好小学—好中学—好大学—好工作"的观念。投射到教育上就是,社会需要什么样的人,学校和家长就培养什么样的人,导致学生不仅面对学校和家长的压力,更是在社会现实的逼迫下踽踽独行。

教育本应是充满灵性和幸福的,然而现实的教育却变得沉重而又乏味,面对来自社会外界的重重压力,教育部门意识到学生负担过重问题已经影响到学生的身心健康和全面发展,不断下发文件,试图改变这一现状,但是,改革仅仅局限在教育领域中,对家庭和社会毫无约束力,而减轻学生负担是一个综合性的社会问题,仅靠教育部门难以解决,即使是在教育领域中,减负政策对高考这一指挥棒也是束手无策。没有这些配套政策的支持,减负令无法发挥有效的作用。

3. 社会分层与流动的现实需要

社会学家帕累托的精英理论认为,社会分层结构的存在是普遍和永恒的,但这并不意味着,各个社会阶层成员的社会地位是固定不变的,虽然个人与生俱来的生理、地理差异会影响他们的社会层次,但是社会成员后天的能力和才干是影响他们社会层次如何的重要因素。[①] 当前我国正处于社会阶层日益分化的重要阶段,社会分层与流动成为不容忽视的问题。自古以来,教育被奉为促进社会分层和社会流动的关键因素,是实现向上流动的重要通道,与"知识改变命运"的观念不谋而合,人们普遍认为受到好的教育,才能获得好学历、好工作及高收入,步入生活优渥的上层社会。

教育能够推动个体向上流动,促进个体地位的升迁,家长和学生试图通过教育来改变命运,即便面临的压力越来越大依然迎难而上。减负政策的颁布并不能削减他们从中下层流动到社会上层的想法,为了享受更优质的教育资源,他们甚至对承受的负担"甘之如饴"。

4. 责任转让的"减负陷阱"

对于减负问题,社会各方人士都有发言权,教育部门发布的减负令总会引起广泛的社会关注。事实上,尽管年年都有号称"史上最严减负令"的颁布,但是不少减负政策只是针对问题的表面,并没有触及问题的根本。

首先,减负的相关政策基本上都是国家教育行政部门一个部门发布的,而教育部门在社会系统中往往处于弱势地位。当今世界逐渐步入知识经济时代,世界各国的竞争归根到底是教育的竞争,为了国家的可持续发展,国家制定教育发展战

---

① 陈川,唐欢.基于中小学生"减负"价值诉求的社会学分析[J].成功(教育版),2013(11):165.

略,必须要由国家最高权威机构出面并集中各个行业的精英来制定。减负不是教育部一个部门的事情,事实上只有教育部门在承担这份重任,有时候,教育部门也只是一个执行部门。缺少强势政治的支撑与帮助,教育部不可能提出切实有效的减负政策。

其次,由于政府垄断了教育资源,限制社会办教育的权利,但履行办教育的任务达成度不够,以致教育目标偏移。教育部门只能在理论上、口头上提出减负要求,并没有切实有效的措施,再多的减负政策,也是一纸空文,政府将减负问题限定在教育领域,与家庭、社会脱节。通过众多的减负政策,既表明了减负的决心,又转移了视线,成为一个"减负陷阱"。

导致学生负担过重的原因很多,比如传统文化观、人才观,国家现行的评价制度、招生考试制度、人事招聘制度、学校的不规范教育行为等,其中不仅涉及教育领域,还包括家长与社会维度,考虑到社会的稳定以及安抚大众过激情绪,政府只是将减负问题界定为教育问题,颁布的政策对社会和家长无任何约束力,减负的无效只能把矛头指向学校,导致家校矛盾激化,而政府却从中抽身而出,社会对政府不会轻易质疑,因为政府是通过教育部门发布减负政策,已经做出了很大努力,减负久减不下只是社会各界利益博弈的结果。在所有人都在互相指责时,已经忘记了政府是否真正发布了有效措施,是否将责任转嫁给教育和学校。或许国家也意识到减负问题的严重性,但是对此也很无奈,只能发布一些"无营养"成分的减负措施安慰社会,政府不是没有重视,而是在政策执行过程中,学校、社会、家长甚至学生的阻碍,导致政策没有发挥其应有的作用。这似乎是一个障眼法,仅仅发布相关政策,没有涉及问责机制,这样一个伪课题却将人们的视线转移,政府得以在"有为"与"无为"之间游刃有余。为了跨越"减负陷阱",政府需要有解决问题的决心和勇气,不仅要主动履行自己的责任,还要厘清各类主体的责任,只有政府、社会、家庭、学校承担各自的责任,才会突破这一魔力怪圈。

☞ **参考文献**

1. 杨东平.中国教育公平的理想与现实[M].北京:北京大学出版社,2006.
2. 项贤明.新中国70年教育观变革的回顾与反思[J].南京师大学报(社会科学版),2019

(2):15-29.

3. 杨兆山,时益之.素质教育的政策演变与理论探索[J].教育研究,2018(12):18-29,80.

4. 邱芳婷.新中国小学阶段培养目标的历史变迁及其启示[J].教育探索,2016(12):22-26.

5. 程天君.教育改革的转型与教育政策的调整——基于新中国教育60年来的基本经验[J].北京大学教育评论,2012(4):33-49,185.

6. 王晋.基础教育改革话语的社会学分析[J].教育学术月刊,2011(4):3-6.

7. 吴康宁.教育改革社会学研究的兴起及发展路向[J].教育研究与实验,2009(6):1-5.

8. 叶澜.当代中国教育变革的主体及其相互关系[J].教育研究,2006(8):3-9.

9. 杨正联.公共政策文本分析:一个理论框架[J].理论与改革,2006(1):24-26.

10. 于英杰.追问南京"高考之痛"[J].教育发展研究,2004(10):75.

第七章 政府与家长：推动学校变革的外部力量

基础教育因涉及千家万户的利益，成为国家最重要的民生工程。国家基础教育政策的敏感性，地方政府的行政执行力，直接决定和影响着国家和区域的教育生态。基础教育改革与发展除了受到国家政策自上而下式的宏观作用与调控之外，还受到来自家长群体自下而上式的作用与影响。本章内容从外来务工人员子女入学政策的变迁，以及家校关系的变化入手，透视这两种外力的作用与影响，揭示基础教育改革的复杂性和艰巨性。

第一节 包容与排斥：外来务工人员子女入学政策的历史变迁

改革开放以来，我国城市化进程逐渐加快，城乡二元分化的局面逐渐形成并巩固下来。随着户籍制度的改革，城乡二元分化的格局逐渐松动并发生历史性转变，城市与乡村的边界逐渐打破，流动人口的大量出现成为我国城市化进程中一种特殊社会现象。近年来，我国人口流动呈现出家庭式流动的趋势，流动人口数量庞大，大量儿童随父母从乡村迁移到城市，城市中出现了大量外来务工人员子女（也称"流动儿童""随迁子女"），由此产生了外来务工人员子女受教育问题。为此，我国政府将推进教育公平和普及义务教育作为国家重大发展战略，其中，外来务工人员子女入学状况成为衡量教育公平的一个重要指标；外来务工人员子女入学难问题逐渐由特殊时期的社会现象转变为政府直接干预的政治问题。因此，深入了解我国外来务工人员子女入学政策的历史变迁，追溯这一问题产生的制度根源，有助于理解我们国家推进教育公平的历史进程。

一、城乡二元结构:外来务工人员子女教育问题的缘起

人口流动是全球化背景下的普遍现象,在国外,人口流动产生了移民群体,我国城乡二元结构的特殊国情则衍生出了流动人口这一特殊群体。分析我国城乡二元结构的发展变化,是理解外来务工人员子女问题的重要前提。

(一) 社会基础:从城乡二元分化到城乡一体化

城乡二元结构是在工业化进程中形成的现代工业部门和传统农业部门之间存在较大差异的一种现象,是城市社会和农业社会二元分化社会结构的具体体现。我国城乡二元结构分化的制度基础是户籍制度,其中户籍是指政府用以登记居民人口、姓名、籍贯、年龄、职业、迁徙、生死等事项的簿册。[①] 户籍制度是根据户口来确定个人身份、分配各类资源的主要依据。在我国,户口主要分为农业户口和城市户口(非农业户口)。

新中国户籍制度经历了"家庭—出身—身份—秩序—控制—分配"几个发展阶段[②],城乡二元户籍的划分直接导致了城乡二元分化的社会结构,这一社会结构在维持社会秩序相对稳定的同时,通过人为控制乡村人口流动的政策取向,在某种程度上阻滞了我国的城市化进程。我国的城市化进程大致经历了如下三个发展阶段。

1. 新中国成立到改革开放前:城乡二元体制的形成与巩固

新中国成立初期,我国社会百废待兴,城市发展较为混乱,失业人口众多。为了重建新的社会秩序,国家发展重点和工作重心开始从农村转向城市。1950年8月我国政府出台了《特种人口管理暂行办法(草案)》,目的在于对反革命分子进行监督,同时也为国家治理提供人口资料。1951年7月,出台了《城市户口管理暂行条例》,通过规范城市户口的一系列管理工作,从而稳定城市发展秩序;为了缓解城市人口的就业压力,政府鼓励城市人口返乡从事农业生产工作。1954年,内务部、公安部和国家统计局联合发布通告,普遍建立了农村户口的登记制度。1955年,

---

① 中国社会科学院经济研究所.政治经济学大辞典[Z].北京:经济科学出版社,1998:561.
② 陆益龙.1949年后的中国户籍制度:结构与变迁[J].北京大学学报(哲学社会科学版),2002(2):123-130.

我国颁布了《关于城乡划分标准的规定》，具体划分了农业人口和非农业人口。1953—1957年即第一个五年计划实行期间，我国逐渐通过户籍确定家庭和个人的身份，并根据户籍来确定粮食和日用品等的供应配额，通过户籍管理人口的方式已经基本成型。

1958年出台的《中华人民共和国户口登记条例》，对农业户口和非农业户口进行了明确区分，二元户籍和二元身份由此产生。其中第十条规定："公民由农村迁往城市，必须持有城市劳动部门的录用证明，学校的录取证明，或者城市户口登记机关的准予迁入的证明，向常住地户口登记机关申请办理迁出手续。"由此规定了公民从乡村向城市流动的基本程序。由于需要迁入地的审批，农村人口向城市流动的门槛提高。继1958年颁布的《关于制止农村人口盲目外流的指示的补充通知》之后，1959年政府又出台了《关于立即停止招收新职工和固定临时工的通知》，这两项补充性政策对农民向城市的人口流动做了严格控制，以减少农村劳动力的流失和城市人口过多的社会压力。总体来看，1958—1976年的户籍制度在维持社会秩序稳定的同时，基本上遵循着反城市化的逻辑，强调用行政命令来控制城市和城市化的发展。① 这一时期，户籍制度主要发挥了维护社会稳定以及满足农村劳动力供给这一政治和经济发展需要。

城乡二元社会结构的建立同时引发了社会资源、教育资源配置的二元结构：在经济贫困的计划经济时期，国家将有限的社会资源、教育资源倾向性地配置给城市，因此，城市的师资和办学资源明显多且优于农村，教育发展的城乡二元结构得以形成，并且长期地持久地发挥着作用，从根本上制约着社会公平与教育公平的发展进程。

2. 改革开放以来：城市新二元结构的产生

随着改革开放进程的不断推进，我国城市化进程不断加快，农村劳动力迅速且大规模地向大城市积聚，大量农民工在城乡之间流动，城乡经济和文化之间的互通加快，农民工在城市人口中的占比迅速增加，出现了流入地城市内部的人员分化，这一分化被称为城市新二元结构。

---

① 陆益龙. 1949年后的中国户籍制度：结构与变迁[J]. 北京大学学报（哲学社会科学版），2002(2)：123-130.

城市新二元结构是指城市中存在城市居民和外来人口两个阶层,其中外来人口主要指农民工,由于其身份地位、户籍政策以及社会待遇的不同而造成社会日益分化的二元结构。① 农民工流入城市之后,就业、教育、医疗等各项公共服务难以享受与流入地居民相同的待遇,国家在户籍制度上放宽了限制,但流入地城市出于对城市发展的考虑,"整体排斥"外来务工人员。② 在传统的城乡二元结构依旧存在的情况下,城市内部的新二元结构开始形成。由于外来务工人员从事的工作类型较为局限,且各地政策往往采取对当地人口和外来人口分而治之的方式,导致即使外来人口大量流入城市,与当地人口为同一座城市服务,但仍无法享有与当地城市居民同等的待遇。这种对城市与农村人口的分化和区别对待政策,使得外来人口在流入地城市中难以产生归属感和公平感,新的社会矛盾不断产生。"包容与排斥"成为外来人口流动中的重要议题,随之而来的公平问题也备受关注。

3. 十六大以来:城乡发展一体化新格局的开启

21 世纪以来,随着社会政治、经济发展水平的不断提高,我国开始逐步推进城乡统筹发展战略。党的十六大提出,要统筹城乡经济社会发展,这一方针在党的十六届三中全会中被列为科学发展观的重要内容,城乡统筹成为我国社会统筹发展的首要要求。党的十七大提出,建立以工促农、以城带乡的长效机制,形成城乡经济社会发展一体化新格局。党的十七届三中全会指出:"我国进入着力破除城乡二元结构、形成城乡经济社会发展一体化新格局的重要时期,要建立促进城乡经济社会发展一体化制度。"城乡一体化建设与发展成为国家重要的发展战略,到 2020 年要基本建立城乡经济社会发展一体化的体制与机制。这标志着整个社会结构的变化,以及城乡发展一体化新格局的开启。

具体而言,城乡一体化新格局不仅表现为对于农村支持力度的加大,也表现在促进城乡合理流动、进一步放宽农民进城落户条件等方面。③ 城乡一体化过程中,进城务工人员仍然是主要群体。城乡一体化新格局的建立也对教育提出了新的要

---

① 李效民. 城市内部二元结构问题及多维度研究[J]. 城市发展研究,2013(9):141-144.
② 褚宏启. 城镇化进程中的户籍制度改革与教育机会均等——如何深化异地中考和异地高考改革[J]. 清华大学教育研究,2015(6):9-16,52.
③ 任保平. 城乡发展一体化的新格局:制度、激励、组织和能力视角的分析[J]. 西北大学学报(哲学社会科学版),2009(1):14-21.

求,《国家中长期教育改革和发展规划纲要(2010—2020年)》首次提出了城乡教育一体化的战略目标:"加快缩小城乡差距,建立城乡一体化义务教育发展机制。"教育政策不仅着力于外来务工人员子女"有学上"的刚性需求,也开始逐渐关注其"上好学"的更高层次需求。

(二) 外来务工人员子女入学政策变迁:从户籍捆绑到"因地制宜"

在任何国家,行政力量都是解决教育问题、实现教育公平的主要力量,在我们国家尤其如此。1978年至今,我国外来务工人员子女入学政策主要经历了"户籍捆绑"和"户籍解绑、条件准入"两个发展时期,此外,部分省份也开始制定以"积分入学"为代表的"因地制宜"的外来务工人员子女入学政策。

1. 户籍捆绑时期:借读生的身份建构

作为我国重要的行政管理制度和人口管理制度,户籍制度同时也代表着社会资源分配的方式。20世纪90年代,我国人口流动呈现出家庭化迁徙的倾向,由于我国《义务教育法》明确规定义务教育阶段属地管理的方式,因而,大量外来务工人员子女在流入地城市入学无门。此外,义务教育水平是以当地户籍的适龄儿童受教育程度为衡量标准的,而户籍制度将外来务工人员子女归为"常住人口",导致其受教育水平难以体现在统计数据和政绩中,这使得流入地政府在解决外来务工人员子女入学问题上缺乏根本动力。[①] 外来务工人员子女"有学上"成为义务教育发展亟待满足的新需求。

户籍捆绑制度体现为外来务工人员子女在流入地城市"借读"上学的现实。1992年,我国颁布的《中华人民共和国义务教育法实施细则》中规定:"适龄儿童、少年到非户籍所在地接受义务教育的,经户籍所在地的县级教育主管部门或者乡级人民政府批准,可以按照居住地人民政府的有关规定申请借读。"这项规定虽然对我国城乡二元的属地管理方式有所突破,使外来务工人员子女的异地受教育权在法律意义上得到一定保障,但以"借读生"这一符号区别对待户籍地儿童和外来务工人员子女,实则加深了城乡户籍之间的差别以及城乡文化之间的鸿沟。与"借读生"的身份相伴而生的是"借读费"的收取。我国义务教育经费实行地方政府

---

① 中央教育科学研究所教育发展研究部课题组.进城务工就业农民子女接受义务教育的政策措施研究[J].教育研究,2007(4):49-55.

"分级办学、分级管理"的体制,经费来源和分配以县为主。外来务工人员子女的受教育经费拨给流出地政府支配,流入地无法为非本户籍地的儿童提供教育资源;如果外来务工人员子女在流入地接受教育,则要支付一定的借读费用。

在借读费用的规定上,政策也经过了从"允许收取"到"明确借读费用标准"的变革。1996年《城镇流动人口中适龄儿童少年就学办法(试行)》颁布,并选择北京、天津等地的一个区作为试点试行。1998年教育部和公安部联合颁发了《流动儿童少年就学暂行办法》。这一政策打破了流动儿童以户籍地教育为主的政策壁垒,同时也规定了流入地政府收取借读费这一行为的合法性:"招收流动儿童少年就学的全日制公办中小学,可依国家有关规定按学期收取借读费。借读费标准按国家教育委员会、国家计划委员会、财政部联合颁发的《义务教育学校收费管理暂行办法》执行。"借读费用对于收入并不高的外来务工人员来说较为高昂,甚至超过了他们的承受能力,迫于经济压力,外来务工人员不得不选择费用较低的学校。因而,简易的民办学校成为外来务工人员子女入学的主要渠道。

2. 户籍解绑时期:一视同仁的教育政策

户籍解绑时期具体体现在外来务工人员子女受教育问题的责任主体为流入地政府。《国务院关于基础教育改革与发展的决定(2001)》中明确指出:"要重视解决流动人口子女接受义务教育的问题,以流入地区政府管理为主,以全日制公办中小学为主,采取多种形式,依法保障流动人口子女接受义务教育的权利。"这一政策简称为"两为主"政策,它的颁布从根本上扭转了流入地和转出地政府之间"踢皮球"式的责任推诿局面,其中,流入地城市负有主要责任。"两为主"政策的颁布,确立了解决外来务工人员子女受教育问题的主要政策框架,后续政策则围绕"两为主"政策的具体化和规范化展开。

2002年国家进一步加强了流入地政府的职责,要求流入地城市安排部分城市教育附加费来解决外来务工人员子女的受教育困境。2003年《关于进一步做好进城务工就业农民子女义务教育工作的意见》和《国务院关于进一步加强农村教育工作的决定》两项决议的颁布,重申了外来务工人员子女受教育的"两为主"原则,并进一步具体化流入地教育行政部门、公安部门、发展改革部门、财政部门、机构编制部门、劳动保障部门、价格主管部门、城市人民政府的社区派出机构等相关职能部门的职责。其中,《关于进一步做好进城务工就业农民子女义务教育工作的意见》中,将"进城务工就业农民子女"单列出来,并首次确定了一视同仁的原则:进城务工就业农民子女的义务教育普及程度要与当地水平持平;在接收进城务工就业农民子女的全日制公办中小学,进城就业农民子女在评优奖励、入队入团、课外活动等方面,与城市学生同等对待;在义务教育的收费标准上,与当地学生一视同仁。2004年国家财政部明确提出:"不再收取借读费、择校费或要求农民工捐资助学及摊派其他费用。"

2006年国务院发布的《关于解决农民工问题的若干意见》中再次明确强调,在外来务工人员子女受教育问题上,流入地政府和公办学校负主要责任。规定流入地政府同等对待外来务工人员子女与本地人员子女,同时不再收取包含借读费在内的任何费用。同年,《中华人民共和国义务教育法(修订案)》颁布,规定流入地政府要为外来务工人员子女提供平等的受教育条件。2010年教育部公布《教育部关于修改和废止部分规章的决定》,删除了《小学管理规程》第十二条"可按有关规定收取借读费"的规定。外来务工人员子女义务教育问题基本进入了规范化治理阶段,摆脱了长期以来户籍对于外来务工人员子女受教育的限制,外来务工人员子女可以享受与城市儿童同等的待遇。

"2001年的两为主"政策从根本上保障了外来务工人员子女公平的受教育权利,而流入地政府则需要面临巨大的教育成本带来的经济负担,由此2012年国家出台了"将常住人口全部纳入区域教育发展规划、将随迁子女教育全部纳入财政保障范围"的"两纳入"政策。

总体来看,2001年以来,以"两为主"和"两纳入"为核心的政策规定,进一步减小了外来务工人员子女入学机会与户籍制度之间的关联,外来务工人员子女义务教育阶段不再需要承担额外的经济成本,其与流入地城市人口子女受教育机会之间的差异在逐步缩小。

3. "因地制宜"时期:经济发展偏好的政策导向

在坚持"两为主"的国家政策指导下,各地政府积极作为,根据自身的经济发展水平和教育承载力,"因地制宜"地颁布了各自的外来务工人员子女入学政策,外来务工人员子女教育问题呈现出多样化的发展态势。对此,有学者对各地的相关政策进行了梳理,将政策分为"积分制模式""优惠政策模式"和"材料准入模式"三类。单成蔚、秦玉友则将25所城市设定的入学政策分为"积分制"与"条款型"两类。本文在对最新政策进行梳理的基础上,采纳后一种分类方法展开具体论述。

积分入学政策是与积分落户政策相对应的外来务工人员子女入学政策,是将限制条件予以数据化的具体政策。目前,积分入户制是限制流动人口过量涌入的主要方式,而积分入学政策是积分入户政策在教育领域的延伸,是专门针对和解决外来人口子女的受教育问题。针对没有合法固定住所的外来务工人员,流入地政府制定了积分原则,外来人员根据规定提交积分的相关材料,政府按照外来务工人员子女的积分排名,并结合当地可接收的学位数量,决定最终的入学名单。这是城市对外来人口进行管理的有效方式之一。

积分入学政策最早由广东省中山市实行,随后,全国各地城市予以借鉴并进行了符合自身地域发展的改革与创新,形成了具有地域特色的发展模式,例如"江浙沪模式"。目前,规定积分入学的城市包括:上海、广州、深圳、苏州、佛山、东莞和厦门等外来人口集中的大中城市。这些城市在积分规定和积分指标类别上有一定的相通性,也存在由经济发展目标不同而产生的差异性偏好,例如:东莞、广州番禺区和珠海等地注重居住就业、社会保险、房产等"基本累积指标";中山市和佛山市出于核心产业发展的要求,注重外来人口的"个人禀赋指标",偏好制造业人才和高技术人才;苏州市和昆山市更加注重"基本累积指标"中的社会缴纳状况,偏好吸引长期居住的外来人口,追求社会发展和人口秩序的稳定性;上海市更加注重"基本累积指标"中的房产这一项;杭州市注重"个人禀赋指标"中的文化程度,这与杭州近年来的高科技发展分不开,对于高学历的人才给予优惠政策和鼓励政策。[①]

条款型入学政策是指政府设置一系列条款,外来务工人员提交各类满足要求的证明材料申请入学的办法。天津、重庆、武汉、成都、南京、杭州、哈尔滨、沈阳、西安、大连、宁波、无锡、长沙和济南等城市采用该办法录取随迁子女入学。除此之外,也有针对高端人才和特殊贡献人群的补充性优惠政策,如广州对于"优秀进城务工人员"和"从事承担政府环卫作业工作服务连续两年以上的符合计划生育政策的环卫临时

---

① 王毅杰,卢楠.随迁子女积分入学政策研究——基于珠三角、长三角地区11个城市的分析[J].江苏社会科学,2019(1):69-79.

工"适龄子女的政策性照顾。① 通常情况下,外来务工人员难以达到优惠政策的要求。

综上所述,不同类型的外来务工人员子女入学政策虽然外在条件、具体表现不同,但都是将外来人口的条件外显化和符号化的产物,量化的积分入学政策更具有可操作性,条款型的政策则更能够灵活地根据当地政府的实际需求吸纳外来人口。总体来看,各地"因地制宜"的政策在保障教育公平的同时,能够有效避免"政策洼地"的形成,但仍然体现着对于外来务工人员子女教育问题所采取的不同的区隔技术。

二、利益协调:外来务工人员子女入学政策的发生机制

政策是协调与分配利益的政府机制,政策的出台和实施往往会牵涉到不同利益相关者的利益。教育政策是在一定历史时期,政党或政府为了实现一定的目标和任务,进行教育内外关系协调的动态发展过程,具体体现为行动依据和准则②;教育政策的本体形态是教育利益的分配机制③,其制定是不同利益群体博弈的结果,其执行效果也同样受到利益相关者之间博弈关系的影响。外来务工人员子女入学政策是我国特定国情下的产物,同时涉及流入地和流出地的政府、学校、家长等多方主体的利益。

(一)利益相关者:影响政策的关键因素

在教育政策制定和实施过程中,倾听不同利益集团和利益群体的意见,能够在某种程度上保持教育政策活动的合理性和可行性。④ 外来务工人员子女入学政策是在考虑和整合多方利益相关者的诉求之后制定的政策。识别外来务工人员子女入学政策中涉及的不同利益相关者,有助于深入理解和把握政策的合理性和可行性。

---

① 广州市教育局关于印发广州市义务教育阶段学校招生工作指导意见的通知[EB/OL]. http://jyj.gz.gov.cn/gkmlpt/content/5/5492/post_5492427.html#243,2015-02-15/2020-03-01.
② 袁振国.教育政策学[M].南京:江苏教育出版社,1996:115.
③ 刘复兴.教育政策的价值分析[M].北京:教育科学出版社,2003:37.
④ 周小虎,王玲.论教育政策制定的利益指向——利益集团理论的分析视角[J].教育科学,2006(1):9-12.

1. 利益相关者的定义和分类

利益相关者是西方经济学中的经典概念。1965 年经济学家开始正式使用这一概念,将利益相关者定义为:组织中不可或缺的起支撑性作用的群体,包括股东、客户、员工、债权人、供应商和社团等。1984 年弗里曼提出了经典的利益相关者的两个定义:广义的利益相关者是指能够影响组织目标实现,以及会受到组织目标实现所影响的个人或者团体,包括维权组织、公共利益团体、政府代理、商业协会、竞争者、工会、员工、顾客、股东;狭义的利益相关者,是指组织赖以生存的个人和团体,包括供应商、顾客、员工、股东、重要的政府代理、某些金融组织以及一些狭义上的股东。[①] 之后,利益相关者这一概念便迁移到了企业管理、旅游、教育、政策管理等领域。政策中的利益相关者包含个人、群体和机构等多个层面的主体,这些主体或能够对政策制定过程产生影响,或其利益在政策实施过程中受到一定影响(或得到或失去)。

依据上述定义,外来务工人员子女入学政策中的利益相关者是指对入学政策制定和实施产生影响、会受到入学政策影响的个体或群体,包括流入地政府、流出地政府、外来务工人员(子女)、流入地城市居民(子女)、社区、媒体、学者等。依据卡罗的分法,可以将外来务工人员子女入学政策中的利益相关者分为直接利益相关者和间接利益相关者两大类。直接利益相关者的利益与政策息息相关,间接利益相关者则影响着政策的制定、政策实施效果的报道、研究等诸多方面。具体分类如表 7-1 所示:

表 7-1 外来务工人员子女入学政策中的利益相关者分类

	制度决策层面	政府部门(市级政府、地方政府)
直接利益相关者	制度影响层面	学校(公办学校、民办学校) 外来务工人员(子女) 流入地城市居民(子女)
间接利益相关者	社区、媒体、学者	

[①] R.爱德华·弗里曼.战略管理——利益相关者方法[M].王彦华,梁豪,译.上海:上海译文出版社,2006:46.

2. 利益相关者的个性化诉求

利益诉求是利益相关者对于自身利益的期望和设想,它是利益相关者的行为动力,也是政策制定和实施中需要考虑的重要因素。

(1) 政府部门

在外来务工人员子女入学政策制定过程中,国家与各流入地政府之间存在着不同的利益诉求。国家制定和调适政策,旨在实现国家发展战略、维持全国人口秩序、实现教育公平、促进社会和谐发展。而流入地政府的主要利益诉求是政绩与经济发展。单纯从财政视角来对教育领域的政策制定进行研究,是经济主义模式在教育发展中的体现。流入地政府在"因地制宜"制定政策过程中,往往会在国家政策不变的框架下,平衡政绩和经济诉求。当前"流动儿童经费随人走"的政策并未完全得到落实,在城市财政总量相对稳定的情况下,外来务工人员子女的教育经费投入与其他方面的经费投入是此消彼长的关系。流入地政府的经济发展模式、经济发展重点决定了对于不同人才类型的需求,进而间接影响着外来务工人员子女入学政策的制定。

(2) 城市居民与外来务工人员

在外来务工人员子女入学政策制定过程中,当地城市居民和外来务工人员持有的是个人维度的利益诉求。个人作为政策的目标群体,其利益需求的满足是教育政策制定以及效果评价的关键因素。当地城市居民的利益诉求主要表现为原有受教育权利不受侵犯,而外来务工人员子女在流入地的利益诉求集中体现为平等地享受教育权利,具体表现为"有学上"和"上好学"。

(3) 学校

学校是教育的主要场所,是外来务工人员子女入学政策主要的利益相关者,在政策制定和实施过程中,其利益诉求的满足直接决定着流入地政府义务教育的受教育水平。获取优质生源、提高社会声望、获取更多的教育资源是其共同的利益诉求。当然,不同类型的学校,其诉求的具体表现形式也各有不同。

(二) 利益博弈:政策制定过程中的作用力

博弈本意是下棋,在使用过程中逐渐引申到其他领域,指在一定的规则之下,根据已有信息,对自身和已具备的条件进行评估,并判断出对方可能使用的策略,进而做出能够使自身利益最大化的选择或行为。我国最早的博弈论著作是《孙子兵法》，西方博弈理论体系诞生的标志性著作是1944年冯·诺依曼和摩根斯坦合著的划时代巨著《博弈论与经济行为》。博弈在经济学中是一个常用的概念。利益博弈，则是指在明确群体或者个体自身利益追求的前提下，主体采取一定策略追求自身或者自身所代表的群体利益最大化的行为选择过程。利益是博弈的目标，博弈是利益的实现形式。这里所指的利益博弈是指在外来务工人员子女入学政策中，不同的利益相关者（包括个体或群体）作为理性经济人，以实现自身利益最大化为目标所做出的一系列行为。

依据古典博弈论，各个利益相关者始终是理性的，其拥有的资源是均等的。而这种理想状态往往是难以实现的，各利益相关者所具备的资源往往是不均等的，在政策运行过程中呈现出不均衡的状态，因此，博弈是不可避免的。教育政策的制定过程即价值选择的过程，不同利益相关者站在各自的立场，带着不同的利益诉求，进而产生利益博弈行为。在政策制定和实施中，各利益相关者都有将自身利益最大化的冲动。然而，他们的行为也往往受到一定的约束。

1. 政府间的利益博弈

纵向的政府是不同的利益相关者，代表着不同的利益诉求。其中，流入地政府以追求整个城市或者地区的公共利益为主，下级区县级政府则以所管区域的发展为利益诉求。市级政府对各级政府的控制程度与下级区县政府自由裁量权的大小，直接影响着政策实施的顺畅程度以及政策实施的效率。所谓政策实施效率，指的是政策实施过程、结果和政策初衷的符合度。上级政府的政策如与市县级政府发生冲突，则可能导致政策实施效果偏离政策初衷，导致政策实施效率低下。政策实施中的公平，是实施政策的各个区域之间基于相对公平的起点；不同政府之间的博弈，属于非对抗性博弈，需要进行有效的整合。

2. 个人利益与公共利益间的博弈

政府在制定政策时，往往会受到政策目标群体即个人或其他利益群体的约束与制约；政策目标群体及个体对于政府利益的约束，尤其体现在政策制定过程中。政府具有公共性和自利性，理性经济人的本质会让其在政策中力求自身利益最大化；而目标群体在受到政策约束的同时，也反作用于政策。政府需要高度关注政策目标群体对于政策的接纳度以及遵从度。一般情况下,目标群体对于政策有接受和不接受两种态度。其中,根据接受程度和方式,可细化为完全接受和部分接受、消极接受和积极接受。不接受的态度可细化为完全不接受和部分不接受、强烈反对和不予合作。从追求利益的成本来看,政策若保障了各利益相关者的诉求,则会被接受,反之,利益相关者的利益在政策中受到损害,则难以获得接受,甚至会遭到强烈反对。因此,政府在进行政策设计时,要妥善处理好公共利益与个体利益(外来人员和当地人)之间的利益关系。

正如亚当·斯密所指出的,每个个体天生都是为自身利益打算的[①],而国家政策以追求公共利益为主。政府作为政策制定者,对不同利益相关者的个人利益进行平衡,避免利益相关者之间发生较为激烈的冲突。政府在政策制定中属于强势一方,而其他利益相关者属于较为弱势的一方,他们的利益诉求明确,但没有政策最终的决定权。就公立学校入学问题而言,当地人和外来务工人员之间存在着对抗性的利益冲突,进而会引发对抗性的利益博弈——公平与效率正如天平的两端,究竟向哪一方倾斜,决定于不同利益相关者之间的利益博弈。

3. 学校与政府间的利益博弈

学校是外来务工人员子女入学政策的具体实施者之一。在集权化的政治管理体制之下,学校完全依附于各级政府,同时也是政策忠实的实施者。在我国民主集中制的政治制度下,学校被赋予较大的招生权利,政府利益和学校利益之间存在一定的冲突。政府在政策中的博弈行为,是公共利益支配下的行为选择,政府的行为具有公共性,而学校行为则是团体利益支配下的行为。政府不得不在政策制定和实施中,平衡不同学校的利益诉求,而学校也积极追逐自身利益,与政府之间发生博弈。

总之,在外来务工人员子女入学政策的制定过程中,各利益相关者的利益诉求存在矛盾冲突,利益博弈行为也必然存在。接下来,则以具体的事件史分析入手,围绕苏州市外来务工人员子女入学政策制定过程中不同利益相关者的利益博弈,具体生动地体现政策变迁的行动逻辑。

---

① 亚当·斯密.国民财富的性质和原因的研究[M].郭大力,王亚南,译.北京:商务印书馆,1974:16.

三、包容与排斥:外来务工人员子女的话语流变

梳理相关政策发现,外来务工人员子女、流动儿童、进城务工人员随迁子女(简称随迁子女)等不同的身份话语指向了同一类群体,在最新的政策文本中,更偏向于使用随迁子女这一话语。政策话语的流变,一定程度上隐含着深层的社会意涵和指向。城乡流动是这一群体产生的主要缘起,城乡区隔最初是便于社会管理的人为划分的结果,由于城市优先发展的政策等因素影响,城乡逐渐呈现出较大的区域发展差异,这种差异被逐渐内化到人们的意识中并强化了城乡之间的边界,城市儿童和农村儿童成为社会秩序维持过程中人为建构的两类人群。"外来务工人员子女"这一身份话语隐含着农村儿童在进入城市过程中面临着打破城乡边界、进入城市后以一种"边缘人"身份存在的意涵,"外来"一词更是隐含着这一群体的进入可能打破城市内部秩序、导致暂时甚至长期社会无序的可能性后果。而"流动儿童"和"随迁子女"的身份话语,则从我国城乡流动的社会背景切入,更强调这一群体的流动性,而城乡区隔和群体差异的意涵逐渐被减弱,反映了让这一群体在城市更加公平、不受歧视地接受教育的政策指向,体现了一种消除身份排斥、走向包容性发展的社会愿景。

第二节 事件史分析:苏州市外来务工人员子女入学政策的变迁

有这样一个故事:至2016年,张良(化名)在苏州市已经工作了将近11年,在这期间,他做过各种类型的工作:在工地上当过小工、当过菜贩……近两年来,一直跟着工地跑,每天可以赚260元,虽然租房等日常开销远远高于老家,但除去开销,还可以有一些积蓄。他的工作性质具有流动性,搬家也就成了一种常态,用他的话说,这十余年是"在颠沛流离中度过的"。他的儿子小明,幼儿园是在老家上学的,为了让小明能够在苏

州市接受更好的教育,也为了能够一家团聚,在小明6岁的时候,张良将小明接到了苏州市就读小学。小明小学成绩一直名列前茅,用张良的话来说,"小明很争气"。按照苏州市的规定,以张良的工作年限和小明出色的成绩,进入附近一所公办初中是完全没有问题的。然而,就在小明要升初中的时候,由于不满足新颁布的外来务工人员子女入学的条件,只能去民办子弟学校就读或回到老家学习。对于张良来说,多年来任劳任怨的坚持更多的是为了让小明可以在大城市里更好的学校学习,能在学校接触当地的学生。小明无法在苏州市上学,让张良希望破灭,甚至有多年来的付出"毁于一旦"的感觉,无奈之下,小明最后去了民办子弟学校就读。

这是一个真实的故事,它告诉我们,外来务工人员越来越重视子女教育问题,而外来务工人员子女入学政策直接决定着外来务工人员子女在流入地的入学状况。该政策向外来务工人员子女设置了什么样的入学条件?政策又为什么会有转变?这一节将以流动人口大市苏州市为例,对外来务工人员子女政策进行梳理与分析。

一、政策背景:苏州市的经济发展特点

上有天堂,下有苏杭,苏州作为美丽的东部城市,自古是江南鱼米之乡、富庶之地。凭借优越的地理环境和适宜的气候条件,农业一直是苏州发展的重要支柱。改革开放后,我国土地政策放宽,苏州也将发展的重点转向城市化建设和工商业的发展。苏州市的发展是典型的苏南模式,乡镇企业众多,私营经济发达。园区也逐渐成为苏州经济发展的重要支柱,以苏州工业园区、苏州高新区(高新技术产业开发园区)、昆山经济开发区、吴江开发区为代表的园区经济,构成了苏州经济的新亮点。目前,苏州拥有4个国家级经济开发区和9个省级开发区。《苏州统计年鉴》显示,2010—2016年苏州地区生产总值连续居于江苏省第一。从表中可以看出,苏州市的生产总值在全国一直位居前十,属于东部经济发达城市,到2030年和南京市将成为江苏省的两座特大城市。

表 7-2　苏州市地区生产总值及其排名表①

年份	地区生产总值（亿元）	在江苏省的排名	第一产业占比	第二产业占比	第三产业占比
2010	9 366.47	1	1.7	57.4	41.0
2011	10 716.99	1	1.7	55.6	42.7
2012	12 207.81	1	1.6	54.1	44.2
2013	13 191.33	1	1.5	52.7	45.8
2014	13 994.42	1	1.5	50.7	47.8
2015	14 761.36	1	1.5	49.3	49.3
2016	15 750.43	1	1.4	47.4	51.2
2017	17 319.51	1	1.3	47.6	51.2
2018	18 597.47	1	1.2	48.0	50.8

从表 7-2 可以看出，2010 年以来，苏州市地区生产总值一直位居江苏省第一位。其中，地区生产总值主要由第二产业和第三产业构成，因而，苏州市经济发展需要大量的人力资源，苏州市发达的经济对外来人口有着强大的吸引力。

作为我国外来人口吸引力排名前十的城市之一，苏州市流动人口居多已成为当地经济发展的新常态，其外来人口数量常年占总人口的 50% 左右。据统计，2018 年苏州市流动人口登记数为 698.1 万人，全市流动人口中，常住流动人口（暂住半年以上）538.3 万人，占总人数的 77.11%，暂住半年以下的 159.8 万人，占总人数的 22.89%。在全市流动人口中，学历为小学及以下的 49.6 万人，初中及高中文化的 595.3 万人，大专及以上的 53.2 万人，分别占总人数的 7.11%、85.28%、7.61%，流动人口中从事第一产业的 5.9 万人，第二产业 410.8 万人，第三产业 183.5 万人，其他产业共计 97.9 万人。流动人口主要从事第二和第三产业。

二、政策变迁的发生机制

响应"两为主"政策，苏州市先后制定了"三稳定"政策和"积分入学"政策。2006 年，苏州制定《苏州市外来工子弟学校合格标准（试行）》，2014 年，苏州实施

---

① 引自江苏统计局官网：http://tj.jiangsu.gov.cn/col/col76362/index.html.

外来工子弟学校提档升级工程,制定《苏州市外来工子弟学校提档升级实施办法》及其评估认定办法与专项奖补资金使用管理办法,以此对民办外来务工子弟学校进行政策性扶持。2017年苏州市印发了《苏州市教育事业第十三个五年发展规划》(以下简称《规划》),制定了一系列指标,其中,推进义务教育全纳优质适切发展是《规划》的具体目标,实施外来务工人员子女积分入学政策成为实现基础教育公平、确保外来务工人员子女公平有序入学、提高公办学校吸纳率的主要途径之一。

1. "成绩至上"和"钻空子":外来务工人员子女入学乱象

为了响应国家"两为主"政策,苏州市首先实行了"三稳定"政策。该政策在苏州实行了十余年时间。"三稳定"是指在市区有稳定住所、稳定工作、稳定收入的新市民(外来务工人员),其子女可以进入本地的公办学校就读。由于对于"稳定"的概念和范围没有清晰的界定,在外来人口即新市民中,符合"三稳定"政策的人数较多:除了买房人口,固定租房的人群也符合"住所稳定"的条件;除了有正式工作的人口,多年做个体的人群也符合"稳定工作"的条件;"稳定收入"这一条件的限制则更是宽松,难以准确计算。在政策实施过程中,确实存在不少与政策初衷相违背的现象。

以下是笔者与一所接收外来务工人员子弟的公办初中招生办L老师的对话:

问:"三稳定"政策下,我们学校的招生情况如何?

L老师:"三稳定"政策下,符合条件的学生很多的。怎么定义"稳定",政府是没有明确的规定的,接收哪些学生由我们说了算。

问:"三稳定"的政策实施这么多年,我们学校有形成一个固定的招生模式和标准吗?

L老师:没有明确成文的标准。当然我们肯定也是从学校发展立场出发来招学生的。通常为了能招到更好的生源,我们都会去各个小学"走场",和各个小学的教务处搞好关系,让他们推荐一些平时表现好的学生,当然,你也了解,学习成绩好当然是第一位的。

问:其他学校也会去"走场"吗?还是这是我们学校特有的现象?

> L老师：当然是大家都去，只是大家不会凑一堆去。毕竟好的生源是哪个学校都想要的。到了每年的五六月份，就开始各个学生报名，一般情况下，学生家长都会把学生在小学的成绩单拿过来，好增加自己孩子的入学机会。当然，我们也会从符合"三稳定"条件的学生中，将学生成绩作为一个比较重要的参照标准录取学生。①

该老师的表述较为委婉，从以往的录取情况来看，在实际招生过程中学生成绩几乎是录取外来务工人员子女最重要的甚至是唯一标准。而义务教育是给予学生公平的受教育机会的，"成绩至上"显然是学校为了自身利益而遵循的与政策初衷不符的规则。而这种规则往往是大家默认的"潜规则"。

除了学校层面，学生家长也会采取一些"钻空子"的行为。以下是对张良（本节开头故事的主人公）的访谈：

> 问："三稳定"时期，您身边的同事，他们的孩子都可以进入公办学校就读吗？
>
> 张良：也不一定。但是他们都会去跑跑学校招生办，托人找找学校的关系，花些钱。反正大家都抢着给老师送礼。
>
> 问：那送礼管用吗？
>
> 张良：那可不一定。有不少白跑的，看你有没有找对人，找了靠谱的关系，学生就能上。②

因为对"三稳定"的判断没有统一的标准，有一些学校老师就通过这个"政策漏洞"钻空子，"关系走到位"，其子女就在符合"三稳定"条件的名单内，只要孩子成绩不是特别差，进入公办学校就读的概率就会很大。

不难看出，"三稳定"政策实施期间，由于符合"三稳定"条件的外来务工人员子女人数较多，有限的教育资源难以满足外来务工人员子女的入学需求，为了争取

---

① 选自笔者与公办初中 S 校招生办 L 老师的访谈记录 20170427.
② 选自笔者与外来务工人员张良的访谈记录 20170425.

教育机会和教育资源,不可避免地会存在各种"钻空子"的行为。政策变迁的直接目的是规范化和入学标准的量化。

> "三稳定"政策存在的问题,我们是有所了解的。我们也从各个途径了解到,最根本的原因是我们的政策没有明确规定入学标准,导致政策实施过程中,不同部门可操作性太大。但大家也都知道,政策的改革是一个很复杂的过程。你要考虑到方方面面的因素。我们也一直在思考政策应该如何改革这个问题,但很长时间也没有形成一个恰当的方案。而且像北京、上海、广州、深圳等其他流动人口大市,也没有什么特别的行动。①

可见,政策制定部门和教育部门也对这些情况有所了解,并了解到"成绩至上"和"钻空子"乱象的主要原因是"三稳定"政策对于入学标准的不明确性,但迟迟没有找到合适的解决方案。此外,其他流动人口大市的政策成为苏州市的重要参照。

2. 他山之石:其他城市的改革经验

2011年,北京市通过了《关于加快首都经济发展方式转变若干问题的建议》,提出了积分落户制,随后,深圳、广东、上海等外来人口众多的城市也加入了积分落户的行列中。与外来人口积分落户政策相匹配,积分入学是解决外来务工人员子女入学问题的主要政策。中山市和广州市是最早实施积分入学的城市,紧接着,广东省的珠海市、东莞市、佛山市等相继将积分入学政策作为外来务工人员子女入学的主要政策。江苏省的张家港市、常熟市也尝试实施积分入学政策。积分入学政策在各地实施效果较佳,外来务工人员子女入学问题逐渐规范化。为此,苏州市转变观望态度,开始尝试实施积分入学政策。2016年,苏州市参照其他城市的积分入学政策,结合自己的市情,制定了《苏州市义务教育阶段流动人口随迁子女积分入学实施细则(试行)》。相较于"三稳定"政策,积分入学政策在形式上更加公平,在执行中有据可依,有助于确保政策实施的有效性。

---

① 选自笔者与苏州市某政府官员的访谈记录20170429.

3. 主动求变：政策变革的重要推动力

不同的利益群体有着不同的利益诉求，因此，公共政策总是需要对部分个体或者群体重新进行利益分配。教育政策的制定过程也是不断协调各方利益的过程。既有的教育资源总是有限的，教育政策旨在较为公平地分配教育资源，这就意味着需要不断在利益群体之间进行利益调节，同时也意味着部分利益相关者的利益会受损；竞争关系的普遍存在，导致利益各方总是尽可能地采取一系列措施使自身利益损失最小化、收益最大化。外来务工人员子女入学政策的直接利益相关者，包括政府（市级政府、区县政府）、外来务工人员及子女、民办子弟学校、接收外来务工人员子女的公办中小学及当地人等，他们有着各不相同的利益诉求。

（1）被区隔的受教育者：外来人与当地人

在城市二元分化的背景下，当地人和外来人之间存在着户籍和文化上的鸿沟，外来务工人员子女和当地儿童成为特定背景下被区隔的两类受教育者。两种受教育者期望政策可以改变自身的受教育状况或者维持既定的受教育权益，主动求变、维持利益诉求是政策变迁的重要推动力量。

外来务工人员对于流入地城市发展做出了贡献，他们在经济发展上受到了流入地城市和当地人的接纳，因而渴望能够在教育权益享用等方面也同样得到接纳，外来务工人员子女有着"有学可上"的生存型利益诉求。孩子在苏州有学可上，是苏州市外来务工人员子女生存型的基本诉求。随着经济发展以及对教育的重视程度提高，外来务工人员的需求层次已逐渐从生存型走向发展型，他们关注自身权益受保障程度，对其子女的就学期望逐渐转变为"上好学"。外来务工人员 M，虽然自身文化水平并不高，但对于其子女有着较高的教育期望：

> 我们这些外地的打工者，特别希望孩子能够在这里上学，这样我们既能够和孩子生活在一起，在我们上班的时候，也能让孩子们有个安全的地方可以玩耍和学习。而且，我们打工者也很希望孩子能够有好的受教育机会，能够进入公办学校，能够通过学习摆脱靠体力吃饭的命运。①

---

① 选自笔者与农民工 M 的访谈记录 20170508.

当地人则出于自身利益保护的生存需要,对外来务工人员存在着比较强的排斥心理。社会媒介等塑造了外来务工人员"脏""不讲文明"等负面形象①,曾经的二元户籍制度也将其排斥在城市发展之外。社会排斥往往具有累积性,在群体发展过程中,对于外来务工人员的排斥逐渐迁移到外来务工人员子女身上,外来务工人员子女也被建构成了"不讲卫生""乡巴佬"等污名形象。对于外来务工人员而言,其工作、生活环境与当地人相对隔离,再加上多年的在外务工经历,使得外来务工人员在身份认同上存在一定的迷茫,处于"非城市人、非农村人"的尴尬境地。当地户籍人口的利益诉求是确保其子女能够进入公办学校就读,享受当地优质的教育资源。外来务工人员子女在苏州市入学,意味着苏州市教育资源被重新分割,这使得苏州市当地户籍人口的既得利益受到一定程度的威胁与挑战,当地居民的利益诉求变得更加突出,当地人和外来务工人员间普遍存在着利益之间的冲突。

(2) 因势求变:公办学校与民办学校

学校是教育政策实施的主要机构,也是推动教育改革的主要力量。公办学校和民办学校是接收外来务工人员子女入学的两种不同类型学校,它们有着不同的利益诉求,其实现利益诉求的过程也是推动政策变革的过程。

S 学校是苏州市教育局直属普通公办中学,是"外来务工人员子女示范校",学生中百分之九十以上是外来务工人员子女。S 学校的利益诉求是学校发展,主要体现在对于生源的要求上,学校管理者希望通过吸收优质生源进一步提高学校声望和升学率,进而形成良性循环。S 学校作为以外来务工人员子女为主要生源的公办学校,相比于其他公办学校,其生源质量、办学条件相对差一些,相对于民办外来务工子弟学校办学条件较好。在访谈中,校长(男,苏州人,在本校任职 4 年)讲到:

> 外来务工人员子女在学习上可能不是很自觉,当然这也因人而异。他们在小学的学科基础可能也没有打好,比如说英语以及数学等。最重要的,可能就是学生家长对于其子女教育问题的观念不一样吧,我接触的

---

① 管健.身份污名的建构与社会表征——以天津 N 辖域的农民工为例[J].青年研究,2006(3):21-27.

大多数外来务工人员，认为孩子的学习完全靠孩子自身和学校，与家长没什么关系，家长能够让孩子有地方学习，有地方长大就行。还有就是，父母在教育方面的投入相对较少些，而且他们工作比较忙，陪伴孩子的时间很少，在学习方面的指导则少之又少。我们学校的学生在初中后，很大一部分学生进入职业学校，进入普通高中的也有，进入星级高中的更是特别少。①

此外，经费支持是公办学校发展的最重要资源，学校争着向政府"要优惠政策""要项目支持"成为一种普遍现象。S学校在政策支持下，学校环境和办学设施不断改善，拥有现代化的教学楼、实验楼、图书综合楼，多媒体教室、计算机网络教室、语音室、理化生实验室等，配套齐全；拥有宽敞的大礼堂和塑胶跑道的运动场；拥有现代化的宽带校园网，实行了班班电脑联网。学校师资力量强，包括教育硕士、师德模范、教坛新秀十佳、学科带头人多人；目前在职教师中，拥有高级职称的占教师总数的70%左右。S学校的硬件办学条件优于大多数同区的公办学校。学校管理者表示，近期正在申请政府对于外来务工人员子女的专项经费，计划利用这笔经费为经济贫困的外来务工人员子女设置助学金，以解决学生学习的后顾之忧，剩余经费用来添置学校设施，为学生提供更好的学习环境。由此可见，S学校作为一所接收外来务工人员子女的公办学校，充分利用并获得了政策红利，在解决外来务工人员子女入学问题的同时，也为学校争取了发展先机。

民办子弟学校的首要利益诉求是继续拥有办学权，而这一诉求的实现需要政策支持和政府资金资助。D学校是一所民办子弟学校，在关于"希望政策能够解决什么问题"这一问题的回答中，D校校长（安徽人，男，在老家是一名小学老师）明确表示不希望学校被取缔：

> 这几年开始设置"合格"民办子弟学校的条件，并将取缔不合格民办子弟学校。我们学校就面临着"再不达标就被取缔"的窘境。可是我们

---

① 选自笔者与S校校长的访谈记录20170427.

去哪里搞到那么多钱来改善环境呢？我希望政府还是让我们这类学校办下去，希望政府在我们申请合格民办学校的过程中给予我们一些资金支持。希望能够给我们多一些时间，让我们能够慢慢达到合格标准，毕竟办学校是我们的饭碗。我们这所民办学校已经有近十年的办学时间了，我们这几个学校管理者，都靠这个学校来维持生计。如果取缔了，我们将失业，而且这片的外来务工人员子女又要跑去哪里上学呢？①

民办学校出于自身发展需求，积极争取政府资助，这让政府部门加大了对民办子弟学校的关注，也促使政府在外来务工人员子女入学政策中对民办子弟学校加以资助。

三、政策变迁的价值基础

苏州市外来务工人员子女入学政策关注外来务工人员子女入学现状，且服务于苏州市政府发展目标，其变迁基于一定的价值基础。

1. 量化与规范化：政策变迁的直接目的

（1）标准化的积分规则

改变"三稳定"政策时期对于入学标准的模糊化规定，是苏州市外来务工人员子女入学政策变迁的最直接目的。为此，苏州市的积分入学政策文件明确规定了积分规则。积分入学政策于2015年12月23日下发，2016年1月15日正式实施，依照"资格审定、积分管理、按序录用、额满为止"的办法进行管理：根据流动人口参加积分管理累积的分值和当年度公办学校起始年级的可供学位数，分学校按积分由高到低的顺序安排适龄儿童进入义务教育阶段公办学校就读。苏州各区也针对各自的区域定位和发展目标，制订了各区域的《新市民子女公办学校积分入学办法》，并在实施一年后，结合国家计划生育政策和政策实施效果进行了修订。例如，常熟市对于学历的积分要求提高，大专以下文化程度不计分，并提高了紧缺急需人才的分值；吴江区取消初中、高中（中技、中专）的学历加分，增加硕士研究生为120

---

① 选自笔者与D校校长的访谈记录20170429。

分,博士研究生为 200 分。

可见,满足不同的条件,则会产生相应的积分。标准化的积分规则让入学政策变得更加透明。

(2) 明确的入学渠道

指定公办学校入学是苏州外来务工人员子女入学政策变迁的重要内容。在"三稳定"政策实施过程中,公办学校为了保证生源的优质性,在接收外来务工人员子女问题上存在着相互推诿现象,同时也存在着"成绩至上"的录取标准。为了有效解决这一问题,指定公办学校接收规定学位数量的外来务工人员子女入学政策应运而生了。苏州市接收外来务工人员子女的公办学校由教育局指定,数量也是教育局结合学校实际情况进行规定的。2017 年苏州市各区开设接收外来务工人员子女的公办学校,市区义务教育阶段开放小学 107 所,园区全部开放;开放初中 70 所,市教育局直属初中和园区全部开放。市区(不含吴江)积分入学申请学位数 12 080 个,实际提供公办学位数 11 864 个。

"三稳定"政策时期,并没有明确规定未能进入公办学校的外来务工人员子女的去向。外来务工人员子女不知去往何处的生存状态造就了大量的不合格民办学校。为此苏州市在政策变迁中注重入学渠道的规范化:满足积分要求的外来务工人员子女按照积分高低进入相应的公办学校。对于未进入公办学校的学生,苏州市政府对其去向明确设置了渠道。具体而言,积分排名较低、未能进入所申请公办学校的外来务工人员子女,根据向其开放的其他学校的空余学位情况,由各区流动人口积分管理办公室和镇人民政府(街道办事处)、教育行政部门按积分由高到低的顺序,进行统筹调剂。如无空余学位或有空余学位但不服从统筹调剂的不再安排,可以选择就读民办学校或回原户籍所在地就读。为保障政策的顺利实施,苏州市及各区成立了积分管理办公室,派驻专职人员集中办公,协同推进积分管理。截至 2017 年,全市流动人口积分入学申请学位数近 6 万个(太仓除外)。

(3) 规范民办子弟学校合格标准

由于政府财政支持和公办学校容纳度有限,苏州市在政策变迁中坚持"两条腿走路"——公办学校接纳外来务工人员子女的同时,规范和扶持一批民办学校的发展。具体做法如下:

提档升级外来务工人员子弟学校。苏州市将"鼓励支持民办学校的发展"以制度方式明确规定并将合格标准以分数的形式落实下来。2006年12月26日，苏州市教育局印发《苏州市外来工子弟学校合格标准（试行）》文件，并对学校的办学条件（100分）、师资队伍（50分）、管理与质量（50分）进行评估。文件规定：评估总分达140分以上且办学条件得分为70分以上的，为合格外来工子弟学校；总分在100至140分之间为备案学校，并要求在两年时间内整改到位，达到合格标准，否则予以取缔；总分在100分以下的外来工子弟学校坚决予以取缔。2014年苏州市申报了全市范围内经认定合格列入教育发展规划的74所外来工子弟学校，实施义务教育阶段外来工子弟学校提档升级工程。2015年制定出台了《苏州市外来工子弟学校提档升级专项奖补资金使用管理办法》：市级财政按每所外来工子弟学校10万元的奖补标准设立专项奖补资金，县（市、区）级财政设立奖补配套资金，对达到提档升级要求的学校进行奖补。以此改善外来工子弟学校的办学条件，提升教育教学水平，满足社会日益增长的教育需求，努力让每个适龄少年儿童享受公平且适切的义务教育。2017年5月苏州市审核备案的外来务工子弟学校有75所。"外来工子弟学校提档升级项目"已经列入2017年苏州市人民政府实事项目。"提档升级工程"的改进提升工作围绕学校设置、校园建设、教育装备、教师队伍、教育教学、学校管理、质量评价、经费保障八个方面来进行。2017年年末苏州市教育局组织专家进行评审，并奖励监测结果进步大的学校，分别颁发一、二、三等奖。

经费上扶持外来工子弟学校。教育经费一直是外来务工人员子女被排斥、难以享受公平教育资源的主要制约因素，谁来为外来务工人员子女教育经费买单，一直是外来务工人员子女教育问题解决过程中的重要争执点。苏州市鼓励公办学校和外来工子弟学校合作办学，实施学校结对活动，共同开展教育教学研究，鼓励社会力量投资外来工子弟学校的发展。在教育经费方面，苏州市政府对外来工子弟学校进行政策倾斜：采取多种方式为外来工子弟学校提供经费支持，例如2012年，市教育局与市民政局、市财政局、市福彩中心紧密合作，投资人民币140万元，采用"国有产权，无偿租用"方式，为城区4所合格外来工子弟学校各装备1间学生信息技术教室。

2. 包容与排斥：积分入学政策的价值取向

政策的包容性体现在个体化社会①下赋予弱势群体以利益表达渠道和平等地享受权利的制度保障；是在包容性发展理念之下，追求和构建社会各阶层"共生"和"共赢"的和谐社会的产物。② 旨在追求公平性、公正性及资源共享性，让资源和权益能够惠及所有人群。③ 政策的包容性体现了政府对于弱势群体的关怀。

政策的制定过程是进行价值选择的过程，教育政策的本体形态是教育利益分配。④ 苏州市外来务工人员子女教育政策的制定过程体现了包容性的特点，具体体现在对于外来务工人员子女的政策倾斜和政策关怀。在价值选择上，力图平衡国家对于早日实现教育公平的意愿，以及苏州市政府对于自身发展的追求之间的矛盾，努力平衡当地人与外来务工人员之间的利益需求，从而制定了旨在实现利益共赢、具有包容性的外来务工人员子女入学政策。

（1）注重满足"有学上"和"上好学"的需求

苏州市对于外来务工人员子女入学政策的包容性首先体现在政策的目标定位上，从外来务工人员子女"有学上"的基本需求逐渐转向"上好学"的质量诉求，具体体现为公办学校对于外来务工人员子女接纳程度的逐步提高。

自外来务工人员子女教育问题成为学校教育问题的焦点以来，"随迁"便成为将外来务工人员子女与城市居民子女进行区分的符号标志，在处理学校教育问题时，也以严格的二元主体进行区分，形成了城市里并存的两套教育政策体系，例如学校收费问题、户籍二元制导致的难以享受平等的教育条件等问题。以二元思维解决问题的方式，看似重视外来务工人员子女教育，实则将其置于被孤立的循环中。分别为城市居民子女和外来务工人员子女所开设的公办学校和民办学校，在就学环境上的空间隔离，外来务工人员在城市聚居的群体封闭性特点，阻断了其子女与城市居民子女的交流与沟通。"同在一片蓝天下"接受的却是两种不同的教

---

① 个体化社会出自齐格蒙特·鲍曼《个体化社会》一书，是指一个包含一切特权和权利剥夺的社会结构，这种社会结构产生于生活准则中的各种区别性的价值判断措施，而不同阶层的人都可以了解并利用这些生活准则。
② 刘莉萍. 论包容性发展理念下的社会弱势群体政策关怀[J]. 晋中学院学报，2013(5):8-11.
③ 向德平. 包容性发展理念对中国社会政策建构的启示[J]. 社会科学，2012(1):70-74.
④ 刘复兴. 教育政策的价值分析[M]. 北京：教育科学出版社，2003:37.

育资源配置。

"有学上"的政策定位意味着外来务工人员子女有受教育的机会,且民办学校为主要接收场所。而本地学生主要进入公办学校就读,外来务工人员子女与城市居民子女就读不同类型的学校,使得外来务工人员子女与当地学生在空间上处于隔离状态。"有学上"的政策导向,在解决外来务工人员子女受教育问题的同时,教学条件的差异和教学环境的隔离,在很大程度上造成外来务工人员子女与城市当地子女之间巨大的文化差异。[①] 从教育社会学的视角来看,这种空间上的隔离与环境的分离影响到社会分层,导致外来务工人员子女的阶层固化,甚至在很多情况下出现了"外来务工人员子女子承父业"的现象,成为教育不公平的一种具体表现。外来务工人员子女在数量上的不断扩张,导致外来务工人员子女在流入地城市中享受优质教育资源的需求日益迫切;而区别对待的政策模式衍生出的问题也更加突显。

"上好学"是指外来务工人员子女进入公办学校的机会增多;苏州市外来务工人员子女能够通过积分入学的方式进入公办学校就读,且这些公办学校中也不乏教学条件和教学设施都较好的学校。这种政策一改以往看似解决问题、实则滋生新的教育不公平的政策导向,为外来务工人员子女享受同城待遇、在入学问题上享有更大的获得感,在教育公平道路上迈出了新的一步。以苏州市老城区姑苏区为例,其接收外来务工人员子女的公办中学及其积分学额分配情况如下。

表7-3 苏州市姑苏区接收积分生的学校积分生学额情况[②]

序号	学　　校	积分生名额
1	苏州市平江中学校	2
2	苏州市草桥中学校	2
3	苏州市第一初级中学校	200
4	苏州市第十六中学校	40

[①] 杨颖秀.新生代进城务工农民子女的教育政策需求及政策制定方式的转变[J].教育研究,2013(1):53-57.

[②] 引自2019年苏州市区义务教育阶段积分入学准入排名资格线及可供公办学位数公布,http://www.jfgl.suzhou.gov.cn/homepage/jf2/news.jsp.

续表

序号	学　　校	积分生名额
5	苏州市景范中学校	2
6	苏州市立达中学校	2
7	苏州市振华中学校	2
8	苏州市田家炳实验初级中学	180
9	苏州市觅渡中学校	200
10	苏州市南环实验中学校	100
11	苏州市金阊实验中学校	3
12	苏州市第三十中学校	180
13	苏州市胥江实验中学校	25
14	苏州市彩香实验中学校	50
15	苏州市第十二中学校	180
16	苏州市第二十四中学校	200
合　计		1 368

上表所列出的学校，在办学条件、师资配备上，都处于姑苏区前列。外来务工人员子女不再被政策排斥在公办学校之外，政策对外来务工人员子女的包容性逐渐提高。

（2）设置积分门槛，有条件地接纳外来务工人员子女

苏州市作为流动人口聚集的城市，如果关于外来务工人员子女入学政策过于宽松，则会形成外来人口的"洼地"，吸引更多的外来务工人员子女进入，这会给苏州市带来更大的负担。因而，完全无门槛地接受外来务工人员子女是不可行的。苏州市在外来务工人员子女入学问题的解决上始终采取严守边界的方式，不满足积分条件的外来务工人员子女无法进入公办学校就读；对于外来务工人员遇到的问题，苏州市政府只能是有限度地予以解决。

设置积分门槛、根据积分数额由高到低录取学生，实质上是流入地政府保持教育质量的外在手段。"缴纳社保满一年以上"是苏州市外来务工人员子女积分入学的必要条件，是流入地政府在兼顾自身有限的教育资源和社会稳定的前提之下所设置的限制条件。2016年义务教育招生结束后，姑苏区剩余的积分学额为913

个。一方面,外来务工人员子女入读优质公办初中的机会少,另一方面公办学校却存在大量的剩余学额。导致学额浪费的原因正是"缴纳社保满一年以上"的硬性门槛要求。社保要求是苏州市为了维持人口和经济发展的稳定性所设置的门槛,看似包容且透明的政策,实则设置了较高的积分门槛,这让很多外来务工人员在积分入学政策第一年措手不及。明确的社保规定实则是一种排斥,外来务工人员子女就读公办学校、享受优质教育资源的道路仍然十分艰难。

苏州市外来务工人员子女入学政策推进过程中,一系列看似包容的政策中都包含有一定程度的排斥意味,有边界接收的原则使得不少文化程度低、没有住所、家庭资本贫乏的外来务工人员子女被拒之于公办学校之外。

(3) 家庭资本与积分数额的相关度

法国社会学家布迪厄在《资本的形式》①一文中,把资本分为经济资本、文化资本和社会资本三种形式。依据此理论,家庭资本可以分为社会资本、经济资本和文化资本三种类型。依据资本的定义,外来务工人员子女的经济资本和文化资本相对较低。苏州市积分入学条件规定,个人基本情况积分=年龄+文化程度得分+职业技能等级或专业技术职称资格得分+附加分-扣减分。

注重家庭资本的政策倾向与苏州市经济发展偏好相关。近年来苏州市经济发展处于转型期,第一产业占据地区生产总值的比例越来越小,据苏州市统计局资料,2017年第一产业的生产总值只占1.2%的比例,第一产业的从业人员也由2012年的3.7%下降到3.3%,苏州市对于纯体力劳动力的需求在减少,对于劳动力的学历要求逐步提高。受人才需求的影响,《苏州市流动人口积分管理计分标准》(以下简称《积分标准》)在文化程度方面的规定是:"大专(高职)为30分;大学本科为60分;硕士研究生为200分;博士研究生为400分。按最高学历计分,不累加计分。"博士的积分值是大专的13倍多,硕士则是6倍多,可见,高学历人才具有绝对优势;在附加分中,发明创造是一个重要部分,一个专利可以增加30或10个积分值。依靠文化程度得分可以轻松进入优质公办学校,文化资本差异带来了巨大的积分数额差距。

---

① 皮埃尔·布迪厄.资本的形式[A].武锡申,译.//薛晓源,曹荣湘.全球化与文化资本[M].北京:社会科学文献出版社,2005.6.

在居住情况方面,《积分标准》规定:"居住情况积分＝房产情况得分＋办理居住证年限得分。"家庭经济资本也是积分的重要因素,在市区有一定面积以上的房子能够增加 60 个积分以上;投资纳税也是重要的积分附加值。在年龄方面,《积分标准》规定:"18 周岁以上至 40 周岁以下人员为 10 分。"这是对于劳动力身体素质的条件限制,年轻劳动力是城市发展的动力。在职业技能方面,规定了不同等级:"职业技能等级五级(初级工)为 10 分;职业技能等级四级(中级工)、专业技术资格初级职称为 30 分;职业技能等级三级(高级工)、专业技术资格中级职称为 50 分;职业技能等级二级(技师)为 100 分;职业技能等级一级(高级技师)、专业技术资格副高及以上为 300 分。"职业技能等级之间的差距也是成倍变化,对于普通外来务工人员而言,能够达到一级和二级的少之又少,这是苏州市为了吸引有技术的外来人员而设置的门槛。在社会贡献方面,献血、志愿活动等都可以适当积分,积分值范围 5 分到 80 分不等。

从积分入学的政策标准来看,文化资本、经济资本不同,则积分值差异较为显著,影响外来务工人员子女获得义务教育机会的主要因素是经济资本、社会资本,其中,住房、专项奖励等具有较高的积分权重。对于广大外来务工人员而言,经济资本和文化资本是短时间内难以得到提升的,因而,教育政策在追求高质量的同时,也在一定程度上存在不公平或排斥现象。

3. 公平与效率:入学政策公平的博弈之路

2019 年李克强总理在全国人民代表大会上所做的政府工作报告中指出,我们要发展更加公平更有质量的教育。可见,随着时代和经济水平的发展,我国基础教育改革不再走"追求效率、兼顾公平"的老路,而是逐渐追求高质量的教育公平。[1]

教育政策制定是进行价值选择的过程。教育政策的本体形态是教育利益分配。[2] 外来务工人员子女入学政策制定的初衷是为了外来务工人员子女在流入地城市能够公平地享用教育资源,从而实现教育公平。在外来务工人员子女入学政策中,有着优化配置教育资源、提升流入地城市教育管理等效率方面的追求。公平

---

[1] 田再悦,陈恩伦.新时代我国基础教育的矛盾转向及实践探新[J].内蒙古社会科学(汉文版),2019(3):197-202.

[2] 刘复兴.教育政策的价值分析[M].北京:教育科学出版社,2003:37.

与效率两种不同的价值取向,需要平衡不同的利益诉求。苏州市积分入学政策对外来务工人员子女是一种教育福利,也是以效率为导向、追求高教育质量政策的具体体现。

(1) 发展经济和提高政绩的博弈

对于流入地而言,政绩和经济发展是其重要的利益诉求。作为流动人口大市,苏州市外来务工人员子女入学问题的解决是政府政绩的重要体现,近年来,苏州市面临着产业结构转型和优化经济发展问题,政府在制定政策过程中,不得不权衡这两种利益。政绩与经济转型间的博弈主要体现在如下三个方面。

其一,在城市财政总量一定的情况下,教育领域与其他领域的财政投入是此消彼长的关系。政绩高,意味着外来务工人员子女在流入地入学率高,外来务工人员子女入学在流入地的教育起点更为公平。提高入学率,在当前"经费随人走"政策未完全落实到位的情况下,需要流入地城市、区县进行更多的教育经费投入,以足够的学校数量和师资力量为外来务工人员子女入学提供必要支持,这会间接地导致用于发展其他公共事业的经费减少。而在苏州市经济转型过程中迫切需要财政直接投入于引入人才、技术等。

其二,公办学校以国家和政府财政作为支持力量,如果完全依赖公办学校来解决外来务工人员子女受教育问题,政府教育经费难承其重。为了多渠道筹措教育经费,弥补教育经费不足的问题,苏州市采取"两条腿走路"的外来务工人员子女入学政策,鼓励和扶持民办学校大力发展,让合格民办学校作为外来务工人员子女的一种入学选择。这在一定程度上提高了外来务工人员子女在苏州的入学率,也缓解了财政所面临的困境。提倡政府和企业联合办学,政府具有主办学校的权力,而企业掌握着大量资金和资源。政府赋予企业一定的学校经办权,则能集合企业力量,为社会所用。"希望小学"等形式的企业办学和资助学校发展已经普遍被社会大众接受。这种方式能够很好地缓解资源不足的局面。

其三,外来务工人员子女入学率的变化,间接影响着进入苏州市人口的素质结构。将外来务工人员子女的入学门槛放低,可能造成更多外来务工人员的涌入,外来务工人员多从事体力劳动,而苏州目前经济转型所需要的更多是高学历、高素质的技术型人才。苏州市政府对此不断进行平衡,对外来务工人员子女入学进行一定的门槛设置,具体表现为对于外来务工人员在学习、技术上所占积分数额的增大。

(2) 当地人与外来务工人员的利益博弈

当地人和外来务工人员所追求的是个人利益,而政策以追求公共利益为主。政府作为政策最终制定者,在政策制定中属于强势一方,而其他利益相关者属于较为弱势的一方,他们的利益诉求明确,但没有政策最终的决定权。在公立学校入学问题上,当地人和外来务工人员之间是对抗性的利益冲突,会引发对抗性的利益博弈。一方进入公办学校享用教育资源多,另一方则会减少。若只从教育公平的价值取向入手,就需要给予外来务工人员子女同等数量的进入公办学校的学额数,这是完全意义上的教育资源分配均衡。若从教育效率的价值取向出发,教育资源要优化配置,从而提升教育管理。

显然,完全均衡的教育资源分配是不可行的,必然会引起对抗性的博弈行为。苏州市政府利用自身天然的权力优势,在政策制定中协调与整合当地人和外来务工人员两方利益相关者的利益,首先保证当地学生进入公办学校的名额不减少,根据教育荷载量来决定公办学校可以容纳的外来务工人员子女数量,在满足当地学生就学需求的同时,为外来务工人员子女提供进入流入地公办学校的通道。

(3) 市级政府与区县政府的利益博弈

纵向的政府是不同的利益相关者,有着不同的利益诉求。上级政府往往是依据多个区域的整体情况,制定出最能满足公共利益的政策。下级基层政府则主要负责政策落实,下级基层政府的利益诉求往往难以在上级政府制定政策中得到全部满足,甚至一定程度上会存在利益受损的情况。在苏州市外来务工人员子女入学政策中,苏州市政府以追求整个市的公共利益为主,下级区县政府则以所管区域的公共利益为主。

为了政策更具有公平性和科学性,适应时代和地区的发展变化,苏州市给予下级区县政府制定地方性入学政策的权力。苏州市针对自身的市情制定"三稳定"政策和积分入学政策,政策下发后,积极发挥引导性作用,允许下设市县行使自主管理权力,根据特定的教育内外部环境,制定符合自身发展的政策。教育问题处于不断发展中,根据客观条件及时进行政策调节,注重普遍性的同时,考虑不同政策实施环境的客观性,是政策发挥有效性的重要前提。

为了政策制定后的实施更有效率,方便上级政府对下级政府进行统一管理,苏州市在外来务工人员子女入学政策的制定过程中,逐渐提高内容的明晰性。政策的明确性和具体性会减少执行和实施中的政策扭曲问题。模糊的教育政策由于解释弹性比较大,会导致不同的变通行为出现,进而导致政策实施的变形。在"三稳定"政策下,由于"稳定收入""稳定住所""稳定工作"的定义不够明确,满足条件的外来人口数量多,学校出于自身办学的需求和学校发展的利益考量,优先选择在上一学段成绩较好的学生,外来务工人员子女受到了不公平的待遇,部分外来务工人员子女的教育机会因成绩不好被剥夺,出现"政策替换"的现象。积分入学政策就"如何积分"进行了细致而明确的规定,教育入学问题的解决更有秩序性。在实行积分入学政策之后,苏州市教育局根据学校教育资源统一分配随迁子女学额,由苏州市流动人口积分管理办公室根据申请的积分数来进行排序,直接将名额分配到各个学校。政策在实施过程中,不同部门的自由裁决量减少,入学和升学程序更透明,一定程度上保证了外来务工人员子女受教育的公平性。积分入学政策严格遵守积分标准的原则,减少了之前"三稳定"政策的主观性。另外,在合格民办学校的规定上,政策中也进行了明确规定。"何种程度算""哪些方面要合格"在政策文本中也都进行了详细规定。

为了让政策制定之后的实施更为顺畅,避免入学政策实施中下级政府协调不力的问题,苏州市入学政策逐渐形成体系。一方面,苏州市外来务工人员子女入学政策逐渐走向完整性:对于未能进入公办学校的学生,政府积极推荐其进入民办学校,并对民办学校进行教育经费支持、学校设施救助、师资力量建设、学科教学质量监督,体现为"面面俱到"的关怀。另一方面,政策要件上也逐步具备完整性特征:在政策目标上,苏州市入学政策中明确规定,认真落实国家关于外来务工人员子女相关规定,保障本市外来务工人员子女公平地享受教育资源,保障其享受合法教育权益,在各区县自行制定的"新市民入学政策"中,进一步强调本县区的目的;在政策对象上,政策中不仅包含各级教育部门的职责,也包含了积分办等其他政府部门的具体职责,将各类学校也作为政策制约要求的对象,如规定学校内一视同仁、不区别对待。另外,苏州市措施性教育政策的制定也逐步完善:

不再只是在政策文件中规定"同城待遇""保障公平"等空洞的目标性政策,而是制定"积分办法""实施细则"等措施类政策,增加了政策的有效性和可行性。

总之,经济发展效率和质量优先还是教育公平优先,反映出不同的社会发展价值取向。苏州市在二者博弈之下,从利益整合与协调角度出发,选择了"高质量教育公平"的政策制定思路。

基础教育是民族发展与振兴的基石,教育公平是基础教育改革的目标。教育政策是实现教育公平的重要力量,实现教育公平始终依赖于政策改革。政策变迁是一个牵涉多方利益的过程,政策改革也往往面临着多重阻力,以及政治制度、经济发展水平和不同利益主体之间展开博弈等社会现实。

外来务工人员子女入学问题是我国城乡二元结构分化和户籍制度改革特殊国情下产生的中国问题,其改革需要以我国国情和不同城市的发展状况为基础。回顾外来务工人员子女入学政策的变迁,可以看出,政府在解决外来务工人员子女入学问题上,积极变革并不断自我矫正,经历了"两为主"和"两纳入"阶段。从苏州市外来务工人员子女入学政策变迁的事件史中可以看出,尽管教育行政部门一直在实现教育公平、提高教育效率的道路上努力着,并且出台了诸多针对性的政策,但外来务工人员子女入学问题并未得到完全解决。为了平衡经济发展效率和教育公平之间的矛盾,政府不得不采取包容与排斥并存的政策。在实现外来务工人员子女入学公平任务的过程中,政府以及教育行政部门将被赋予更加重要的责任,进而凸显了基础教育的公共性特征。

综上所述,我国外来务工人员子女教育问题源于城乡二元分化的社会结构。改革开放以来,我国逐渐放松城乡流动的条件限制,严格的城乡二元分化被打破,城乡间人口流动的加剧带来了城市内部的分化,形成城市新二元结构。十六大以来,我国开启了城乡发展一体化新格局,以缩小城乡差异、改善外来务工人员子女受教育情况为发展目标。随着城乡二元结构发展以及国家政策的不断变化,外来务工人员子女入学问题的解决模式也从单一走向多元,从最初国家统一规定的户籍捆绑制逐渐走向了各省市以自身经济发展偏好为基础所实行的多样化政策。在各省市外来务工人员子女入学政策制定过程中,利益博弈是外来务工人员入学政策的发生机制：出于差异化利益诉求，政策制定者和受政策影响的学校等利益相关者通过多种形式的利益博弈，对外来务工人员子女入学政策的制定产生了直接或间接的影响，影响着政策的发展方向。

纵观外来务工人员子女入学政策的形成和发展历程，政府与社会对外来务工人员子女呈现出既包容又排斥的双重姿态。一方面，政府试图通过教育改革和政策调整实现教育公平，来改善外来务工人员子女在入学中的弱势处境，提高其受教育水平；另一方面，在流入地教育承载力有限和利益相关者诉求多元的现实情境下，为避免社会矛盾冲突的发生，只能实现有限度的接纳。整体来看，在政策变迁中，实现教育公平是目标指向，保证流入地城市经济发展和社会稳定是重要前提，外来务工人员子女的利益诉求逐渐成为政策制定者考虑的重要因素之一。政策变迁为外来务工人员子女入学问题的解决提供了制度上的保障，在政策实施中，外来务工人员子女在流入地的入学问题上逐渐受到更加公平的待遇，享受优质教育资源的机会也逐渐增多。

第三节　公众诉求：学校变革中的家长力量

作为社会子系统的一个组成部分，现代社会中的学校教育不是孤立存在的，它与整个社会其他系统之间有着千丝万缕甚至愈加密切的联系。学校中的每一个学生都带有根深蒂固的来自原生家庭的影响和烙印，也受到家庭所能提供的支持程度的影响，对此，有学者将教室比喻为"流落在外的家庭"；看似是教育问题却不能仅从教育自身出发去考虑，甚或有时看似教育的问题根源却在他处，因此需要以一个"广角镜头"去看待学校教育问题。其中，家长的力量已经成为现代教育管理与学校变革中的第三种力量，它对于学校教育的影响愈来愈细微而深刻。我们这里探讨的不是家长要不要参与学校教育与发展，而是如何更深入地探讨家校之间的深度融合问题，不是单向度地诉之于家庭教育如何配合学校教育，其中，家长参与学校教育的范式与效能已成为学校改革研究的前沿领域和热门话题。

一、文献研究:家校关系的研究现状

1. 家长参与与家校合作

"没有学校教育的家庭教育和没有家庭教育的学校教育都不可能完成培养人这一极其细微而复杂的任务","教育的效果取决于学校和家庭教育影响的一致性。如果没有这种一致性,那么,学校的教学和教育的过程就会像纸做的房子一样倒塌下来"①。这段话强调了学校教育和家庭教育的相互依存性,美国学者安妮·汉德森和南茜·波拉回顾和分析了85项反映儿童教育中家长参与的各种益处,其中包括对儿童、对家长自身、对教师、对学校的益处。他们认为,"最能准确预测学生学习成就的变量不是家庭的收入和社会地位,而是学生家庭在多大程度上做到创设鼓励学习的家庭氛围、表达对孩子成就和未来职业的高期望、在学校和社区中参与孩子的教育"。② 科尔曼通过对4 000所学校和64万学生的实证研究发现:在影响学生学业成就的因素排序中,学生家庭的社会经济地位位于第一,教师素质次之,学校课程与设施的影响很小。他的研究揭示了家庭教育和家庭参与学校教育的重要性,只有学校和家庭两个系统之间形成合力,才能最大可能地促进儿童的发展。

不论是教育家的名言,还是学者的研究,抑或从现实生活中的教育来看,家长应该也已经成为学校发展的动力、学生发展的助力,引导家长参与学校教育,协助学校做好管理和教育工作,是现代学校制度的重要组成部分,也是提高学校教育和管理水平的重要途径。通俗地理解,家长参与是家长将自身的教育资源投向儿童的教育领域,与学校资源相互融合,为儿童发展提供更好的保障。它是一个泛化的概念,在英文中,有school-family partnerships, family-school cooperation, parent participation, parent involvement, parent involving, parental involvement 等词汇,它们可以理解为家长和学校的合作、家长参与、家长干预,在我国学术界使用比较多的是"家校合作"这一概念。美国的艾普斯坦恩将家校合作定义为家庭、学校、社区合

---

① B. A. 苏霍姆斯基. 给教师的建议[M]. 杜殿坤,译. 2版(修订版). 北京:教育科学出版社,1984:526.
② 格雷恩·奥尔森,玛丽·娄·福勒. 家校关系:与家长和家庭成功合作[M]. 3版. 朱运致,译. 南京:南京师范大学出版社,2013:124.

作,并强调家庭、学校以及社区对孩子的教育与发展负有共同责任。① 我国学者吴重涵等人将其界定为"教育者与家长(和社区)共同承担儿童成长的责任,包括当好家长、相互交流、志愿服务、在家学习、参与决策和与社区合作等六种实践类型,是现代学校制度的组成部分"。② 赵勇、大卫·拉斯提克等人将其界定为"家庭和教育者之间积极合作,共同支持孩子学习向上、心理健康,朝共同的教育目标努力的过程"。③ 我国学者马忠虎认为,"家校合作就是指对学生最具影响的两个社会结构——家庭和学校形成合力对学生进行教育,使学校在教育学生时能得到更多的来自家庭方面的支持,而家长在教育子女时也能得到更多的来自学校方面的指导。"④

由于文化差异、时代变迁以及认识的角度不同等,不同的研究者使用的概念也有所差异,但不同定义背后也有共同的特征,即都强调家庭和学校的合作,强调合作关照的应该是儿童的发展与成长,既包括身体的发展,也包括心理的成熟,因此合作的目的和内容应该是儿童生命发展的内在意义与逻辑,而非仅仅关注儿童在校期间所获得的分数;同时强调家校合作是一个长期的过程,应该是持续性、系统性的合作,而不是断续式、片段化的合作。此外国内外许多研究者都认为家校合作是学校、家庭、社区三者合作对孩子产生影响的过程,不仅关注家庭和学校的合作,同时还强调社区对儿童成长和发展的重要意义。本书中提到的家校合作概念的范畴仅指家庭与学校间的合作,主要指家庭与学校围绕儿童教育、身心健康发展等方面展开的配合与协作,不包括社区与学校之间的合作。

2. 家长参与学校教育的政策分析

随着时代的发展和人们对高质量教育需求的呼声越来越高,理论研究者和实践教育工作者及家长普遍认识到,家庭与学校合作在儿童教育及成长中的重要性,"家长积极参与学校变革是一种生活的常态"这一说法一点不为过,它既是当下教育的真实写照,也是教育呈现出的一种趋势,而且随着时代的发展,这种态势只会

---

① 卫沈丽.美国"家长参与"政策批判研究[D].长春:东北师范大学,2017.
② 吴重涵,王梅雾,张俊.家校合作:小学生家长行动手册[M].南昌:江西教育出版社,2014.
③ 赵勇,大卫·拉斯提克,杨文中.好学校 好学生——美国优质教育之借鉴[M].杨文中,等译.上海:华东师范大学出版社,2006:128.
④ 马忠虎,王卫东.家校合作[M].北京:教育科学出版社,1999:155.

越来越深入和广泛,怎样保证家校合作在良性道路上规范化发展,政策文件起到了必不可少的促动作用。

新中国成立以来,我国出台的许多法律政策与文件中都提到家长要保护青少年儿童的人权和受教育权,如《义务教育法》中提到家庭要保障青少年儿童接受义务教育;《中华人民共和国未成年人保护法》提到了家庭对未成年人的保护,但上述政策文件并未进一步涉及家长参与学校管理和变革或家校合作的问题。进入21世纪以来,家长参与学校教育和家校合作既受到理论界的关注,也在实践领域应运而生,2010年国家颁发了《国家中长期教育改革和发展规划纲要(2010—2020年)》,提出"建立中小学家长委员会,引导社区和有关专业人士参与学校管理和监督""充分发挥家庭教育在儿童少年成长过程中的重要作用"等要求和建议。

为了贯彻落实《国家中长期教育改革和发展规划纲要(2010—2020年)》,推进现代学校制度建设,完善中小学幼儿园管理制度,2012年2月17日,教育部印发《关于建立中小学幼儿园家长委员会的指导意见》,内容包括:充分认识建立家长委员会的重要意义、明确家长委员会的基本职责、积极推进家长委员会组建、发挥好家长委员会支持学校工作的积极作用、为家长委员会的建设提供有力保障5个部分。为贯彻党和国家对家庭教育的要求,强调家庭教育在青少年儿童成长中的重要意义,同时也为促进学生的健康成长和全面发展,教育部委托有关研究机构对家庭教育工作的现状和问题进行分析梳理,于2015年10月印发《关于加强家庭教育工作的指导意见》,强调充分认识加强家庭教育工作的重要意义、进一步明确家长在家庭教育中的主体责任、充分发挥学校在家庭教育中的重要作用、加快形成家庭教育社会支持网络、完善家庭教育工作保障措施。在国家政策引导下,省一级的教育管理部门也制定了相关政策文件,如浙江省教育厅发布《关于印发进一步加强和改进家校合作机制建设的指导意见的通知》[①],包括充分认识家校合作机制建设的重要意义、准确把握家校合作机制的总体要求和主要任务、积极构建家校合作的长效机制、积极探索家校合作新途径新方法等方面。江西省教育厅制定了《关于开

---

① 浙江省教育厅.关于印发进一步加强和改进家校合作机制建设的指导意见的通知[EB/OL]. http://jyt.zj.gov.cn/art/2012/3/21/art_1532973_27485022.html,2012-03-21/2020-06-01.

展制度化家校合作示范县(校)创建工作的指导意见(试行)》①,阐明了家校合作的基本原则、目标任务、保障措施等内容。令人担忧的是,对于上述政策文件,许多地方和学校的执行力度较弱,只有部分学校进行试点,大部分教师和家长对于家校合作没有全面的认识和了解,更不清楚家长委员会的职责,家校合作在实践领域的境遇令人担忧。

二、家校关系的存在样态

1. 家校合作的两难困境

(1) 家校权力、信息的不对等

家长和教师本应是天然的同盟军,不管是学校还是家庭,都希望得到对方的支持和配合,因为他们有共同的教育目标,希望儿童得到更好的发展。但在实际的教育情境中,存在一种信息、权力不对等的现象,即教师可以随时向家长了解孩子家庭的情况或者家庭如何对孩子进行教育的问题,而家长了解孩子的在校表现或教师教育教学情况的机会和途径却非常有限,同时,学校作为专业的实施教育的机构又对家庭教育存在诸多的不信任。同理,家长也因为自身教育理念的原因对学校存在诸多的抱怨和不满,甚至有时两者的关系犹如医患关系般紧张,以天然的敌人身份对抗。虽然我们没有理由认为家长不愿意参与学校教育,但是要调动家长参与学校教育的积极性却并非易事,许多的调查研究也说明了这一问题。

(2) 家校不同的利益诉求

随着社会的发展进步,物质生活的日益丰富,国人的视野逐步开阔,孩子应当受到怎样的教育影响、如何达成培养目标成为家长普遍关注的焦点。作为与学校有着紧密联系的利益相关者,家长或直接或间接地干预学校教育、班级管理的现象愈加普遍,有些干预成为学校发展、班级管理改革变革的动力源泉,有的则成为重要的阻力源。

有的家长自身文化水平高,有着丰富的大型企业管理经验,他们不仅积极支持班主任的各项工作,管好自己孩子的同时,还能在班级管理的细节及集体重大活动

---

① 江西省教育厅.关于印发《关于开展制度化家校合作示范县(校)创建工作的指导意见(试行)》的通知[EB/OL]. http://jyt.jiangxi.gov.cn/art/2018/1/4/art_25822_1396108.html,2017－12－29/2020－06－01.

中出谋划策,提供最直接的人力服务及财力支持。也有不少家长只从自己孩子的立场出发,希望班主任给予自己孩子最多的照顾:座位安排最好的;要求班主任给孩子安排做班干部;有的家长对教师教学指手画脚,指导教师该怎样上课;左右教师布置作业;对年轻教师百般挑剔和不信任,动辄要求更换教师;有的甚至到教育论坛上发匿名帖"声讨"教师……家长对教师在教育教学上的种种诉求、挑剔和对教师的不信任,让一些班主任无心教学和带班,整天提心吊胆应付家长的种种质疑,从事教师工作如履薄冰。据上海市教科院 2010 年公布的对 1 304 名中小学教师工作压力的调研发现:近八成教师感觉到有压力。其中,九成教师认为家长"过度干预"是导致教师工作压力的最大来源,而小学老师的压力最大。[①]

其实不仅一线教师惶惶不得终日,家长更是一个庞大的焦虑群体。2018 年 10 月 17 日相关网络媒体发布了智课教育和新浪教育通过网络发起的全国范围内的《中国家长教育焦虑指数调查报告》,围绕家长自我成长、家庭关系、教育资源、社会环境等相关因素引起的教育焦虑进行调查,通过对 3 205 份有效问卷分析发现,中国家长的焦虑水平明显偏高。以校园安全为例,将近 70% 的家长对校园安全问题感到焦虑,也是引发家长质疑学校教育、教师管理的一个重要因素。

家长和教师是两个各自独立但同时又有着千丝万缕联系的群体,本该在家校互动中相互协作,为孩子创造好的教育环境,然而不断异化的家校关系,让焦虑中的家长常带着怀疑的眼光审视学校、班级管理的各项举措,只要自己孩子有一点风吹草动,就立刻向学校、班主任申诉,种种焦虑和不信任正挑战着家长、教师敏感的神经,催生了家校矛盾与问题的不断升级,使得家校关系陷入重重困境。很多教师谈到家校合作时表示无奈,仿佛家校合作是烫手的山芋,实在是两难选择。

从社会学的嵌入理论分析,家长愿意花大量精力与时间干预学校教育,其中反映出的家长诉求,是社会关系、社会结构嵌入学校教育后的必然结果。作为学校管理者需要清楚地认识到这一点,在开展工作时要顾及作为学校利益相关者的家长诉求,在理性选择中实施相应的教育改革,以平衡诸多利益关系,真正使学校成为教书育人的理想场所。

---

① 胡金平.家长干预学校教育行为的现象分析——一种嵌入的视角.[J].湖南师范大学教育科学学报,2012(2):32-36.

（1）各自为政式

从家校关系中的专业性维度来看，教师是专业化的教师，他们接受过专门的教育和培训，获得了从事教师职业的入职资格，因此，应能正确把握教育规律、了解儿童身心发展规律和特点，但家长却是非专业化的，至少目前在我国鲜有对家长进行专业培训的机构，更谈不上家长"入职资格证"，甚至很多家长对于自己在儿童发展中应承担的角色和作用的认识有偏差，再加之时间、精力有限等原因，家长参与学校教育和学校管理的意识非常淡薄、能力不足，较少参与学校教育。造成这一现象的原因，大抵表现在以下三方面：一是家校合作中，有的家长认为，孩子入学后，自己就可以解放了，把学校和家庭在儿童发展中的关系看成了前后交替的关系；二是有家长认为，学校管学习，家庭管生活，"分工而不合作"；三是家长顾虑重重，不能在家校合作中发挥自己的作用。

值得我们关注的是第三种状态，这也是最常见的一种现象，它的出现有着社会历史的根源，对有些家长来说，学校留给他们的记忆并不是太美好，这种印象一直延续到他们成年，因此，有一部分家长抱着"不敢得罪学校和教师"的心态，对自己的角色顾虑重重，小心翼翼、如履薄冰地处理和教师的关系，生怕"得罪"教师后会影响自己孩子在学校的生活与学习。在这样的文化里，有些家长即使有疑问和困惑也保持沉默，不敢与教师沟通，只是一味地遵守学校和教师所制定的规则，完成教师每天布置的"任务"，只能接受教师的单向灌输，没有双向平等的沟通交流。如此被异化的家校关系导致家庭的力量在儿童发展中的背离和缺失，家长作为一种重要的教育资源也被忽视。

家长构成的复杂性以及教师对家长的不信任也是造成家校合作缺失的重要原因。由于家长在社会背景、文化层次、教育理念、人格特征上存在较大差距和不确定性因素，在现实教育中，甚至有少部分家长在行为上表现为过度参与学校教育，更有甚者总是有各种不满和怨言，或者以一种挑剔者与批判者的角色与教师进行沟通，这种企图主宰学校教育活动的家长既使家校合作失去了本来的意义，又使教师对开展家校合作产生了一定程度的恐惧感，进而失去了对家校合作的信念。此外，教师认为自己才是具备正确教育理念和丰富经验的"专家型教师"，不容许自己的权威地位受到威胁和挑战，对孩子的教育，他们才最具发言权，根本无须家长

"指手画脚",家长的参与只会给他们添加无谓的麻烦;为了杜绝这种现象的产生,加之对家长的刻板印象,学校或教师往往将家长"拒之门外",他们往往会建立坚固而厚实的"围墙",企图隔离围墙之外的家长,阻止其"干涉"学校教育,如此,家长只能以看客和旁观者身份存在,没有获得进入围墙内成为"当事人"的身份许可,家长参与学校教育仅仅停留在口号上,从这个意义上说,教师吸引家长参与学校教育的意识也是淡薄的,因此,家长在家校合作中处于被边缘化的地位,家庭教育的功能也在逐渐被削弱甚至萎缩。

从 20 世纪 90 年代开始,国家关于减负的口号一直没有中断,不管是教师还是家长都明显感觉到,从对学生的教育投入上来看,学校和家长的付出越来越多、越来越累。在升入名校这一近期目标的驱动下,教师与家长对彼此角色都寄予了过高的期望,但效果却与他们的期望相距甚远,孩子要学习的东西越来越多,但效果却未能达到预期,家长、教师、学生三者皆是疲惫不堪。家长认为是学校的要求太多,甚至有的家长认为家校合作就是单纯地增加他们的负担和转移学校的教育责任;学校认为家庭给孩子安排的课外辅导班太多,双方都想把问题的根源转嫁到对方身上,两者的关系在无形之中愈来愈紧张,或许家校合作尚未开始就昭示着失败的结局。

(2) 各取所需式

经常听到有家长抱怨,很多家庭矛盾是由孩子学习导致的,即由孩子学习成绩导致某些激烈对抗的夫妻关系、亲子关系。由于家长认识不到位、教育水平的限制以及相关资源的缺乏等问题,在家庭教育中容易出现重视智育而轻视其他方面发展的现象,如健康人格的培养、正确价值观的养成、良好行为习惯的形成等。我们可以从家长与教师之间的对话窥见一斑,家长向教师了解孩子情况时,基本围绕"这个孩子学习怎么样"而展开,鲜有家长问到孩子的身心发展情况、人格特征、人际关系,一般在觉察孩子明显存在问题时才向教师进行了解。当家长接到教师打来的电话时,第一反应便是孩子出什么问题了,沟通交往的负面导向比较明显。至于其他深层次的合作,如参与课程与教学的改革、学校的管理等更是无从谈起,在一项调查研究中,在"您和教师沟通交流主要包括哪些内容"一问中,有 92.2%的家长选择了"学习";在"您认为学校教育与家庭教育合作的目的是什么"一问中,有 96.2%的家长选择了"有助于提高学习成绩"。①

在学校教育中,由于考试评价制度的制约、部分教师教育理念的偏差,教师教育教学活动紧紧围绕学生所学科目和考试分数展开,其他方面在分数面前显得"微不足道",德智体美劳中只剩下了智育。家校合作变成了家长"了解一下孩子的在校表现",主要是学习情况,或者是在孩子出现问题时家长和教师才启动合作这一机制。这种把升学考试获得高分作为单一教育目标的行为,只看到了教育的短期效果,无论对儿童的全面发展还是未来发展、对个体人的培养还是作为社会人的培养都是极其危险的。儿童在完成作业和考高分的道路上越走越远,分数就像一个无底洞吞噬着儿童好奇的天性,儿童越来越习惯于接受别人的观点,自我反思能力逐渐丧失。这与新课程改革所提倡的反思性学习、研究性学习背道而驰,最终影响了孩子的健康成长和全面发展。

(3) 以信息技术为载体的合作

大部分中小学班级都会建立一个微信群或者 QQ 群,教师可以通过这种途径发布信息,或与家长进行沟通。这种途径的家校合作在实践中往往表现出较强的随意性和信息的单向流动状态,并非是一种有计划的交互状态下的信息传递,即主要是教师单向向家长传递信息,来自家长的信息反馈非常少,较少涉及深层次的交流与信息反馈。表面上看是一种便捷的家校沟通途径,实际上以这种方式进行的家校合作往往流于形式,并不是真正意义上的家校合作。

三、家校合作中的权责边界和角色定位

虽然家庭和学校都认识到家校合作对儿童成长的意义价值,但现实生活中家长和学校究竟是什么关系?各自扮演怎样的角色——是承前启后的"承接"关系,还是携手合作的"并行"关系?在我国,家校合作的双方责任不明确、权力边界比较模糊,不管是国家或相关教育管理部门制定的政策法规,还是家校合作的运作机制,都缺乏一定的制度保障和指导措施,导致双方在家校合作中出现权责不清问题,只有厘清家校合作中各自的权责边界,教师和家长才不会随意"越位"。

---

① 符文娟.隐藏在"家长签字"背后的世界——对兰州市某小学家校合作的知识学研究[D].兰州:西北师范大学,2012.

1. 家长的角色与职责：局内人还是局外人？

家校合作中的家长角色指的是家长参与学校教育中的身份、作用、行为范式，不同的家长对自己参与学校教育的角色意识各不相同，有的将自己当成局外人，较少参与学校教育中的活动，甚至与学校是隔离关系；另外一种家长则与学校保持较为密切的联系，与学校管理者或教师间存在较多的沟通与联系，问题在于，我们能否以家长与教师沟通联系的多少来界定其是局外人还是局内人？他们的沟通联系涉及哪些方面？是否积极参与学校的管理与发展？

我们不能对家长的角色进行固化的认识，他们参与学校教育不是一种脱离具体教育情境的抽象行为，也不是一种脱离自身情况的理想化行为，在不同场景中，家长所扮演的角色并不完全相同，自身知识结构和参与能力不同，所能承担的职责也不同，因此，家长应根据情境变化和自身情况灵活调整自己的参与角色。①

作为学校教育的合作者，家长可以通过与学校管理者和教师沟通，参与学校的管理事务；利用不同的专业优势和自己所能提供的社会资源与学校开展有益的教育活动；参与学校课程的开发和实施；承担一些讲座、短期课程、实践课程；可参与兴趣小组的活动、学生安全与健康教育等多样态的活动。胜任这些角色要有一个前提，就是具有一定的专业素养。

2. 家校合作的关系属性

若不能厘清双方的责任边界、清晰彼此的角色定位，家校合作便会举步维艰，甚至不欢而散。家庭和学校之间没有管理上的隶属关系，不存在一方主宰另一方的关系，他们之间是平等交流与协作的关系。教师在教育教学过程中处于主导地位，在家校合作中也处于主导地位，但主导不等于主宰，也不等于拥有优先决定权，主导一词强调的是教师作为专业教育工作者的引领作用，任何曲解主导一词的行为都有可能导致家校合作的变质。因此，家庭教育不是学校教育的附庸和延续。在教育中普遍存在一种现象，教师布置作业让家长批改作业；辅导功课，教师只负责收齐已经看似完美的作业，若家长没有完成上述任务，则可能被冠以"不合作家长"之名，将专业教学活动转嫁给家长。从教师角度来看，完成上述任务就表示家

---

① 田澜,龚书静."积极参与":家校结合新样态——以西方教育中的家长参与转向为鉴[J].中国教育学刊,2017(1):15-18,49.

长配合了学校教育,没完成上述任务就没有配合学校教育。在这一现象中,家长只是一个任务的执行者,并没有因为这一系列任务的完成跟教师之间产生平等意义的对话,是一种呈现为割裂状态的合作,这究竟是合作还是学校教育对家庭教育的僭越?① 在上述的家校合作关系中,学校单方面掌握着主动权,家长则处于被指挥被支配地位,其实质是打着合作的幌子对家长实施的绑架行为。

3. 家校合作的价值诉求

家长和教师之间应该是平等的伙伴关系并应充分发挥各自的优势。为鼓励家长积极参与家校合作,教师通过组织活动与家长进行平等交流,共同达到促进儿童发展的目的,在家校合作中,并非严格区分谁处于主导地位、谁处于从属地位;并非以量化数据界定谁的责任大、谁的责任小;并非区分家庭是家长的领地,学校是教师的领地。合作本身不受时间、空间、责任大小等因素的限制,只有在平等和相互尊重的前提下才能正确把握家校合作的本质意义,相互的平等、信任、尊重、沟通、关怀构成家校合作的价值基础。

四、从对抗到共生:家校命运共同体的构建

随着我国教育事业的发展,人们对高质量教育的呼声越来越高,家长对教育规律的认识也在逐渐加深,家校合作处于不断发展之中,无论是理论界还是实践领域的教育工作者,甚至家长,都积极探索家校合作的有效途径,呈现出多样化的发展态势。

1. 加强政策支持与指导

完善的制度规定可以为家校合作的顺利开展提供强有力的保障,在家校合作的制度建设方面,美国的做法或许能提供一些启示。美国历来重视教育立法,通过立法推进教育变革和发展,1994年克林顿签署了《2000年目标:美国教育法案》,其中提出:"家长应试图与学校建立良好的伙伴关系,从而增强家长参与,进而促进儿童在社会、情感、学业成就等方面的发展。"2001年颁布《不让一个孩子掉队法案》,其中提到"家长参与的内容必须包括学校的各种教育行动和计划,鼓励教师对家长

---

① 张志勇.家校合作要注意边界[N].中国教育报,2016-10-13(9).

参与的实施效果进行评定"①。美国的"家长—教师协会"和"家长参与联盟"及教育专家共同合作制定了一套家长参与学校教育的标准,包括六个方面,分别是相互交流——学校和家庭之间进行定期、互动、有意义的交流;家庭教育——家庭教育技能得到提高;学生学习——家长在安排学生学习方面有很重要的作用;家长志愿参与——家长在学校受到欢迎,他们的支持和帮助校方求之不得;家长参与学校决策——父母是做出影响学生决策的家庭参与者;学校和社区合作——社区资源用来促进家校联系及学生的学习。这一标准的制定者并非教育主管部门,而是以家长与教师的联盟作为主体。它不仅为家长参与学校教育提供了有据可循的规范,而且体现了美国的教育管理者在家校合作中开放的态度,这一做法便于推动家校合作在制度和规范保障下走向科学化,达到更好促进孩子全面发展的目的。

我国政府和教育主管部门一直致力于探索与完善家校合作政策,新中国成立后家校合作初露端倪,20世纪80年代以来逐渐走上正轨。1952年3月18日教育部颁发试行的《小学暂行规程(草案)》第三十八条明确指出,"小学应成立家长委员会,由家长代表、教育委员、校长等组成。定时举行会议,反映家长对学校的意见,听取学校的工作报告,以密切家庭和学校的联系,并协助学校解决困难。其决议由校长采择施行。"这是新中国成立后最早关于家校合作的表述,这一规程提出了成立家长委员会的要求并对其成员的构成和工作内容做了陈述。1988年12月25日国务院颁发《中共中央关于改革和加强中小学德育工作的通知》,提出:"关心和保护中小学生健康成长,不仅是教育部门和学校的职责,而且是全社会的责任和义务。要把社会和家庭教育同学校教育密切地结合起来,形成全社会关心中小学生健康成长的舆论和风气。家长是孩子的启蒙教师,所有家长都应对社会负责,对后代负责,身体力行,教育好子女。要转变陈旧落后的家庭教育观念和方法,提高家庭教育的水平。教育部门和学校要积极主动地指导家庭教育。中小学要吸收善于教育子女的家长代表参与学校的教育工作。"②1990年国家教委颁布的《关于进

---

① 田澜,龚书静."积极参与":家校结合新样态——以西方教育中的家长参与转向为鉴[J].中国教育学刊,2017(2):15-18,49.

② 中共中央关于改革和加强中小学德育工作的通知[EB/OL].//中华人民共和国国务院公报,1988年第28号.http://www.gov.cn/gongbao/shuju/1988/gwyb198828.pdf,1988-12-25/2020-06-01.

一步加强中小学德育工作的几点意见》中强调:"教育行政部门和学校,要主动争取家庭、社会各方面的支持和配合,在实践中探索'三结合'教育的形式和方法。"①为响应 1990 年召开的世界儿童问题首脑会议通过的《儿童生存、保护和发展世界宣言》和《行动计划》,中华人民共和国国务院 1992 年 2 月下发《九十年代中国儿童发展规划纲要》,在策略与措施中提出建立起学校(托幼园所)教育、社会教育、家庭教育相结合的育人机制。②

1998 年全国妇联和教育部联合颁发了《全国家长学校工作指导意见(试行)》,这是家校合育制度化建设的开始。在此基础上,全国妇联和教育部于 2004 年联合发布了《关于全国家长学校工作的指导意见》;2011 年全国妇联、教育部、中央文明办颁布《关于进一步加强家长学校工作的指导意见》③,三个具有延续性质的文件都肯定了家长对学校教育的作用与意义,更多的是强调学校指导和推进家庭教育的责任。2012 年,教育部为贯彻落实《国家中长期教育改革和发展规划纲要(2010—2020 年)》,推进现代学校制度建设,完善中小学幼儿园管理制度,颁发了《教育部关于建立中小学幼儿园家长委员会的指导意见》,第三条为"积极推进家长委员会组建",要求有条件的公办和民办中小学和幼儿园都应建立家长委员会并纳入学校日常管理工作。在这一指导意见中,对家长的作用进行了明确定位,"发挥家长的专业优势,为学校教育教学活动提供支持。发挥家长的资源优势,为学生开展校外活动提供教育资源和志愿服务。发挥家长自我教育的优势,交流宣传正确的教育理念和科学的教育方法。"

除了国家层面的政策规定之外,全国各地不同省份也出台了关于家校合作的具体方案。例如,1988 年北京市教育局、北京市妇联、北京市家庭教育研究会颁布了《北京市小学家庭教育大纲(试行)》,其中提出家长要"加强与学校的联系,主动配合学校的教育,积极参加家长学校等教育活动"。④ 还有前文提到过的 2012 年

---

① 国家教委关于进一步加强中小学德育工作的几点意见[J].人民教育.1990(Z1):3-5.
② 国务院.中国儿童发展纲要(2001—2010 年)[EB/OL].http://www.cctv.com/news/china/20010530/2.html,2001-05-22/2020-06-01.
③ 关于进一步加强家长学校工作的指导意见[EB/OL].http://www.nwccw.gov.cn/2017-05/24/content_158038.htm,2011-01-27/2020-06-01.
④ 北京市小学家庭教育大纲(试行)[J].父母必读.1989(9):45-46.

浙江省教育厅发布的《关于印发进一步加强和改进家校合作机制建设指导意见的通知》①与2017年江西省教育厅发布的《关于开展制度化家校合作示范县(校)创建工作的指导意见(试行)》②等文件。

尽管我国历来重视教育中的家校合作,近年来出台的一些政策文件中也提出了对家校合作的要求和建议,如2015年教育部印发的《关于加强家庭教育工作的指导意见》,虽强调了家校合作的重要性,但内容仍不够详细,尤其是家长的义务和权利、学校的职责和任务、家校合作运行的保障体系、家校合作的评价与反馈机制、家校合作的资金保障和技术支持体系等,仍没有明确的界定和指导,实际指导意义不大。因为没有成熟的制度保障,家长参与学校变革容易流于形式,但我们反过来思考,是否有完善成熟的制度保障家长参与学校教育的效果就一定是理想的?反观有些发达国家的情况,他们虽然制度完善、运作机制成熟,但家长也会存在各种不满、困惑和迷茫,因此,对学校来说,给予家长各种形式的引导或许能缓解这一现象。

2. 为家长提供合适的引导

美国教育家福禄贝尔曾做过这样的描述:"所有人都在展望教育改革……若要建筑坚固,就必须打好基础——家庭。无论贫富,家庭教育都必须得到补充……因此国家要为儿童、为家长、为那些即将成为父母的人建立教育机构。"由此可见,加强对家长的教育是人们一直探索的问题,并非是今天才意识到的。令人欣喜的是,时至今日,加强对家长的教育已由教育工作者的号召发展到在国家政策文件中有所体现,2015年教育部《关于加强家庭教育工作的指导意见》中指出,"不断加强家庭教育工作,进一步明确家长在家庭教育中的主体责任,充分发挥学校在家庭教育中的重要作用,加快形成家庭教育社会支持网络,推动家庭、学校、社会密切配合……"其中传递出两个非常重要的信息,一是明确指出了学校对家长开展学校教育的指导意义,二是提出家长要提升自身素质和能力的要求。

---

① 浙江省教育厅.关于印发进一步加强和改进家校合作机制建设指导意见的通知[EB/OL]. http://jyt.zj.gov.cn/art/2012/3/21/art_1532973_27485022.html,2012-03-21/2020-06-01.

② 关于印发《关于开展制度化家校合作示范县(校)创建工作的指导意见(试行)》的通知[EB/OL]. http://www.jxedu.gov.cn/info/1987/112673.htm,2018-01-24/2020-06-01.

(1) 唤醒家长参与的意识

强调学校和家庭的平等关系并不否认学校对家长所能发挥的引导作用,同师生关系一样,家校关系中学校处于主导地位,主导不等同于主宰,并不意味着把家长作为支配和指挥的对象,作为实施教育的专门机构,学校应该起到重要的引导作用。那么,如何发挥学校对家长的指导作用?为此,应强化学校在指导家庭教育中的责任意识,构建家庭教育的学校支持系统。例如,学校可提供一定的培训,用以转变家长的观念和认识,唤醒家长参与学校教育的热情,形成家长的主人翁意识。培训方式可多样化,如开展家长讲堂,帮助家长了解学校的管理模式、教学理念,帮助家长明确自己的权利和义务,引导家长了解该如何配合学校开展工作。围绕一定主题邀请教育专家为家长提供讲座,帮助家长获得有关儿童成长方面的知识,以便更好地教育子女。在对家长进行引导和培训时,积极探索便捷的沟通途径。不可忽视网络资源的作用,可将大量的教育资讯发布在校园网或者通过公众号进行推送。例如,美国中小学的校园网一般都有 PTA(Parent-Teacher Association,家长教师协会)一栏,其中有各类家庭教育的网络资源。

(2) 明确双方的权利和义务

尽管国家层面或省级教育主管部门颁发的政策文件中提到了对家长参与学校变革或家校合作的建议和要求,但更多带有倡议性质,多是宏观性要求,缺乏一定的可操作性,这给具体实施带来了一定难度。既然无据可依,就会衍生出一定的随意性。因此,通过双方协商讨论,明确通过合作所能达成的可预期阶段性目标,制定双方共同遵守的相应章程与法则,即家校合作的制度建设,显得尤为重要。在相应的制度或法则中,对家长在哪些方面参与学校教育、以什么样的途径和方式参与学校教育、教师应该在哪些方面发挥指导作用等问题做出明确说明,即双方明确各自的权责边界,通过制度层面建设在鼓励双方积极合作的同时又能对双方的行为起到一定约束作用,使得合作走向规范化、民主化之路。

(3) 家长作为一种重要教育资源

家校"学习共同体"——班级家委团队的构建①

中国学者郑也夫认为,"信任是一种态度,一种主观愿望,表示愿意相信包围他的环境、周围的世界和他合作的人和行为。"②日本著名教育家佐藤学提出,"学校应成为'学习共同体',在教室中实现'活动的、合作的、反思的学习'。"③为了建立起家长与老师彼此信任、生命成长的"学习共同体",笔者根据班级家长的特点,吸纳家长中各类人才加入班级管理,并组建了班级家委团队。此时的家委不仅是参事议事的班级管理的重要一员,更是以身示范,带领学生共同学习与成长的自觉学习者。

为了充分发挥家长在"学习共同体"中的领导与示范作用,近5年来,笔者在两个不同班级分别组建了20人和17人的家委团队参与到班级管理中来,加强家校合作,并通过"阳光牵手"的方式让家委团队成员与全班同学家长牵起手来,让所有家长都能在第一时间了解班级的重大决策与工作动态,家庭教育中遇到的困惑也能在第一时间得到解决。正是这样一种全透明的班级管理,让家长们更愿意齐心协力按照约定积极投身到班集体建设及促进生命成长的"学习共同体"中来,家长们寻求自己成长的同时也影响着自己孩子的成长。家长众多的诉求也会在顺畅的沟通中得到妥善解决。

家委团队的组建有如下特征:在家委团队的分工中,家委团队成员的职务基本与学生的中队委员职务一一对应,如有家委班长、生活委员、体育委员、宣传委员、学习委员、组织委员、文娱委员等。家委团队成员在"家委工作章程"的指导下对班级各项管理工作进行分工合作。家委们在开展各项工作中充分发挥主动性与创造性,如:体育家委每天带着小体育委员记录班级早操日记,并通过互联网指导做操不到位的同学做早操;

---

① 案例提供者:杨学,南京外国语学校仙林分校燕子矶校区德育主任.
② 胡金平.家长干预学校教育行为的现象分析———一种嵌入的视角[J].湖南师范大学教育科学学报,2012(2):32-36.
③ 佐藤学.学校的挑战:创建学习共同体[M].钟启泉,译.上海:华东师范大学出版社,2010.

宣传家委除了每学期为学生制作班级作文小报和文集,还在班级教室布置上开设"我型我秀"栏目,为每个同学提供展示的舞台;生活家委为每个学生准备带有班级 logo(标志)的生日纪念品,每月为学生举行一次简朴而又有意义的生日会;文娱家委带领学生排练京剧"反串"表演,为达到最佳效果,专程去录音棚进行专业录音,正式表演时在全校引起了轰动;组织家委组织有专长的家长在校内给孩子们做"做个懂法守法的小公民""做个小小理财家"等讲座,还组织全班学生进行校外拓展活动、举行成长礼教会学生感恩等。

通过在班级组建家委团队,主动吸纳家长中积极因素有效地参与到班级管理中来,从根本上打破了原来班级成员间的种种猜忌、彼此之间的对立,打造出一个充满正能量、团结友善、凝聚力强的班集体。而家委班长、家委学习委、教育小组的老师们也通过班级微信群给家长们推荐家庭教育方面的文章,以及面对面的家庭教育沙龙讨论,在班级家长中营造出自觉学习、主动提升的终身学习的氛围。家长们的爱学习自然也带动着学生学习的积极性。每一个家委在落实分内工作时表现出的专注、执着、不惧困难以及特有的思维方式等,都成了孩子们争相模仿的榜样,而家委们手把手传授给学生小班委的工作管理方法,也让小班委提升了工作能力,更好地为全班同学服务,让他们受益终身。

在以上案例中,正是在积极面对并处理家长们众多诉求中推进了班级管理的深入改革,通过对班级管理结构和参与人员的合理调整,在团队合作中让身处其中的任课教师、学生、家长都成了直接受益者,充分发挥了班级管理"全员、全程、全方位育人"的功能。只有当家长作为家校、班级"学习共同体"的一员,积极参与到学校管理和班级建设中来,才能充分发挥家长作为一种教育资源的积极作用。

家长是一种不可忽视的重要资源,学校应积极挖掘这种潜在资源,在社会实践、志愿者活动等方面为家长提供内容丰富、形式多样的参与学校教育的机会,指导家长根据自己的需求和能力有选择地参与学校的各项事务和活动。把家长作为一种重要的资源还要善于把握好"度"的问题,不能把家长作为万能的资源库,甚至游走在政策的边缘。资源是有边界的,要科学、合理、适度并有节制地利用家长资源,避免让这种关系大打折扣,影响家庭和学校之间的关系,让教育者的形象大打折扣①,甚至会反噬教育的本质属性。

(4) 教师自身的成长很重要

对家长的指导谁来实施?教师是非常重要的教育力量,提高教师指导家长的能力显得尤其重要。由于长期以来学校教育对这一问题的忽视,以及部分教师缺少引导家长参与学校教育的意识,这一问题一直处于"家长沉默不语"或双方"刀光剑影"的发展现状。为此,加强对于教师的培养培训显得尤为重要。在美国,有半数以上的州要求在师范教育中增加或加强有关学校和家庭合作的内容,培养教师与学生家长沟通的能力。② 这一做法值得我们借鉴。在我国教师教育职前培养体系中,可设置相应的"家长参与学校教育"的课程,加强为未来教师的理念、知识和技巧的引导。"家长参与学校教育"应成为教师专业发展的一个重要内容,我们不能把它当成一个终结性概念,在整个教师职业生涯中,教师应不断思考、更新理念、提升技巧,不能把家长当成随时可以配合自己的辅助者角色,应积极引导家长作为与教师平等的角色参与到学校教育中来。

3. 家校合作组织机构的建立

作为一种理性系统,有效的合作组织是实现美好愿景的重要方式,组织成员间的关系越密切、组织结构越清晰、组织规则越明确,每个成员越能进行理性思考和实践,家校合作组织机构就越能发挥高效的作用。以美国为例,最常见的承担家校合作职能的组织是家长教师协会,全国家长教师协会形成了从全国到州再到地方的三级金字塔组织体系,自上而下分别是:全国家长教师协会、州一级家长教师协会和地方家长教师协会。我国最常见的家校合作组织是家长委员会,一般由学校自发组织,也有不同的层级,如班级家委会、年级家委会、学校家委会,但各个学校的家长委员会之间一般无关联,更谈不上全国意义上的家委会,其是以分散状态存

---

① 代安荣.家校共育要注意把握教育的边界[J].教书育人,2019(4):32.
② 杨敏,邓选梅.美国中小学家长教育的开展及启示——基于家校合作的视角[J].文山学院学报,2010(1):126-128,138.

在的,彼此之间很少沟通和交流。① 由此可见,我们并不缺少家校合作组织,缺少的是高效的家校合作组织,怎样通过这一组织使得家校合作常态化、持续化、系统化是需要思考的问题。除家长委员会之外,家长研讨会、家长—教师联合会、家长志愿小组也是可以尝试建立并发挥作用的合作组织。

如何实现家校合作组织结构的价值最大化和绩效最大化?非常重要的一个问题便是明确家校合作组织的职责。以美国加州地区为例,其地方家长教师协会有详细的规章制度,其中有关成员资格、成员选拔及参与项目等规定多达27页。② 反观我们的中小学家长委员会,这个组织是如何产生的?它是否在一定的规范指导下有序运作?它的运作是集权化的还是分权化的?什么样的家长容易成为家长委员会的成员?是否有对家长权利和义务的界定?到底在哪些方面发挥了作用?若没有对这些问题的思考,恐怕家长委员会并不能起到应有的作用。

家委会竞选别成了"名利秀"③

《人民日报》2017年11月07日05版发表一篇题为《家委会竞选别成了"名利秀"》的评论。文章指出,如果家委会竞选异化为一些家长的"名利秀""关系秀",不仅有悖于组建家委会的初衷,也不利于形成健康的家校合作关系,还可能对孩子们输出不良价值影响。

这一评论的背景是上海某小学某班级家委会竞选事件,家长们晒名校学历、海归背景、高管职位,比车、比房、比资源⋯⋯虽然《国家中长期教育改革与发展规划纲要(2010—2020年)》提出,建立中小学家长委员会,引导社区和有关专业人士参与学校管理和监督,但这种家委会的"异化",无疑是不正常家校关系的体现。

评论指出要避免两种极端状态的家校关系。一种状态是,家校之间缺乏互动,家长对孩子在学校期间的学习表现漠不关心、不闻不问;另一

---

① 夏婧.中美家校合作发展历程的比较研究[D].黄石:湖北师范大学,2017.
② 夏婧.中美家校合作发展历程的比较研究[D].黄石:湖北师范大学,2017:39.
③ 吴佳珅.家委会竞选别成了"名利秀"[EB/OL].http://opinion.people.com.cn/n1/2017/1107/c1003-29630408.html,2017-11-07/2020-03-01.

种状态则是,家长过度关心孩子,总是想方设法亲自介入学校管理。

其实这并不是一个偶然的事件,只是由于这一事件在网络上的发酵而引起了人们更多的关注,家长参与学校教育的意识和能力固然会受到自身受教育程度等因素的影响和制约,但若将家长参与学校教育异化为一种比拼,便失去了存在的价值。

4. 经费的保障

在家长参与学校教育的经费保障方面,美国的做法值得借鉴。1990年美国国会通过了《儿童保育与发展固定拨款法》,这一法案规定,儿童保育机构必须确保家长与儿童的无限制接触,拨发经费用于对家长的教育和训练。1994年美国政府通过的《目标2000:美国教育法》中提出家长参与的目标,并对各个州拨发专项经费去建立家长信息资源中心,另外还赋予家长代表参与同各级政府制定、实施学校改进计划的权利。[①] 另外,美国州一级也出台了各种家长参与的详细计划,对参与人员、经费和标准都有规定。如南卡罗来纳州的民间促进教育改革运动,州政府通过设立热线电话、发放调查问卷、进行实地访谈等方式,鼓励广大群众对教育改革提出自己的意见和建议,并利用报纸、广告等传媒形式进行传播与讨论。州政府还要求每个地区设立一个"教育日",邀请各界人士到学校参观,并商讨学校教育出现的问题与对应的解决策略,而且由州政府拨款,向家长免费赠送有关幼儿的养育知识。[②]

由此看来,要想实现真正意义上的家校合作,政府力量是首位。2016年9月29日,《中国教育报》发表文章《打造有温度的教育共生体》,介绍了成都市青羊区探索全域统筹推进家校合作新模式的案例,该区着力建构"学校—家庭—社会"一体化的教育共生体,实施"全域家校合作供给侧结构改革",构架政府主导、部门联动、教育统筹、社会参与、家庭主体的家校合作新格局,全面推进区域性家校合作,让学校教育和家庭教育并驾齐驱、比翼双飞。他们以教育部《关于加强家庭教育工作的指导意见》为纲领,成立青羊区家庭教育指导中心,配备6名专职工作人员,组建了家庭教育专家团队、家庭教育讲师团、家庭教育志愿者、家庭教育科研团队4

---

① 陈峥.中美中小学家校合作的比较研究[D].武汉:华中师范大学,2004.
② 夏婧.中美家校合作发展历程的比较研究[D].黄石:湖北师范大学,2017.

支队伍。为了保证家校合作质量,把家庭教育纳入学校办学目标绩效考核评估体系。考核指标分为两种,基础指标占60%,包含培训次数、培训场地、培训人数、课程开发、科研团队等5个指标;特色指标占40%,鼓励学校因地制宜搞出自己的特色。家庭教育考核在绩效考核系统中占到4%,与每个教师的奖金挂钩,形成家庭教育研究与实践的长效机制。

家长参与学校变革成为教育不能回避的话题,甚至影响到学校教育的成效,在学校变革与发展过程中,无论是从学校类型还是从学校纵向层次看,无论是从历史发展的时间角度还是从学校所处的区域来看,家长参与至关重要,而且随着时代的发展,家长参与将逐渐得到深化和拓展,从参与学校教育进一步发展到参与学校管理。教育管理部门应制定切实可行、具有可操作性的引导性规范,学校应通过引导提升家长参与学校变革的意识和能力,积极邀请家长参与到学校变革之中。

☞ 参考文献

1. 刘复兴.教育政策的价值分析[M].北京:教育科学出版社,2003.

2. 管健.身份污名的建构与社会表征——以天津N辖域的农民工为例[J].青年研究,2006(3):21-27.

3. 向德平.包容性发展理念对中国社会政策建构的启示[J].社会科学,2012(1):70-74.

4. 杨颖秀.新生代进城务工农民子女的教育政策需求及政策制定方式的转变[J].教育研究,2013(1):53-57.

5. 刘莉萍.论包容性发展理念下的社会弱势群体政策关怀[J].晋中学院学报,2013(5):8-11.

6. 田再悦,陈恩伦.新时代我国基础教育的矛盾转向及实践探新[J].内蒙古社会科学(汉文版),2019(3):197-202.

7. 格雷恩·奥尔森,玛丽·娄·福勒.家校关系:与家长和家庭成功合作[M].3版.朱运致,译.南京:南京师范大学出版社,2013.

8. 卫沈丽.美国"家长参与"政策批判研究[D].长春:东北师范大学,2017.

9. 吴重涵,王梅雾,张俊.家校合作:小学生家长行动手册[M].南昌:江西教育出版社,2014.

10. 赵勇,大卫·拉斯提克,杨文中.好学校 好学生——美国优质教育之借鉴[M].杨文中,等译.上海:华东师范大学出版社,2006.

11. 马忠虎,王卫东.家校合作[M].北京:教育科学出版社,1999.

12. 符文娟.隐藏在"家长签字"背后的世界——对兰州市某小学家校合作的知识学研究[D].兰州:西北师范大学,2012.

13. 田澜,龚书静."积极参与":家校结合新样态——以西方教育中的家长参与转向为鉴[J].中国教育学刊,2017(1):15-18,49.

14. 张志勇.家校合作要注意边界[N].中国教育报,2016-10-13(9).

15. 代安荣.家校共育要注意把握教育的边界[J].教书育人,2019(4):32.

16. 杨敏,邓选梅.美国中小学家长教育的开展及启示——基于家校合作的视角[J].文山学院学报,2010(1):126-128,138.

17. 陈峥.中美中小学家校合作的比较研究[D].武汉:华中师范大学,2004.

18. 夏婧.中美家校合作发展历程的比较研究[D].黄石:湖北师范大学,2017.

结语　主动寻求教育变革之路

应该把教育体制放在使它与整个社会相连的、复杂的相互作用网中来认识。教育的干预应该从一开始就考虑到这种复杂性……在确定社会空间(地区、民族、民族组合)方面,有意识地把经济与技术的逻辑(具有明显的世界性)、社会的逻辑(已大为民族化了)和文化的逻辑(显然更是民族性的)结合起来,这是应该认识并加以促进的。①

始于1997年博士论文写作时的中小学田野研究,至今已完成了"学校生活民族志研究三部曲":《学校生活中的教师和学生》(山东教育出版社,2006)、《走在回家的路上——学校生活中的个人知识》(北京师范大学出版社,2005)、《在生活化的旗帜下——学校道德教育改革的社会学研究》(广西师范大学出版社,2011)。在前面几部个人专著基础上,即将完成的《结构与行动:基础教育改革的历史社会学研究》一书,将关注的着眼点放在新中国成立70年来基础教育改革波澜壮阔的历史长河中,将长时段的历史研究与对当下基础教育改革的实地考察相结合,希望实现对以往同类研究的提升,以及对于个人学术研究史的超越。作为一位长期从事人类学田野研究的中国学者,这样的学术成长史已构成个人生活史中一个必不可少的组成部分,与以往不同的是,在此项研究中,又增加了作为学校改革的实践者和推动者的身份,在变革学校的进程中更加体会到教育改革的复杂性和艰巨性。

一、历史社会学研究方法的具体体现

《结构与行动:基础教育改革的历史社会学研究》一书尝试运用历史社会学的

---

① S.拉塞克,G.维迪努.从现在到2000年教育内容发展的全球展望[M].马胜利,等译.北京:教育科学出版社,1992:250.

研究方法,关注基础教育改革的历史维度,具体体现在研究内容与研究方法两个方面:在研究内容层面,将作为研究者的自己,以及作为研究对象的基础教育改革作为一个历史事件加以审视;将基础教育改革作为一种当下的历史,在不断发现与揭示基础教育改革的复杂性、多元性的同时,重新定位研究者、研究对象的历史坐标。在研究方法层面,将宏观研究与微观研究相结合,将新中国成立70年来基础教育改革的历史回顾与研究者历时7年的学校改革实践相结合,将客观理性的学术研究与学校改革的主动实践相结合,在历史、当下与未来的时间脉络中思考教育与时代变革、社会发展进步之间的关系。

中国社会已进入全球化的世界发展浪潮之中,基础教育改革不仅是中国话语,更是一个世界话语。在全球化的背景下,中国基础教育也呈现出一种全球化发展态势,具体表现为:在技术理性的作用下,中国大地无论是城市还是乡村,学校教育正在呈现出高度趋同化现象,不仅在教育教学内容、学校组织形态,甚至是人们的言说内容、话语方式也大致相同。与基础教育改革相伴而生的是中国学生的生存状况每况愈下,人们对基础教育重要性的认识程度越高,家长对子女的教育期待越高,随之而来的教育竞争也愈加激烈,学校教育所承受的社会压力也越来越大。伴随着升学主义的严苛训练,学生在校时间的不断延长,学习压力的不断加重,身体健康状况的不断下降,这一切都被作为基础教育改革的必然代价,被社会大众所普遍接受,甚至到了熟视无睹的地步。升学主义主导下学校文化表现出的高度同质化现象,也在全球化背景下获得了自身存在的合理性,进而被人们作为"常识"接受下来。由此可见,建立在"升学主义"这一大众文化心理基础之上的基础教育改革的艰巨性、长期性,无疑成为一场旷日持久的文化变革运动。这一变革的推进程度无疑是社会各方力量协同作用的结果。

二、"结构与行动"理论视角下的研究发现

"结构与行动"理论是社会学的经典与核心命题,贯穿于社会学从诞生至今的几乎所有学者的研究中,对二者相互关系的研究更是社会学家认识社会的有效方式之一。本研究并不是简单地回应这一社会学的理论命题,而是把"结构与行动"本身作为历史社会学考察的内容,强调在基础教育改革的历史进程中,"结构与行

动"是如何具体地发挥作用的,社会结构是如何在提供一切行动的条件性、强制性因素的同时,为人们提供了行动与创造的空间。同时,在学术思想史的语境下,延续着"结构与行动"的学术脉络,探索从"结构—行动"的二元对立走向"结构与行动"的互构共生,体现了社会学理论从现代向后现代的转型。① 在这一理论框架下,基础教育改革的历史社会学研究有如下研究发现。

在结构层面:基础教育改革主要受到来自自上而下的国家行政力量推动、自下而上式的基层学校变革,以及来自以家长群体为代表的第三方力量的作用。三种主要力量之间或内部同样错综复杂、暗流涌动,或相互认同,或相互阻抗,进而构成了非常复杂的作用力。因为目标不同、方向不同,所以教育改革前行的步伐非常艰难,在有些情况下可能出现"进一步退两步"的局面。所谓达成改革共识、步调一致,只能是一种理想状态,而非实然状态。"以改革的名义"出现的知识与权力斗争,成为基础教育改革的常态;"知识与权力"这一对概念进而成为揭示"结构与行动"之间相互作用机制的支持性概念。为此,本书用了两章(第三章、第四章)的篇幅,浓墨重彩地呈现了教师在基础教育改革中面临的"被改革"命运,分析了作用在教师身上的教研制度和信息技术所发挥的强大的结构性力量;运用个人生活史研究方法,通过对于城乡教师不同生存境遇的生活叙事,揭示了学校文化作为一种隐性力量对教师潜移默化的塑造与影响,以及教师或主动或被动的抗拒与顺应。在社会各方力量共同作用下的基础教育改革,虽然出发点是旨在解放学生、发展学生,但这一初衷往往演变为"以学生的名义"出现的改革借口或行动策略。(见第六章)

在行动层面:任何能够称为改革的社会实践都是建立在改革发起者主动积极的行动基础之上的,虽然在改革初期或改革中总有许多人是被动卷入的,但随着改革的不断推进,其中有些人会由被动转为主动。在改革进程中,每个人所处的位置不同,所从属的利益集团的利益不同,决定了对于改革所持有的立场和态度不同,进而对于改革进程发挥着或积极或消极的作用。这一切都可以视为人的主体性的不同表现形态。在此项研究中,特别突出了在改革进程中人的主体作用的发挥,尽

---

① 尹力.从"结构—行动"对立到"结构—行动"互构——社会学研究取向转换的文本解读与探讨[J].浙江传媒学院学报,2013(1):91-95.

管每个人都身处一定社会结构中,其主体性发挥的作用各不相同。这里既有在课程改革进程中专家学者的进言献策、主动作为,以及在受到相关利益群体阻抗时所表现出的无奈;也有教育行政部门的主动作为,例如苏州市在推进外来务工人员子女教育问题上平衡社会各方力量的权衡策略。尤为重要的是身处基础教育改革一线的校长、教师在面对各种不同社会力量时的艰难前行。正是学校生活的微观层面每时每刻都在发生的静悄悄的革命,构成了当下基础教育改革的现实。而作为教育改革的重要推动力量,教育主管部门如何积极有效地推进改革的进程,不断释放学校改革的时间和空间,不断激发校长和教师的主动性、积极性;作为教育改革中的专家力量,如何发挥自身的专业优势,不断为教育变革增权赋能;随着教师专业化进程的不断推进,广大中小学教师如何改变"被改革"的命运,主动寻求教育变革之路;作为社会舆论和媒体力量,如何为基础教育改革营造一个更加宽松的舆论氛围;等等,这一系列教育内部与外部因素如何协同起来,共同构建起基础教育改革的社会支持系统,正是此项研究致力追求的目标所在。而研究者自身变革学校的实践活动也构成了改革行动的一部分。(见第四章)

在此意义上,基础教育改革的历史社会学研究所具有的方法论意义,并非站在客观理性的立场上,追求"为了批判而批判,为了学术而学术"的纯粹理论构建,而是发现教育改革实践的内在逻辑和规定性,揭示作为一种社会事实的教育改革的真相。这种真相既包括揭示制约改革深入发展的不易觉察的内隐因素并将其显性化,也包括不断发现促使改革往前推进的革命性力量。即秉持一种对于教育实践的理解与尊重的开放心态与立场。在某种意义上,人文社会科学研究本身应成为教育改革的建设性力量,旨在发现改革、记录改革、推进改革。

后　记

作为一项基础教育改革的历史社会学研究,内容广泛涉及制约与影响基础教育改革的内外部社会因素,除了对新中国成立 70 年来相关文献资料的梳理之外,特别需要站在局内人的立场,尤其是深入中小学的教育教学实践,方能获得对于该问题全面深入的体察与理解。基于这样的研究定位,我组建了一个由研究生和有着丰富实践经验的一线校长、教师组成的研究团队,其中多数人与我一起参与了南京师范大学青岛附属学校为期 7 年的学校整体改革实验,包括十年如一日坚持参与我创办的"随园夜话"班主任沙龙的核心成员:南京外国语学校仙林分校的黎鹤龄主任。在整个写作过程中,黎主任始终竭尽全力地支持我,包括把自己家里的相关书籍赠予我,就像自己的家人一样,多年来默默地关心我,并不断给予我前行的力量。多年来在中小学校开展实地研究最大的收获,就是结交了一批真正热爱教育、无私奉献、乐于付出的有教育情怀的朋友,在他们身上尤其是一批正在成长的青年教师身上,我看到了中国基础教育的未来和希望。能够带领一个团队共同成长,也是作为一名高校教师职业生涯的意义和价值所在。

该书的任务分工情况如下:"第一章　知识与权力:基础教育课程改革中的力量博弈"(黄玲、沈茜),"第二章　学校变革:基础教育改革的微观场域"(杨修菊、齐学红),"第三章　结构与行动:基础教育改革中的教师"(沈茜、彭瑶),"第四章　体制化生存:教师生活史研究"(许胜利、鲁歆恺),"第五章　惯习的力量:教学改革在行动"(齐学红、仝磊),"第六章　话语实践:基础教育改革中的学生"(束雨、李亚蒙),"第七章　政府与家长:推动学校变革的外部力量"(程晓莉、赵文超)。我主要负责全书理论框架的构建,绪论、第二章、第五章和结语的撰写以及全书的统稿工作。除此之外,本书的写作还得到了原任南京外国语学校仙林分校钱铁锋校长,南京市江宁高新区中学芮火才校长,以及南京师范大学青岛附属学校的陆典民校长、李传锋校长和各学校教师、学生的大力支持与配合。在此一并表示感谢！还要感谢长期以来在生活上给予我无微不至的关心与照顾的家人！

　　该书能够得以出版，还要感谢南京师范大学教育科学学院领导给予的大力支持与帮助，感谢南京师范大学出版社翟桂叶编辑为本书付出的大量心血，以及提供的中肯的修改意见和建议。因时间、精力以及个人能力所限，书中还有很多不当或不足之处，恳请广大读者和同行朋友批评指正！

齐学红　写于南京·朗诗国际
2020年2月17日